À tous ceux qui ont croisé mon chemin
et qui ont reçu à travers moi l'aide espérée,

À tous les esprits qui ont aussi pu communiquer
des messages d'espoir à leurs proches,

À tous ceux qui sont en quête de s'améliorer
et de comprendre le sens de leur vie,

Je dédie ce livre.

Poème à ma Maman

À toi Maman qui es partie,
Elle brille la lumière
De ta tendresse, de ton rire si particulier,
Quand tous autour d'une table,
Tu pouvais nous rassembler.

À toi Maman qui es partie,
Toi qui voulais une dernière fois nous réunir,
Car tu sentais qu'il fallait te préparer à partir.
Tu te préoccupais de ce que nous allions devenir,
Sans te poser la question de savoir
Si tu allais t'en sortir.

À toi Maman qui es partie,
Les années passent et tu es toujours dans nos cœurs.
Je te vois, je t'entends,
Je te sens parfois là, parfois ailleurs.
Oh je sais bien ! Toujours occupée à veiller sur tes
Petits vieux, l'élan de ton âme te pousse encore à
Servir sous la mission céleste de ton Dieu.

À toi Maman qui es partie,
Tu évolues sur les différents plans de lumière,
Aidant ceux que tu peux soutenir, apportant l'amour,
Et l'aide à ceux qui sont perdus.

Je te dis, à toi Maman qui es partie,
Merci d'avoir été ce que tu fus pour moi,
Une mère aimante dotée d'un grand cœur.

Je te dis, à toi Maman qui es partie,
Que ta lumière brille aujourd'hui,
De ton amour, je survis,
Pour un jour, pouvoir me blottir dans tes bras,
Je te dis, à toi Maman qui es partie,
Merci !

AVANT-PROPOS

Plusieurs années ont passé depuis la parution de *Je communique avec les défunts*. Cette période m'a permis d'approfondir mes échanges avec le monde spirituel, aussi bien dans ma vie privée qu'à l'occasion de mes consultations et conférences. Dans les deux premières parties de ce livre, je montre au lecteur que le monde spirituel est intrinsèquement lié au monde terrestre. Le foisonnement de détails donnés lors de mes échanges médiumniques le prouve.

Mes guides spirituels nous conduisent à saisir le véritable sens de l'existence sur terre en nous responsabilisant face aux actes que nous posons. Ils nous invitent à mieux connaître nos imperfections, dans le but de les combattre et de réussir à les dominer. De cela, dépend notre stagnation ou notre avancée sur le long chemin qui mène à Dieu.

L'un de mes guides, Gabriel, nous le démontre dans la troisième partie de ce livre, où il nous met en présence de différents esprits autorisés à venir me parler par le biais de l'écriture automatique, nous délivrant ainsi de nombreuses psychographies. C'est ainsi que se déroule une très longue et bouleversante conversation, à travers le témoignage sincère de ces êtres qui se trouvent dans le monde des esprits.

Certains quittent volontairement ce monde. La fin de la troisième partie et la quatrième partie de cet ouvrage sont consacrées à une étude du sujet fondée sur mes échanges avec le monde des esprits. J'y dévoile une infime partie de leur réalité.

Dans le souci de ne pas surcharger cet ouvrage, je ne reviendrai pas sur mon parcours initiatique dans la médiumnité ; mon précédent ouvrage le relate dans le détail[1]. J'aborderai toutefois brièvement ma manière particulière de fonctionner en médiumnité afin que les lecteurs qui n'ont pas lu mon précédent livre ne soient pas perdus devant les nouvelles informations présentées ici.

---

1. *Je communique avec les défunts*, Presses du Châtelet, 2012 ; Archipoche, 2016.

I

MA RELATION AVEC LE MONDE SPIRITUEL

Toute personne ayant reçu un message du monde spirituel voit la vie différemment. Nous sommes tous confrontés un jour ou l'autre à la perte d'un être cher. Recevoir des nouvelles de celui ou de celle que l'on a aimé est un cadeau magnifique, inoubliable, bouleversant, principalement quand ces messages s'accompagnent de preuves irréfutables de survie, de détails que seuls vous et l'être aimé êtes à même de connaître. Je vis chaque jour qui passe, que ce soit dans ma vie privée, lors de mes consultations ou de mes conférences, la continuité des rapports entre le monde des esprits et le monde des vivants. Je délivre des messages précis venant du monde spirituel à ceux qui sont dans la souffrance d'un deuil. Mon plus grand bonheur est de voir changer le visage de celui qui souffre quand il reconnaît les preuves de survie d'un bien-aimé, attestant de sa présence à ses côtés.

Ma médiumnité est très variée, comme je l'explique dans mon précédent ouvrage. Je vois les esprits, je les entends, leurs énergies m'incorporent à différents stades. Cette faculté n'est pas toujours facile à vivre au quotidien, face à la souffrance des vivants mais aussi en raison des ressentis que peuvent me transmettre les défunts. L'incorporation de l'énergie d'un esprit qui me fait comprendre la manière dont il a quitté ce monde m'expose souvent à vivre des expériences inoubliables. Je ressens les variations et la densité de l'incorporation, plus ou moins forte et à des degrés divers, allant parfois jusqu'à l'immobilisation la plus complète de mon corps. Vous le comprendrez à travers les exemples donnés dans ce livre.

L'EXPÉRIENCE D'UNE MORT PHYSIQUE

Cette expérience s'est déroulée à Bordeaux, au retour d'une conférence à Bazas. Mon compagnon Philippe et moi-même faisions une halte chez Michelle, une amie de longue date, qui se proposa gentiment de nous rassasier avant de prendre le chemin du retour. J'étais fatigué par la séance médiumnique, qui avait duré trois heures et, comme toujours, il me fallut du temps pour redescendre en vibrations.

Le lendemain, nous étions tous les trois réunis autour d'une table et tenions une conversation à bâtons rompus. Je parlais plus explicitement de la mort que je vivais tous les jours à travers mes contacts sans l'expérimenter totalement sur le plan physique.

Quelques mois plus tôt, et à plusieurs reprises, j'avais formulé le souhait d'accompagner des personnes en fin de vie, de leur décrire ce qui les attendait de l'autre côté. Mon compagnon me rappela alors une expérience médiumnique vécue au chevet de sa mère hospitalisée qui vivait ses derniers jours. Il avait souhaité que je l'accompagne pour lui rendre visite.

Alors que nous entrions dans sa chambre, une énergie me plaqua contre le mur et me cloua sur place avec une force extraordinaire.

Je compris d'emblée que je ne devais pas approcher du lit de la mourante. Philippe me regarda sans comprendre ce qui se passait. Les énergies présentes dans la pièce me laissaient entrevoir un départ assez proche. Je voyais l'esprit d'une femme qui tournait autour de la mourante, et je sus immédiatement qu'elle avait autrefois subi l'ablation d'un sein. Mon compagnon la reconnut comme étant sa tante.

Sa maman était très entourée. Deux jours plus tard, elle mourut et nous nous retrouvâmes au funérarium. Au moment de franchir le seuil de la porte, non sans appréhension, je pus m'approcher à ce moment-là et sans difficulté de sa dépouille.

Les différentes énergies présentes autour de son corps physique étaient amplifiées, variables en intensité. Elles me laissaient comprendre que le travail de dégagement du corps physique avait commencé. Mon ami avait assisté sa mère alors qu'elle tombait dans le coma, essayant de lui parler, de la rassurer quant à l'existence d'une vie après la mort. C'était un sujet qu'ils n'avaient jamais abordé auparavant. Il me confia que sa maman était athée.

Mais, revenons au moment où je relatais ces faits à mon amie Michelle. Elle m'écouta attentivement, avant de nous parler des derniers mois de souffrance vécus par son mari. Elle nous raconta la progression de la maladie de Jacques jusqu'à son départ final, et nous fit remarquer un point commun avec l'histoire de la maman de mon compagnon : Jacques et Huguette étaient tous deux athées. La fatigue m'envahissait de plus en plus. Je ressentais des énergies dans la pièce où nous nous trouvions. Je savais que nous n'étions pas seuls mais je relativisais, sachant que les esprits parfois me suivent après les conférences. Afin de me préserver, je refuse toujours tout contact avant de reprendre des forces. Il allait pourtant en être autrement…

Alors que nous étions attablés pour le déjeuner, l'esprit de Jacques m'apparut soudainement. Ce qui allait suivre fut pour moi une expérience inoubliable.

Avec une force incroyable, son énergie incorpora mon corps par les pieds, remonta dans mes jambes, mes hanches, mon torse, mon cou ; ma respiration devint de plus en plus saccadée, mon visage blêmit, ma température changea. Je ne pouvais pratiquement plus respirer. Mon amie Michelle s'écria : « Jacques, arrête ! » et aussitôt, tout s'arrêta. Je venais de vivre dans mon corps un aperçu de la mort physique de Jacques, jusqu'aux extrêmes limites. Il me fallut deux journées pour m'en remettre. De retour en Bretagne, je m'empressai d'appeler mes guides pour comprendre l'expérience et la raison de celle-ci. J'aurais pu à ce moment-là passer de l'autre côté. À ma grande surprise, ce ne sont pas mes guides qui me répondirent, mais l'esprit de ma maman qui, dans une incorporation, s'appliqua à prendre mon bras puis ma main, pour me faire écrire ceci :

« Mon cher fils,

Je sais que l'épreuve traversée chez ton amie Michelle a été impressionnante, te marquant au plus profond de toi-même. Tu sais que nous sommes dans différents plans vibratoires plus ou moins élevés et plus ou moins proches de vous, selon l'évolution de chacun. Je suis moi-même sur un plan élevé. Je viens te dire que nous sommes nombreux à être autour de toi. L'expérience vécue chez ton amie Michelle est une réponse à tes pensées : “Dois-je aller auprès de ceux qui vont quitter la terre pour aider au passage ?” La réponse vient de t'être donnée : non !

Tu as la faculté de ressentir nos énergies. Lors d'un processus de déliement, la puissance de celles-ci peut être dangereuse pour toi. Il est essentiel de te rappeler ta constitution. Tu as un corps physique, et l'énergie qui l'entoure, tu l'appelles "corps spirituel". Ton âme incarnée, ton corps physique et ton corps spirituel sont étroitement liés. Nous abaissons nos vibrations et tu élèves celles de ton corps spirituel ou éthérique pour pouvoir nous voir ou nous entendre. J'aime cette expression car le corps éthérique est vaporeux et plus ou moins lumineux.

Le jour où tu as approché la maman de Philippe, elle était en pleine préparation de la rupture des liens qui l'unissaient à son corps physique. Il a fallu te bloquer, t'empêcher d'avancer, pour te protéger. Réflexion faite, tu as compris que, pendant le temps de préparation au dégagement, tu devais te préserver de certains fluides néfastes pour toi.

Nous n'avons cependant pas pu intervenir lors de ta rencontre avec l'esprit de Jacques car tes guides spirituels ont autorisé l'expérience de cette incorporation. Pourquoi ? Parce qu'il fallait que tu en retires une leçon. Vous avez attiré l'esprit de Jacques après avoir longuement parlé de lui. Il était heureux que vous soyez à nouveau réunis, avec Michelle, et son esprit souhaitait manifester sa présence.

Alors qu'au fil des paroles et de la discussion vous vous approchiez du moment de sa mort, et qu'en parallèle tu évoquais le fait de vouloir aider les âmes à passer dans le monde spirituel, Jacques est revenu par la pensée à l'instant de son départ. Il s'est approché de toi et il t'a incorporé jusqu'au niveau de la gorge, te faisant ressentir les effets de ce que pouvait être un semblant de mort physique. Ce n'est pas allé plus loin mais, heureusement, tu es protégé et nous veillons sur toi.

L'énergie que tu perçois depuis l'âge de six ans est le fluide universel mélangé au fluide des êtres qui, depuis l'autre monde, tournent autour de toi, tu le sais. Ton hypersensibilité à capter et à percevoir notre présence peut encore se développer dans l'incorporation des énergies d'intensité variable.

Nous te mettons en garde : demande bien l'aide de tes guides, de tes protecteurs et de ceux qui, ici, te soutiennent dans ton avancée. Ce moment était aussi un petit rappel de ta connexion bien présente à tout moment avec notre réalité, une manière de te rappeler que tu peux corporellement nous ressentir à différents degrés dans cette énergie d'amour quand, en réelle connexion avec nous, on voit ton aura s'éclaircir. Tu es un être de lumière, comme beaucoup sur cette terre, sur le chemin de l'évolution, en tant qu'être et en tant que médium. La mort physique n'est qu'un passage vers une autre vie, dis-le, crie-le, prouve-le, nous serons toujours là pour t'aider.

Ta maman qui t'aime.

Je suis avec toi, ne l'oublie jamais, je suis la pensée et l'amour qui nous lient à jamais.

À bientôt, mon Grand ! »

Ce message de l'esprit de ma maman me fit saisir l'importance de ne pas m'approcher de trop près des mourants. Mon travail ne relevant pas du soin à leur apporter, il me fallait comprendre que certains fluides sont néfastes pour moi.

J'en conclus que les esprits de Jacques et d'Huguette qui ne croyaient pas du tout à une vie après la mort auraient pu s'accrocher à mon fluide vital en quittant leur corps physique, tel un noyé qui ne sait pas nager et s'agrippe à celui qui est à côté de lui, au risque de l'entraîner dans sa noyade.

UN CONTACT TRÈS VIOLENT

J'ai hésité avant d'évoquer cette histoire, par crainte d'une possible interprétation erronée de la part de certains ou de l'incrédulité d'autres, mais elle est vraie, comme peuvent le confirmer les nombreuses personnes – notamment la présidente de l'association – qui ont assisté à cette conférence filmée. J'ai décidé de témoigner afin que le lecteur réalise le véritable sens de la médiumnité à incorporation et les risques que court un médium au contact d'esprits peu évolués.

J'interviens de manière bénévole au sein de plusieurs associations d'aide au deuil qui invitent un médium une fois par mois. Je me rendais pour la première fois à celle de Bats, dans les Landes : « Prends ma main. » C'est à cette occasion que je fis connaissance de la présidente, Violette, venue m'accueillir à la descente du train, à Dax. Dans sa voiture, qui nous conduisait à ce petit village, je reçus soudain un léger coup sur le flanc droit. J'eus tout de suite la vision du gyrophare d'une camionnette de gendarmerie. Je demandai à Violette : « N'y a-t-il pas eu un assassinat, une mort violente dans le coin ? » Violette me répondit : « Oui, peut-être. » L'angoisse très forte au plexus solaire provoquée par ce petit coup sur le côté, non violent mais surprenant, m'avait fait un peu peur et me laissait supposer une conférence difficile. J'étais convaincu que mes guides me prévenaient que la journée du lendemain allait être mémorable.

Nous fûmes reçus dans un cadre magnifique, une vieille demeure typique des Landes avec son toit de tuiles rouges et ses murs blancs. Nos hôtes étaient charmants et nous allions très vite nous lier d'amitié. Au moment de passer à table, je décidai de m'absenter quelques instants pour me laver les mains. Dans la salle de bains située à l'étage, j'entendis une voix : « Ha ! Voilà maintenant un Breton ! » C'était un trait d'humour venu sans doute d'un esprit habitué à la maison et à la visite de médiums de différentes régions. Revenu à ma place, tandis que nous échangions entre convives sur la diversité de mes facultés, je vis soudain à l'angle de la pièce l'esprit d'un homme qui portait un béret et me regardait étrangement, avec un air à faire froid dans le dos. Je tournai la tête, faisant semblant de ne pas l'avoir vu, mais il se rapprocha et avec insistance me montra la cheminée. J'étais embarrassé, gêné de voir un esprit vouloir communiquer au cours d'un repas, chez des personnes qui vous reçoivent pour la première fois. Violette avait remarqué que je regardais avec insistance un endroit précis de la pièce. Spontanément, les mots suivants passèrent à travers moi : « Je suis un des propriétaires de cette maison, *il* n'a pas fait ce qu'il fallait faire avec la cheminée, on le lui a bien fait comprendre quand *il* était là-haut ! »

Violette était stupéfaite. Elle m'avoua : « Marc, mon mari, n'a eu que des soucis quand il faisait les travaux ! » L'esprit poursuivit en laissant échapper, à travers ma bouche : « Tombé de l'échelle ! Tombé de l'échelle ! » Marc était en effet tombé de l'échelle, ce que me confirma sa femme. Cinq minutes plus tard, alors que tout le monde à table devisait calmement, l'esprit d'un médecin se présenta à son tour : « J'ai vécu ici, il y a quelques années, je suis accompagné du voisin Gaston. » Je demandai alors à mes hôtes s'ils connaissaient ce monsieur. Marc, stupéfait de ces intrusions, me confirma que Gaston était bel et bien un ancien voisin.

D'une manière ironique, l'esprit du médecin fit également allusion à une boîte en fer dont seule la famille de Violette connaissait l'histoire. Il me montra aussi des armoiries cachées que les nouveaux occupants avaient découvertes, détail que Violette et Marc reconnurent avec surprise et étonnement.

L'intervention de l'ancien propriétaire donnait à cette soirée un caractère surprenant. Il saisissait l'opportunité de ma présence, moi le médium, pour indiquer qu'à son époque les lieux étaient occupés différemment, les cheminées fonctionnant et n'étant pas obstruées.

Après cette soirée riche en émotions, je poussai plus loin la réflexion en me demandant si ces interventions prouvaient que l'esprit de l'ancien propriétaire hantait toujours les lieux ou s'il était simplement de passage. La dure journée qui m'attendait le lendemain ne m'inclinait pas à entamer une conversation avec lui. Ce séjour allait être plein de surprises… et pas toutes agréables.

Le jour de la conférence, j'eus la vision de la rue conduisant à l'église, décorée comme pour une fête religieuse, avec des draps tendus à droite et à gauche. J'avais l'impression d'être dans un autre lieu, à une autre époque. Sur le moment, je préférai garder cela pour moi. Un peu stressé, j'avançai pas à pas vers la salle où allait se dérouler la conférence. C'est à ce moment que j'entendis : « M. Tasting vient de partir. » La présidente, stupéfaite, m'affirma que ce M. Tasting était un voisin.

Je fus étonné par les dimensions de la salle, avec son haut plafond. Les chaises étaient alignées, prêtes à accueillir les visiteurs. Je priais en silence, quand je vis devant moi s'ouvrir une porte derrière laquelle brillait une grande lumière. De celle-ci se détacha l'esprit d'une jeune femme qui lançait des pétales de roses devant moi. Elle me montra la rue menant à l'église, les draps étendus de chaque côté indiquant le chemin à suivre. Là où, jadis, lors d'une fête, les enfants jetaient des pétales de roses. Cette vision de beauté, féconde de sens, m'éblouit au plus haut point.

C'est avec confiance que je commençai une conférence qui restera gravée à jamais dans ma mémoire. Ces réunions débutent toujours par une première partie au cours de laquelle j'aborde un thème destiné à aider les personnes à progresser spirituellement. Avant la deuxième partie, consacrée aux contacts médiumniques, un moment de pause permet aux participants de déposer sur une longue table la photo de leur défunt. Je l'utilise ou non, suivant la façon dont l'esprit m'apparaît. Parfois, sans support, je vais dans la salle, là où je suis guidé à délivrer le message. Je reviens ensuite chercher la photo du défunt concerné, celle-ci parmi tant d'autres, et cela confirme toujours la réalité de mes perceptions. Je ne vous cache pas qu'il est toujours stressant de se retrouver face à cent vingt personnes qui vous dévisagent et attendent beaucoup de vous. Cette attente, je la sens imprégner tout mon être. Au moment où j'entre en médiumnité, la tension disparaît et je ne suis plus moi-même. Je deviens comme ces bateaux sur l'océan, voguant tantôt sur une mer calme, tantôt sur une mer agitée.

J'étais donc face à mon public, priant pour inviter les esprits à venir communiquer. L'esprit d'un petit garçon se tenait à côté d'une femme qui versait de chaudes larmes ; je sus tout de suite qu'il s'agissait de son enfant. Je ressentis sa souffrance et le désir de l'enfant de communiquer avec elle. Il fallait que je les aide. Je décrivis son apparence à sa maman, qui l'identifia immédiatement. J'entendis : « C'est Thomas, Tom qui veut parler avec sa maman, Isa. » L'enfant de cette dame s'appelait Thomas. L'un de mes guides me mit en garde : « C'est trop tôt, Alain Joseph, attention, c'est trop tôt ! » Mon envie de soulager la maman était plus forte, je n'écoutai pas mes guides et entrai en contact médiumnique avec le petit garçon… Il me donna des détails sur les circonstances de sa mort tragique, me montra l'intérieur de la maison de ses parents, et aussi une scène singulière où son esprit était sur une machine à laver le linge dont le hublot fermait mal. Tom, à travers mes lèvres, se mit à en imiter le claquement. Sa maman comprit aussitôt qu'il était à côté d'elle, le matin même de la conférence. En effet, elle avait remarqué que le lave-linge qu'elle avait mis en marche faisait un drôle de bruit. C'était pour Isabelle une belle preuve de la présence de son fils. L'esprit de Thomas avait peu d'énergie, je sentais bien que je ne devais pas aller plus loin. J'oubliai cependant l'avertissement d'un de mes guides et l'impensable arriva.

Tandis que je décrivais à sa maman une intervention chirurgicale à un endroit bien précis sur le côté droit du corps de l'enfant, je reçus un très violent coup au même endroit. Je venais de me faire agresser par l'invisible. À ce moment, des bruits retentirent dans le plafond de la salle, les auditeurs levèrent les yeux, certains craignant même que les lustres ne se décrochent. Une vidéo de la conférence atteste la véracité des faits ici relatés. Sous l'effet du coup, je poussai un cri de douleur qui passa inaperçu, absorbé par les bruits provenant du plafond. Cette agression mit instantanément fin au contact avec Thomas. Mon état de médiumnité me permit de supporter la douleur. Je poursuivis donc, adressant les messages des esprits qui se manifestaient. L'un d'eux, à la fin de la conférence, me guida une nouvelle fois vers la maman de Thomas, à qui je dis : « J'ai reçu tout à l'heure un coup de couteau, n'y a-t-il pas eu un homicide à côté de chez vous ? » Émue, Isa le confirma.

J'étais en présence de l'esprit d'une victime poignardée dont l'assassin avait été libéré la veille, et au même moment en contact médiumnique avec cet enfant à qui on avait ouvert le corps pour un don d'organes... Je n'obtins pas plus d'informations sur ce qui s'était passé, à savoir si l'esprit de la victime en colère m'avait agressé volontairement ou s'il avait juste voulu m'incorporer au même moment que l'enfant, me blessant ainsi par la violence de leurs énergies et de leurs volontés à communiquer. Je me souvins alors du petit coup que j'avais reçu à mon arrivée à Bats – mes guides m'avertissaient du danger.

De retour chez mes hôtes, je soulevai ma chemise et criai de stupeur : « Regardez ! Que voyez-vous là ? » Chacun put constater une marque rouge sur ma peau, comme si j'avais reçu un coup de poignard. Je m'étais réellement fait agresser et marquer physiquement par des forces invisibles. Au moment de me coucher, j'avoue que je n'étais nullement rassuré. Je me suis enfermé dans ma chambre, et j'ai prié Dieu de me donner la force et le courage de continuer à aider les personnes en souffrance et à surmonter la peur que ce genre d'attaque par l'invisible peut provoquer. Je gardais en mémoire la vision de cette jeune fille resplendissante de lumière qui avait jeté devant moi des pétales de fleurs. Je ne savais pas qui elle était, ni ce que son apparition signifiait. J'allais le comprendre bien plus tard.

L'association fut agréablement surprise des beaux contacts médiumniques reçus ce jour-là, des précisions données – des noms, prénoms – et d'avoir obtenu autant de preuves de survie, indispensables pour lever les doutes sur la présence des esprits autour de nous.

J'ai quitté Bats avec une côte fêlée qui m'a fait souffrir pendant un bon mois, inquiet à l'idée qu'une telle expérience puisse se reproduire. Quelques jours plus tard, la présidente de l'association me téléphona pour m'avertir qu'elle avait senti chaque jour, depuis mon départ de Bats, une forte odeur de rose dans la chambre que j'avais occupée. Comme mon parfum ne contenait pas d'extrait de cette fleur, je pensai, sans en comprendre encore le sens, à la vision de cette jeune femme qui lançait des pétales de roses devant moi.

UNE AIDE INATTENDUE

Le mois suivant, j'intervins au sein de l'association « Rémi » à Rambouillet. Je craignais de nouvelles manifestations violentes. La veille de la conférence, avec la présidente, je cherchais une place pour me garer quand une voix me dit : « Non, pas ici, un peu plus loin derrière le poteau, il y a un petit chemin qui mène au restaurant, facile d'accès. » Je répétai ce que je venais d'entendre à Francine, qui s'écria : « C'est Rémi ! Il avait toujours l'habitude d'emprunter ce chemin ! » C'était le premier contact avec l'esprit de Rémi, fils de Francine et de Dominique, décédé brutalement dans un accident de voiture survenu le 4 août 2007.

Au cours du déjeuner, l'esprit de Rémi m'apparut. Il portait un uniforme et me montra une médaille militaire à son cou, que sa mère garde aujourd'hui précieusement. Il me dit : « N'aie pas peur d'être agressé, nous te protégerons. » J'étais rassuré de savoir que Rémi et mes guides veillaient au grain. Ce-jour-là, des bruits se firent aussi entendre dans la poutre située au-dessus du public. J'étais en pleine discussion avec des esprits d'un jeune âge, des esprits malicieux et plaisantins, d'un autre niveau d'évolution. Ils s'amusaient à se balancer tout en me souriant. Tout se passa bien. De nombreux messages et preuves de survie furent délivrés dans l'amour.

SAINTE THÉRÈSE DE LISIEUX

J'ai parlé précédemment de l'esprit d'une jeune femme jetant devant moi des pétales de roses. Elle m'apparaissait de temps à autre dans mes déplacements avant les conférences, sans que j'aie pu dialoguer avec elle. Quelques mois plus tard, je roulais vers Brest et, tandis que je priais, une voix me dit : « Sainte Thérèse sera avec toi aujourd'hui ! » Je fus surpris et décontenancé par la voix pleine d'amour qui me transmettait cette information. Je connaissais son nom, bien sûr, mais je ne la priais pas.

Je ne compris le sens de ce message qu'à la fin de la séance médiumnique. L'esprit d'un jeune homme me montra sa maman dans la salle. N'ayant plus d'énergie, je n'étais pas certain de pouvoir établir un contact. À ce moment-là, une dame âgée présente dans l'assemblée attira mon attention. Elle avait la tête baissée et joignait les mains dans une attitude de prière. Sur ses épaules étaient posées les deux mains de l'esprit de ma maman ! Je lui dis alors : « Que se passe-t-il, madame, je viens de voir les deux mains de ma chère maman sur vos épaules ? » Elle me répondit : « Oui, monsieur, je suis en train de prier pour vous, aidée peut-être de votre maman afin que vous ayez assez d'énergie pour délivrer un message à cette dame qui en a tant besoin, un message de son fils. » Je la remerciai et, touché par cette délicate attention, je fus transporté dans un autre élan d'énergie pour délivrer mon message.

La conférence terminée, les gens quittaient la salle, heureux, particulièrement ceux qui avaient eu la chance d'avoir un contact avec leur cher disparu. La dame âgée qui avait prié pour moi vint timidement me voir. Elle me dit ces quelques mots qui me troublèrent : « Mon cher monsieur, merci pour tout ce réconfort. Je vous donne la photo de sainte Thérèse, qui était avec vous aujourd'hui. » Le message dans la voiture devenait limpide.

Sainte Thérèse m'avait-elle accompagné jusque-là lors de mes conférences, pour alléger le poids de ceux qui souffraient de la perte d'un être cher ? Était-ce elle que j'avais vue plusieurs fois me jeter des pétales de roses ? Avait-elle, pendant une semaine, enveloppé d'une odeur de roses la chambre que j'avais occupée lors du déplacement à Bats, lorsque j'avais été blessé dans ma chair, marqué par l'invisible ? Oui, sincèrement, je le crois. Thérèse n'a-t-elle pas dit qu'elle jetterait des fleurs, plus particulièrement des roses, du haut du ciel, et qu'elle aiderait ceux qui veulent faire du bien sur terre ? N'a-t-elle pas dit, comme repris dans le livre *Histoire d'une âme,* de sainte Thérèse : *« Que je serai malheureuse au Ciel, si je ne puis faire de petits plaisirs sur la terre à ceux que j'aime ! »*

Sainte Thérèse s'alliait ainsi à mon travail, elle m'encourageait à continuer, à prouver la survivance de l'âme et à aider mon prochain dans l'amour. Je décidai de faire un pèlerinage jusqu'à Lisieux, où j'ai trouvé force et quiétude. J'étais heureux que sainte Thérèse s'intéresse à moi, pauvre pécheur parmi tant d'autres. Nous sommes tous entourés d'êtres de lumière, telle sainte Thérèse, à qui nous pouvons adresser nos prières.

UNE INVITATION À DÉMÉNAGER

D'où me vint un jour l'idée de regarder sur Internet des photos de maisons mises en vente ? Je ne saurais le dire, mais une longère bretonne des années 1900 attira mon attention. J'entendis : « Tu vas l'habiter, cette maison. » Cette affirmation m'avait intrigué, puisque mon ami et moi n'avions pas l'intention de déménager. Pour en savoir davantage, je me rendis sur place. Là, une dame à qui les propriétaires avaient confié les clés nous accueillit. Elle dit me reconnaître, ce qui m'étonna, et avant que nous franchissions le seuil de la porte, elle affirma : « Cette demeure est faite pour vous. » Dès mes premiers pas dans la maison, je ressentis immédiatement une énergie m'envahir. Je compris que l'ancien occupant des lieux venait de se désincarner. Me revenaient alors les souvenirs de la nuit précédente. Je m'étais réveillé vers 3 heures du matin, avec le sentiment d'être observé et j'avais eu la vision de l'intérieur de cette habitation, garnie de mes meubles, comme si nous l'occupions déjà.

Ma sensation se révéla juste quand la dame me confirma avoir perdu son compagnon. L'esprit de cet homme, présent à mes côtés, était-il en train de me guider ? Je ressentis tout de suite une attirance très forte pour cette vieille longère située juste en face du cimetière. Allions-nous être dérangés un peu plus souvent que d'habitude ?

Dans l'attente d'une rencontre avec les propriétaires, j'anticipais leur possible réaction quant à mon activité professionnelle, parce que, pour beaucoup, médium s'apparente à charlatan. Mais pas pour ces personnes, avec qui nous allions bien nous entendre. Dans cette bâtisse, j'ai compris rapidement que des esprits passaient leur chemin. Tout se déroula à une vitesse incroyable. Nous n'avions rien signé mais nous avions déjà les clés. À chaque visite je me sentais épié. Alors que nous visitions les lieux, je remarquai un beau crucifix sur un mur et pensai aussitôt : « Il est beau, ce crucifix, s'ils pouvaient l'oublier. » La réponse ne se fit pas attendre : « Ah ! Il te plaît ? Alors tu l'auras. » Mon ami, qui quelque temps plus tard visitait seul la maison, le remarqua également, pensant qu'il aurait sa place sur la cheminée si les propriétaires l'oubliaient.

Le jour de la signature de l'acte d'acquisition, nous fêtions l'événement dans la maison avec les vendeurs. Nous avions remarqué que le crucifix avait disparu, sans doute emporté dans le déménagement. Mais l'esprit de l'ancien occupant des lieux se présenta, souriant, heureux de nous voir ensemble. Il me montra son chien de chasse qui l'accompagnait, sa voiture, plus précisément une Renault Clio verte, sa manie de chercher ses clés, ses créations artistiques, son cancer, puis il disparut. Je pensai que c'était lui qui m'avait dit, dans la chambre à l'étage, que le crucifix nous appartiendrait, mais qu'il m'avait raconté des histoires. Son fils était présent avec sa femme et leur enfant de sept ans. Ils nous expliquèrent que leur enfant avait été marqué par la mort de son grand-père. Le jeune garçon avait approché le corps et lui avait dit, en lui caressant la main : « Tu vois, papy, maintenant tu ne souffres plus. » Ses parents affirmaient qu'il lui parlait. Souvent, les enfants à cet âge ont une maturité spirituelle et une ouverture d'esprit supérieures aux adultes. Ils peuvent se souvenir d'un autre monde, avoir leur canal médiumnique ouvert, qui parfois se referme, ou à l'inverse s'ouvre davantage. Ce que nous avons vécu plus tard en est une illustration.

Nous étions dans le séjour, autour d'une petite table. Le garçonnet vint vers mon compagnon et moi-même, il cachait quelque chose dans son dos. Puis soudain il tendit son bras vers nous. Il avait à la main le fameux crucifix. Il nous dit : « Tenez, ça c'est pour vous. » Nous en restâmes bouche bée. Comment pouvait-il savoir que son grand-père m'avait dit : « S'il te plaît, ce crucifix, tu l'auras. » Personne n'était au courant de ce souhait.

Un autre jour, alors que nous n'avions pas encore emménagé, je trouvai un pendule sur une table, bien mis en évidence, sur de vieux papiers ! Comme si le grand-père de cet enfant, qui avait fabriqué ce pendule, m'invitait à m'en servir. Je m'apprêtais ensuite à faire le tour de la maison pour vérifier si les volets étaient bien clos, quand j'entendis : « Il est temps que tu viennes nous rejoindre, nous nous ennuyons, ici. » Je fis la sourde oreille car le moment était mal choisi pour un dialogue qui devait être préparé. Je savais que l'occupation des lieux par les esprits n'avait rien de normal et que celle-ci retardait leur évolution spirituelle sur le long chemin qui mène à Dieu. Cette maison allait nous faire vivre les mois suivants de surprenantes aventures.

Comme vous le comprendrez plus loin, de nombreux esprits occupent un plan proche de la terre. Encore attachés à la matière, à leurs biens terrestres, ils s'incrustent dans notre quotidien.

DE NOUVELLES MATÉRIALISATIONS

La maison était en travaux, nous mettions les bouchées doubles pour emménager au plus tôt. Nous n'étions pas seuls, mais entourés d'esprits perçus d'une manière éphémère. Je les voyais de temps en temps, j'entendais leurs murmures et leurs discussions. Ils me laissaient en paix, ce que j'appréciais beaucoup. Je pouvais ainsi lâcher prise, porté par la joie de ce changement de lieu de vie. Ce fut une grande surprise de constater, lors de la prise de plusieurs photos, leur matérialisation autour de moi. Plusieurs visages apparurent sur la porte d'entrée, dont celui de l'esprit d'un homme portant des favoris, un ancien boucher ayant travaillé dans la maison voisine, ainsi que le visage d'une femme et de deux autres esprits. Certains d'entre eux se matérialisèrent sur des photos prises dans la cuisine, d'autres dans la chambre. J'ai toujours considéré ces preuves matérielles de survie comme des cadeaux que je devais partager avec tout le monde lors de mes conférences. Je les montre aujourd'hui avant la séance médiumnique, chassant le doute de ceux qui ne croient pas à la survivance de l'âme et qui viennent me voir par curiosité. Je ne suis pas là pour obliger mon public à croire, mais simplement pour transmettre les informations ou les messages que je reçois. Je ne suis qu'un petit facteur. Un jour, je m'adressai à l'esprit de ma maman qui, dans une incorporation d'énergie, s'appliqua à me faire écrire ces quelques mots :

« Les esprits sont nombreux à passer par votre maison, certains considèrent que c'est un lieu où l'on peut voir un médium dans son quotidien. Je vois des spectateurs autour de toi, mon fils, aussi dans ta vie de tous les jours. Ils ne sont pas méchants, mais certains, peu évolués, ne prennent pas conscience des plans supérieurs. Parfois, tu dois faire attention à ton état mental, à tes pensées, car tu attires à toi certains qui te racontent des histoires pour te déstabiliser. L'important est de prier et d'élever ses pensées ; vous l'avez tous les deux compris.

Maman qui t'aime. »

Le message est explicite. Ma maman nous fait comprendre que nous devons faire attention à nos pensées.

LE DÉPART D'UNE AMIE TRÈS CHÈRE

Jeanine habitait le sud de la France. C'était une octogénaire au caractère vif, qui gardait toute sa joie de vivre et son entrain. Elle était toujours habillée au goût du jour. En quête de réponses sur la réalité de l'au-delà, elle portait de l'intérêt aux livres traitant de spiritualité et rêvait d'avoir un contact médiumnique avec les siens. Nous fîmes connaissance lorsqu'elle acheta un de mes livres au cours de vacances passées en Bretagne. La lecture de mon livre à peine achevée, elle désira revenir en Bretagne pour me consulter, même s'il lui paraissait trop beau pour être vrai de dialoguer avec les morts par mon intermédiaire. Jeanine n'avait pas eu une vie facile, loin de là. Elle avait subi plusieurs épreuves terribles qui auraient dû l'entraîner dans un gouffre, sans espoir d'en sortir. Elle passait la majeure partie de son temps sur la route, et fut considérée à son époque et dans son domaine d'activité comme l'une des meilleures vendeuses de France. Elle réussit, malgré la souffrance, à surmonter les épreuves dont les plus terribles furent de perdre son fils et, quelques mois plus tard, d'être agressée et laissée sur place à moitié morte.

Elle trouva malgré tout la force et le courage de prendre la route et de traverser la France pour me rendre visite. Alors qu'elle s'installait face à moi, j'eus rapidement un contact avec ses parents et son fils, qui fournirent des détails sur leur survie. Ce fut une grande joie pour elle. Spontanément, je lui donnai le prénom de son fils, Daniel. Il avait mis fin à ses jours en s'immolant et s'était défenestré. Une mort atroce, dénuée de sens pour sa mère, puisque Daniel, en pleine jeunesse, avait toute sa vie devant lui. Jeanine pleura longtemps, mais la consultation la soulagea. Nous nous connaissions depuis peu, mais nous nous sommes rapidement liés d'amitié. D'une belle vivacité d'esprit, son humour parfois un petit brin caustique, toujours drôle, me faisait rire. Mon ami et moi projetions de lui rendre visite dans le sud de la France. Nous parlions le soir des heures au téléphone, de choses et d'autres, et bien sûr de spiritualité.

Un soir, j'appelai pour prendre de ses nouvelles, elle me parla d'une Indienne qu'elle aimait tant, de l'amour inconditionnel qu'elle insuffle aux gens en les étreignant. Au bout de dix minutes, la conversation fut coupée. Fiévreux, j'étais cloué au fond de mon lit et sombrai dans un sommeil profond, incapable de la rappeler. Le lendemain à mon réveil, j'étais très angoissé, conscient qu'il lui était arrivé quelque chose. Je finis par appeler sa meilleure amie qui m'apprit sa mort le soir même où nous nous étions parlé. Elle était tombée dans les escaliers. Sa disparition me fit de la peine. Jeanine était une très belle personne.

Quelques jours après ses obsèques, à 3 heures précises, j'entendis le téléphone sonner dans ma tête et cette phrase : « Je vous appelle tous les deux, je suis là, tout va bien. » Le message fut bref. Interloqué, je pensai tout de suite à elle ; je crus qu'elle allait me téléphoner. Jeanine n'avait qu'une personne chère à son cœur, qu'elle appelait Mimi. Mimi s'occupait de tout, de sa maison, de son chien, de ses affaires. Je lui téléphonai pour lui parler de ce message que j'avais entendu. Elle me dit : « À 3 heures aujourd'hui, mon téléphone a sonné, c'était le numéro de téléphone de Jeanine qui s'affichait. » Jeanine nous avait fait un signe au même moment. Son esprit était présent à cet instant dans le sud de la France et en Bretagne, simultanément. Elle nous appelait tous les deux pour nous dire au revoir.

Quelques mois plus tard, assis à mon bureau, une incorporation d'énergie prenant possession de mon bras et de ma main me fit écrire cette lettre.

« Je suis là, mon cher et tendre ami, je suis heureuse, j'ai retrouvé mon fils Daniel, et on s'aime. Je viens te dire que je suis avec toi par la pensée. Nous nous sommes peu connus sur cette terre, mais nous nous retrouverons un jour. Ici, tout est beau et merveilleux. Je te fais écrire ce soir car tu penses à moi. Je sais que tu as eu de la peine pour moi, et c'est avec toi en pensées que j'ai quitté ce monde pour enfin retrouver la légèreté de l'esprit. Sache, mon cher Alain Joseph, que tu es entouré de tes proches, de ta maman, de tes guides, de l'énergie du bon Dieu. Sois heureux d'être un médium qui peut aider beaucoup de monde. Avec amour et compassion, tu donnes le meilleur de toi-même. Tu as besoin d'être parfois encouragé. Oui, c'est bien moi, ta chère et tendre Jeanine. Dis à Mimi de ne pas s'inquiéter pour la maison, ce ne sont que des choses matérielles qui ne me concernent plus. Je la remercie de s'occuper de ma chienne Alcyone car elle est heureuse. Mon cher Alain Joseph, nous irons danser dans les champs de lavande quand, un jour lointain, tu viendras me rejoindre. Ici tu peux créer par la pensée. J'ai fait la connaissance de ta maman et de ta grand-mère, elles savent que nous étions proches. Tu m'as fait le plus grand cadeau qu'on puisse espérer, parler avec mon fils et me prouver que la vie continue après. Grâce à toi, ici nous sommes nombreux à avoir pu tranquilliser nos proches quant à notre survie et notre amour. Mon ami, vient l'heure de te quitter, je viendrai te voir dans tes conférences, quelquefois pour t'aider. Nous nous connaissons depuis très longtemps, un jour tu comprendras. À vous deux, mes chers et tendres amis que j'aime, je vous envoie mes pensées d'amour.

Votre Jeanine. »

Par ce message, j'ai souhaité rendre hommage à mon amie Jeanine, qui nous confirme ici nos futures retrouvailles avec ceux que l'on a aimés.

II

PREUVES DE SURVIE

La médiumnité ne fait pas totalement disparaître la souffrance de la perte d'un enfant, d'un parent, d'un grand-parent, d'un conjoint. Par contre, elle nous transporte dans une autre réalité, elle donne une autre dimension à l'absence et permet au deuil de se faire peu à peu. Les témoignages ci-après illustrent cette réalité dans le travail que j'effectue auprès des personnes qui sollicitent mon aide.

LA PERTE D'UN ENFANT

L'épreuve la plus douloureuse que l'on traverse sur terre est la perte d'un être cher. Cette épreuve est encore plus difficile à comprendre quand il s'agit d'un enfant qui aurait dû grandir, devenir un adolescent puis un adulte, et peut-être un père ou une mère. Elle va à l'encontre de l'ordre naturel des choses pour l'être humain, à l'inverse de l'esprit de l'enfant, qui prend conscience à son arrivée dans le monde spirituel que c'était le moment pour lui de quitter ses parents. Il sait qu'il pourra les voir, être parfois auprès d'eux, et que pour lui commence une nouvelle vie. Aidé de sa famille spirituelle, il s'adaptera très vite à ce nouveau monde qui l'accueille dans l'amour. Il en est tout autrement pour les parents qui, dans une première réaction de douleur intense, se laissent parfois porter par la colère et l'incompréhension. J'entends bien souvent ces réflexions de leur part : « Pourquoi cela nous arrive-t-il ? » « Qu'est-ce que nous avons fait au bon Dieu ? » Je remarque qu'une bonne partie d'entre eux remet en question l'existence de Dieu et s'en détourne temporairement ou de manière définitive. Ils perdent la foi et se retrouvent dans une situation où le vide qu'ils ressentent est amplifié.

D'un point de vue humain, nous pouvons tous comprendre celui ou celle qui prend la décision de se détourner de Dieu à la suite d'une épreuve aussi difficile. Mais, d'un point de vue spirituel, la personne commet une grave erreur. Il ne faut pas oublier que les esprits des enfants sont présents et voient chez leurs parents le manque de foi, de confiance en Dieu. Ils sont attristés de constater que leur famille sur terre puisse s'en éloigner et penser que les retrouvailles sont impossibles. Fort heureusement, bon nombre de parents se rapprochent du Créateur et trouvent dans la prière un apaisement à la douleur. Ils franchissent une grande étape dans leur évolution spirituelle par la compréhension du véritable sens de leur existence terrestre et de celui de l'épreuve qu'ils traversent. Les parents ont le libre arbitre de s'élever dans une quête spirituelle ou de succomber à cette expérience douloureuse par une attitude de déni, en prolongeant ainsi leurs souffrances.

Les esprits des enfants expriment à travers moi le souhait de voir leurs parents se soutenir l'un l'autre dans la période de deuil, mais malheureusement ce n'est pas toujours le cas. Le départ d'un enfant peut aussi provoquer un éloignement entre les parents.

Dans le moment précédant l'incarnation, alors qu'ils étaient dans le monde spirituel, les parents ont délibérément choisi, aidés par leurs guides, de vivre cette épreuve, de surmonter (ou non) les conséquences de ce départ, aussi bien dans leur vie quotidienne que dans leur vie de couple. Cette vérité peut parfois être difficile à comprendre.

Au cours de mes consultations, je constate régulièrement que, dans une famille où il y a plusieurs enfants, le deuil d'un des membres provoque des changements, voire des bouleversements dans les rapports familiaux. Il arrive que les effets néfastes se ressentent des années plus tard, plus précisément quand les parents ont vécu dans le constant souvenir de leur enfant disparu et n'ont plus accordé suffisamment d'attention à ceux qui sont encore en vie. C'est un piège à éviter. Il est parfois trop tard quand ce manque d'amour s'est transformé en rancune et s'est installé chez des enfants devenus adolescents puis adultes. Arriveront-ils à pardonner à leurs parents d'avoir vécu dans l'obsession de la mort de leur frère ou de leur sœur ? L'expérience du deuil fait partie d'un karma familial nécessitant que les membres d'une même famille apprennent à se soutenir et à s'aimer. Le défunt exprime souvent l'importance de ne pas voir ses proches dans le ressentiment mais dans l'acceptation de son départ et l'amour inconditionnel.

Un autre cas de figure peut aussi se présenter quand les parents expriment leurs regrets parce que les rapports ont été conflictuels avec leur enfant, ou qu'ils ne se sont pas suffisamment dit leur amour. Il en est de même quand la rancœur les a éloignés les uns des autres et quand le pardon n'a pas été demandé. La séparation physique de la mort anéantit toute possibilité de réconciliation, pour celui qui ne croit ni en l'après-vie ni en la médiumnité.

À travers mes expériences médiumniques, j'ai vu avec beaucoup d'émotion le visage de parents se transformer quand l'esprit de leur enfant pouvait se manifester. Il n'en demeure pas moins qu'une consultation est souvent un mélange de surprises, d'émotion intense, et même de stupéfaction pour celui qui ne croit pas et se trouve face à la réalité. Dans la finalité, c'est une merveilleuse certitude qui s'installe progressivement, après réflexion et une étude du message reçu. Vivre une telle expérience encourage aussi, parfois, à aller « au-delà » des apparences, à prendre du recul et à vivre sa vie un peu différemment. La précision des détails jusque-là ignorés par le médium démontre sa connexion avec l'être cher. Un grand pas est alors fait dans l'évolution spirituelle.

Chers parents, lecteur ou lectrice qui traversez cette épreuve, quand vous aurez la conviction que votre enfant vous voit, la certitude de la permanence de son affection, de son amour et de sa présence près de vous, cesserez-vous de pleurer ?

J'espère du fond du cœur que les témoignages à suivre vous aideront à comprendre que la mort n'existe pas. Ces personnes ont voulu partager leur histoire à travers ma médiumnité afin de consoler ceux qui ont perdu un être cher, et vous enrichir de la certitude de l'après-vie. Les esprits des enfants souhaitent tous voir leurs parents reprendre le cours de leur vie dans la paix, la sérénité et sans tristesse.

Dans les pages suivantes, vous comprendrez que vos enfants vous voient, qu'ils sont autour de vous parfois. Vous pouvez leur parler. Ils vous entendent. Dans les témoignages qui vont suivre, ils affirment leur présence.

Un visage dans les nuages

La maman de Mathieu s'était installée dans mon bureau. Je l'avais déjà vue, lors d'une conférence à Rambouillet. L'esprit de son fils avait fait une brève apparition en me faisant ressentir une violente douleur à la tête. Sans support photo, il m'avait guidé directement vers elle. L'incorporation de son énergie m'avait fait ressentir un problème à la mâchoire. Il recommandait à sa maman, qui souffrait des dents, de consulter un dentiste. Ce que mon auditrice avait déjà prévu ; le rendez-vous était pour le lendemain. Son fils étant parti depuis peu, le message en conférence avait été très court. Suite à ce contact, Isabelle décida de faire un long trajet vers la Bretagne pour me consulter, espérant du fond du cœur pouvoir dialoguer avec son fils. À peine arrivée, je le vis souriant à ses côtés. L'air malicieux, il s'empressa de dire à travers moi : « Maman, le bruit à la maison, c'est bien moi ! »

Mathieu avait souffert d'une tumeur cérébrale. Il me montra une scène, à l'hôpital, qu'il repoussa aussitôt, il ne voulait plus en parler. Il dit : « Je suis heureux maintenant », puis exprima le désir de parler de son papa, me montra le chiffre 9, date de son anniversaire. Il nous offrit un très beau cadeau par un message très touchant : « Maman, tu sais, papa va au cimetière tous les jours voir la tombe et me parler. Tu lui diras que c'était bien moi dans les nuages. C'est beau, maman. »

Le mari d'Isabelle confirma avoir vu le visage de son fils dans les nuages, mais il avait d'abord cru que cette vision était le fruit de son imagination. Il donna d'autres détails : « L'école, j'aimais cela, ici c'est différent, mais je continue encore à apprendre, maman, tu sais. Je t'ai vue regarder mes cahiers d'école où je faisais des dessins. » Je suis soudainement interrompu par l'apparition d'une femme à côté de Mathieu. Elle me regarde et se présente : « Je m'appelle Michelle. » Isabelle se mit à pleurer, elle la reconnaissait. Michelle avait souffert d'un cancer des os. Mathieu la rassura : « Ne pleure pas, maman, elle va bien, elle n'a plus mal, elle m'avait fait un cadeau quand j'étais à l'hôpital. » Oui, c'est incroyablement vrai, me dit Isabelle. Dans la pièce, l'esprit d'un homme se tenait aussi, en retrait. Il me montra sa femme qui, à l'extérieur de la maison, attendait dans un véhicule, et me fit comprendre qu'il passait de mon bureau à l'intérieur de la voiture. Il me dit : « Elle pense à moi, ma femme, elle a accompagné Isabelle aujourd'hui. Elle espère que j'intervienne et que je lui dise quelques mots. Dites-lui, monsieur, dites à Isabelle, merci, que je suis présent à côté de ma femme quand elle fait la sieste. L'après-midi, je vais la voir, elle regarde parfois ma montre qui est dans le tiroir de la table de chevet. Ma femme a été opérée des yeux, et elle a pensé mourir sur la table d'opération et venir me rejoindre. Quelle drôle d'idée ! Elle doit continuer à vivre. »

Isabelle me regarda, bouche bée. Le mari de son amie venait de faire son apparition et se réjouissait du message à lui transmettre. Mathieu était bavard, il prolongea la conversation. Il sollicita sa maman pour veiller sur sa tante, « Guiguitte », qui avait des problèmes de santé. Il lui demanda de surveiller son frère qui rangeait ses affaires dans des petites boîtes. Il me raconta enfin une dernière anecdote, dont ils se souvenaient tous deux très précisément. Un jour que ses parents l'accompagnaient à l'hôpital, ils avaient vu une voiture brûlée sur le bord de la route. Il leur avait posé tout un tas de questions à ce sujet en demandant toutes les cinq minutes de s'arrêter pour faire pipi. Mathieu termina la conversation sur cette note d'humour et tout à coup nous quitta sur un touchant « Je t'aime maman, je t'aime papa ».

Ce contact médiumnique fut un moment d'intense émotion et empli d'amour ; Isabelle et Mathieu avaient pu échanger par mon intermédiaire. Toutes ces preuves de survie que Mathieu venait de dévoiler ne laissaient à Isabelle aucun doute sur sa présence. Je fus traversé par de belles vibrations d'amour au moment où Mathieu s'en alla pour rejoindre d'autres enfants dans l'au-delà.

L'esprit d'un enfant bien protégé

Ce jour-là, dans mon bureau, j'accueillis deux femmes, la mère et la fille. Elles venaient pour avoir des nouvelles de leurs chers disparus. Les vibrations perçues étaient celles de la souffrance d'un deuil récent. L'esprit d'un homme ayant quitté ce monde, âgé, fit son apparition. Il semblait fier de se tenir à côté d'un homme bien plus jeune. Soudainement, l'esprit du jeune homme me fit revivre le moment où tout avait basculé. Sur une route où l'esprit me fit avancer, j'étais à vélo ou à moto, j'avançais vite, puis ce fut la violence d'un choc et d'une mort rapide et brutale. J'entendis encore : « Vite, trop vite. »

Le défunt se tenant à ses côtés dans la pièce affirma être son grand-père. Il s'habillait d'une manière élégante, et, détail bien particulier, aimait porter une rose à la boutonnière. Son visage se rapprocha, je pus alors distinguer une moustache. Les deux femmes réagirent avec vivacité, en reconnaissant ainsi leur proche. L'esprit du gamin prit de suite la parole : « Maman, mamie je suis là, je vais bien. » Il poursuivit : « Avant de prendre mon vélo ce jour-là, on a eu une discussion avec maman, on n'était pas d'accord. Ô combien je regrette, maman ! Ah ! mon caractère… Je m'appelle Thomas, mais dis-lui, "Thomas, Jérémy", maman comprendra ! »

Sa maman saisit immédiatement qu'il faisait allusion aux deux prénoms qu'elle avait pensé lui donner à sa naissance.Thomas continua la conversation : « Je viens dans les rêves de ma maman et, à ce moment-là, on est ensemble. »

Il revint sur le jour de son départ, demanda à sa maman d'arrêter de culpabiliser et de penser aux circonstances de l'accident. Il me montra un virage et le véhicule, une sorte de fourgon, qui l'avait percuté. Il dit qu'il n'avait pas souffert et que son départ avait été rapide.

C'est à cet instant qu'une énergie féminine l'enveloppa de son amour. Elle m'apparut furtivement, juste le temps de la décrire : une femme d'une haute stature portant un chignon qu'elle ne défaisait jamais. Une des deux consultantes m'informa qu'il s'agissait de sa grand-mère. J'entendis aussitôt : « Dites-leur que je ne suis pas seule et que Georges est là ! » Anne et sa maman confirmèrent le prénom du grand-père. L'incorporation d'énergie au niveau de mon plexus me faisant souffrir, je savais que cet homme était parti d'une manière volontaire.

Thomas ne tarda pas à reprendre la parole. Il me montra une femme qu'il aimait beaucoup, une casquette à visière sur la tête, portant un objet blanc autour du cou, symbole du lien d'affection qui l'unissait à cette femme. C'était une dent de requin que Thomas avait offerte à sa tante adorée. Anne me dit que c'était incroyable, tout cela était bien vrai ! Puis, j'entendis le prénom « Cathie ». « J'étais là, maman, quand Cathie et toi êtes tombées dans les bras l'une de l'autre. »

Une fois de plus, tout était exact ! Je demandai alors à la maman de Thomas si elle avait des photos de son fils. Elle en sortit deux de son portefeuille qu'elle plaça côte à côte. L'énergie de Thomas incorpora ma main, la dirigea sur l'une d'entre elles, et s'écria à travers moi : « Mais maman, quand même, tu sais que c'est celle-là que je préfère ! »

L'émotion était intense et les larmes coulaient sur le visage de sa maman qui me répondit : « Il disait toujours que c'était sa photo préférée. »

Cette consultation fut pleine de surprises, car j'entendis également : « Dis-lui que M. Mannet est présent et Rose aussi ! »

Stupéfaite, la grand-mère de Thomas s'exclama : « Ce n'est pas possible, M. Mannet est mon ex-mari ! Il est ici ? Mais qu'a-t-il à me dire ? »

Je n'obtins aucune réponse, la séance se termina par un sous-entendu. Le patronyme Mannet qu'avait porté cette dame faisait partie de son passé ! L'esprit de son ex-mari venait lui faire comprendre qu'il ne l'avait pas oubliée.

Les deux femmes repartirent dans un état second, convaincues d'avoir dialogué avec leur enfant chéri et d'avoir eu la visite de disparus dont elles n'attendaient pourtant pas de nouvelles !

Une décorporation bien détaillée

Témoignage de la maman de Matt

« Ma vie, notre vie, a basculé un beau matin d'été. Il fallait affronter l'impensable, le décès soudain de notre fils, Matt. Il ne s'est pas réveillé ; il avait alors seize ans. Nous, ses parents, ses frères et sœurs, n'avions jamais vécu un drame pareil.

J'ai donc expliqué aux enfants que Matt était au ciel, maintenant, parmi les anges, mais qu'il resterait toujours avec nous. Nous ne pourrions plus le voir, mais il ne serait jamais loin et veillerait sur nous de là-haut. Une belle histoire à laquelle j'avais envie de croire moi-même, mais qu'en savais-je réellement ? Je me considère comme une personne croyante, je crois en la vie après la mort. Jamais je ne m'étais posé de questions à ce sujet. Alain Joseph Bellet m'a reçue un peu plus d'une année après le départ de notre enfant.

J'avais besoin de preuves de la survie de Matt pour surmonter cette douloureuse épreuve. J'appréhendais beaucoup ce moment-là, mais j'avais tellement hâte aussi d'entendre ce qu'il pouvait me dire. Je restais néanmoins sur mes gardes, j'avais peur d'être déçue. En aucun cas, je ne souhaitais tomber dans le piège d'une personne malhonnête.

Installée face à lui, il m'explique comment la séance de médiumnité va se dérouler, de quelle manière il peut voir et entendre les esprits. C'est un médium à incorporation qui fonctionne d'une manière bien particulière. Moi, je n'ai donné aucune explication sur ma volonté de le consulter. Jamais je n'ai évoqué le fait d'avoir perdu un enfant, je ne dis rien, j'écoute. Alain Joseph se recueille un instant dans une prière, et très vite il m'annonce : "Je vois un grand-père avec un jeune homme, c'est un enfant qui a déjà une grande maturité."

Il me dit entendre : "Maman, je suis heureux de venir à toi ! Je n'ai pas souffert. Cela fait tout drôle de quitter son corps."

L'émotion me submerge. Matt, mon fils, est là tout près, il me parle à travers le médium. Pendant des mois, je me suis inquiétée de savoir s'il avait souffert, s'il avait eu peur au moment de mourir. Et là, il est en train de répondre à mes questions. Alain Joseph me donne à cet instant des détails très précis sur ce que mon fils a vécu. Il me dit que nous avons retrouvé notre fils allongé dans le lit de sa chambre, Matt le lui montre et raconte le moment de sa décorporation.

"J'ai quitté mon corps, je me suis vu au-dessus de lui, j'ai bien vu la couette écossaise verte d'en haut."

Incroyable ! Comment pouvait-il savoir que le lit de Matt était recouvert d'une couette écossaise de couleur verte ? Il enchaîna aussitôt : "Mon départ te semble injuste, maman, mais comprends, je devais partir ainsi." Ensuite, Alain Joseph détaille mon fils physiquement, il précise la couleur de ses yeux, sa coupe de cheveux. "C'est maman qui me coupait les cheveux." Je souris car c'est bien vrai. Alain Joseph capte bien le caractère de mon fils, taquin, plein d'humour, aimant faire le clown.

Un peu plus tard, Alain Joseph me demande de lui montrer la photo de Matt. Il me surprend alors en me donnant des détails sur ses frères et sœurs : Matt a un frère qui lui ressemble, un autre, dit-il, s'habille avec la chemise à carreaux qu'il portait quand il était petit et avec laquelle nous l'avions pris en photo. Une petite sœur fait des dessins avec des cœurs et les pose devant sa photo. Sa sœur, plus âgée, passe son temps sur son téléphone portable. Matt dit aussi qu'il voit son frère jouer du piano et qu'il se trompe encore souvent avec les notes. Puis, il indique que le tennis et la guitare étaient deux choses importantes pour lui. Il continue en donnant de nombreux autres éléments concernant notre famille et nos proches, autant de détails que le médium ignorait, tout cela était bien exact !

Matt est bavard. Il décrit à Alain Joseph l'ambiance de la maison. Il lui montre ses frères et sœurs installés devant la télévision en train de se chamailler pour choisir la chaîne. L'esprit de Matt montre au médium cette scène où il est présent à côté du poste de télévision qu'il semble fixer d'une manière intense en se concentrant par la pensée. “Matt vous fait comprendre qu'il vous a fait un signe”, me dit Alain Joseph. Cela me rappelle immédiatement un après-midi, quelques jours avant ma consultation. Comme bien souvent, les enfants ne se mettent que rarement d'accord sur le programme à regarder. La télévision, à leur grande surprise, s'était éteinte toute seule à plusieurs reprises. Matt nous parle aussi de sa messe d'obsèques, il était présent à ce moment-là, il nous remercie pour le beau texte qui a été lu. Il a entendu la chorale, il a vu les jeunes, ses amis qui tenaient des bougies et avaient apporté des fleurs, chacun et chacune à tour de rôle, une seule rose. Je suis bouleversée de l'entendre, car tout cela est vrai ! Matt affirme : “C'était écrit, un jour tu comprendras, maman. Tu ne peux pas imaginer comment c'est beau ici. Je vis avec la musique et on sent un grand amour, un très grand amour. Il n'y a pas de mot pour décrire cela. Je me suis envolé comme un oiseau.” Il ajoute :

“L’école terrestre n’est qu’une étape, maman, je suis maintenant à l’école spirituelle, c’est la véritable école. Tu dois éduquer mes frères et sœurs avec de belles valeurs spirituelles, maman, et surtout qu’ils comprennent ceci : Ne pas faire aux autres ce que nous n’aimerions pas que l’on nous fasse.”

La conversation médiumnique se termine, je suis apaisée. Les détails précis qu’Alain Joseph a pu me donner me démontrent la survivance de Matt. Je crois en la très grande sincérité de ce médium que je remercie du fond du cœur pour cette merveilleuse rencontre avec mon fils. Merci à Matt qui me manque tous les jours, mais je sais maintenant que nous allons finir par nous retrouver, c’est une question de temps ! »

Je remercie l’esprit de Matt pour ce contact merveilleux, tous ces détails et plus particulièrement le moment de la sortie de son âme qui d’en haut voit son corps étendu dans le lit, détail qui nous laisse imaginer comment se passe la décorporation.

Ce fut un moment inoubliable. Merci.

Une princesse au paradis

Une soixantaine de personnes attendaient fébrilement un message de leur être cher dans la salle de réunion où je donnais ce jour-là une conférence médiumnique. Comme je l’ai déjà signalé, ma médiumnité à incorporation n’est pas toujours facile à vivre. Au cours de cette conférence, je fis une expérience inoubliable, corporellement et émotionnellement, par un contact avec l’au-delà qui dura un petit quart d’heure. Plusieurs esprits présents à ce moment me regardaient, et je percevais leur empressement à communiquer. Après un moment de pause, les auditeurs reprirent petit à petit leur place dans la salle. Une fois l'assistance installée, je pus commencer les contacts médiumniques. J'entendis l'esprit d'une enfant me parler de Bambi, de Disney, de princesse. Pendant un moment, toujours en boucle, les mêmes mots résonnaient en moi. L'incorporation d'une énergie bien forte par les jambes me fit tournoyer sur moi-même. Elle pénétra dans mes bras et mes mains et me fit tenir une robe de petite fille, naturellement invisible aux yeux des spectateurs, mais bien réelle pour moi. Imaginez un homme de 1,90 mètre se mettant à danser comme une petite fille, cela aurait pu être comique en d'autres circonstances, mais cette scène ne prêtait pas à l'ironie. L'assemblée me regarda avec des yeux ébahis. Je marchais, tout en dansant dans l'allée centrale, vers une femme assise à droite au fond de la salle. Ces quelques mots passèrent alors à travers moi et je chantonnai :

« Maman ! Maman ! Je suis là, habillée de ma robe de princesse. »

J'étais presque arrivé à côté de la maman, qui reconnut sa petite fille, quand tout bascula autour de moi. Comme dans une décorporation, je me retrouvai l'espace d'un instant dans un petit cercueil, habillé d'une robe de princesse ! J'étais en état de choc, je ne m'attendais pas à cela ! L'énergie forte m'immobilisa sur place, mes muscles durcirent, les traits de mon visage changèrent aussitôt. Plusieurs personnes furent témoins de ce moment bouleversant sans vraiment prendre conscience de ce qui se passait dans mon corps. La maman pleura et me confirma qu'elle avait habillé le corps de sa fille d'une robe de princesse. Je suis allé chercher la photo de la petite fille sur la table, et je l'ai rendue à sa maman qui m'a dit simplement :

« Oui, c'est bien elle. » L'enfant me donna son âge, quatre ans, me dit qu'elle était avec un petit copain, Raphaël, qu'elle avait connu chez la nounou. Sa maman, bouleversée, confirma. Elle me dit qu'elle adorait cette robe car elle voulait être une princesse. Le contact médiumnique fut bref, mais très intense en émotion ; je ne pus contrôler quelques larmes sur mes joues. Ensuite, j'entendis deux esprits parler, celui de la petite fille : « Maman, ne pleure plus, je suis heureuse maintenant, je suis une princesse au paradis ! »

Puis la voix d'une énergie féminine remplie de vibrations d'amour : « Allez, venez les enfants, maintenant c'est le moment de partir. »

C'est à travers la vitre qui séparait la salle du jardin que je vis les enfants quitter la pièce, nimbés d'un halo de lumière, laissant tout le monde dans une vive émotion.

LA PERTE D'UN PARENT

La perte d'un parent est une épreuve pour les enfants qui ont reçu tout au long de leur existence l'amour de leur père ou l'amour de leur mère, ou des deux. Elle marque aussi la vie d'un adulte, même quand l'être cher quitte ce monde à un âge très avancé. Les liens d'affection et les affinités qui les unissaient perdurent au-delà de la mort et se traduisent, lors de contacts médiumniques, par des échanges remplis d'amour. De même, lorsqu'un différend n'a pu être résolu avant le départ du défunt, les esprits viennent à travers moi exprimer leurs regrets, leur pardon, leur culpabilité et c'est souvent celui qui est sur terre qui garde le libre arbitre d'accorder ou de refuser le pardon. L'esprit ne peut transmettre qu'un ressenti et des paroles, mais ne peut plus agir pour atténuer la rancœur si elle est tenace. Autrefois, les membres d'une même famille vivaient généralement sous le même toit ou près de la maison familiale, dans le même village ou dans la ville la plus proche. Les liens qui se créaient permettaient une aide mutuelle entre anciennes et nouvelles générations. Le fait de vivre ensemble à proximité les uns des autres pouvait faciliter l'entente, la réconciliation et le maintien d'un certain respect des uns envers les autres. On avait l'opportunité d'apprendre à s'aimer. Tous ces liens étaient très précieux en cas de mésentente ou parfois d'antipathie entre certains. Les changements dans le mode de vie des générations suivantes allaient marquer un tournant dans les rapports familiaux : éloignement géographique et renforcement de l'individualisme.

Il est courant dans mon travail que je rencontre des familles déchirées, en totale mésentente, dont les membres gardent en eux le poids lourd de la souffrance mêlée de colère, de haine, de rancune car ils n'ont pas été aimés par leurs proches. Je souligne dans ce chapitre l'importance de vous libérer des émotions négatives qui peuvent vous ronger intérieurement. Dans le conflit, chaque relation filiale ou parentale ainsi que le manque d'amour s'expliquent bien souvent par un lien karmique antérieur non résolu. Dans le principe de la réincarnation, on peut comprendre que les esprits liés par des liens antipathiques peuvent décider de naître dans une même famille pour apprendre à s'aimer. Certains d'entre eux, peu évolués et endurcis, s'obstineront à rester dans le même schéma de rejet, d'abandon, ou d'amour non partagé. Le ou les membres de la famille subissant cette épreuve doivent comprendre qu'il s'agit tout simplement d'exemples à ne pas reproduire.

L'une des excuses que l'on entend souvent : « Il n'a pas reçu beaucoup d'amour et ne peut pas en donner », est-elle recevable ? Elle démontre spirituellement une incapacité à donner, à aimer, or tout le monde a en soi cette capacité en faisant des efforts. Le but que l'âme poursuit est de progresser dans l'amour inconditionnel. Pour évacuer tout ressentiment, il faut comprendre et accepter que l'autre a ses limites, son potentiel à donner et à recevoir et la faculté ou non de s'aimer lui-même. Chaque incarnation vous donne la possibilité de vous engager sur la voie du pardon et de faire un grand pas vers l'amour. Parfois aussi, vous pourrez essayer de tout faire pour que la personne trouve une raison de vous aimer, et malgré tout, ne recevoir en retour qu'une totale indifférence. Ce genre de relation fait mal, mais il faut savoir admettre que l'autre ne peut vous donner davantage et considérer que ce problème lui appartient. Si vous avez atteint un certain degré d'évolution, vous saurez le comprendre, et faire preuve d'indulgence dans l'acceptation.

Dans le témoignage qui suit, le lien d'amour qui existe dans cette famille est toujours très fort. Dans le monde spirituel, deux esprits ayant connu la même femme sur terre en arrivent même à la juger de façon ironique !

Un papa et un beau-père considéré comme un deuxième papa

Nadège a voulu témoigner du jour où elle est venue me voir. Elle s'est laissé porter, comme elle l'écrit, par la conversation avec ses bien-aimés, moment inoubliable de grand bien-être et de paix.

« Mes mains tremblent, je suis dans un état de stress devant la porte. J'avais déjà vu M. Bellet lors d'une conférence médiumnique à Challans et je me souvenais encore des détails impressionnants qu'il avait pu donner. J'étais absolument convaincue que cet homme pouvait entrer en relation avec l'au-delà. Je suis suspendue à ses lèvres pour écouter ce qu'il va bien pouvoir me dire, à moi, Nadège. Je n'ai pas eu longtemps à attendre, car il me décrit tout de suite mes deux papas : mon père, et mon beau-père que j'ai toujours considéré comme un deuxième père. L'un lui apparaissait plus jeune que l'autre. Mon père me dit, à travers Alain Joseph : “Comme tu es belle, ma fille, j'aurais dû te voir plus souvent, mais tu sais, avec ta mère, c'était pas facile !"

Et mon beau-père de rétorquer : "Pourtant, elle s'est améliorée avec moi pendant le temps que nous avons vécu ensemble. Moi, je m'appelle Olivier, enfin, on m'appelait 'Olive'. "

J'étais abasourdie, mon papa Michel et mon beau-père Olive se présentaient au médium en lui donnant leur prénom. Ils étaient bien là dans la pièce. Je pleurai. Il n'y avait pas de doute possible, c'était bien eux, communiquant à M. Bellet leur bonne humeur et faisant entre eux des commentaires sur ma mère. C'était irréel. Alain Joseph les regardait dans un coin de la pièce et répétait leurs propos. J'étais témoin d'une conversation en direct avec le monde invisible. Ils continuèrent à donner des détails surprenants. Alain Joseph mit sa main à la poitrine, ressentant visiblement la douleur d'une crise cardiaque. Oui, c'est vrai, mon père est parti ainsi. Ils donnèrent un nouveau détail bien précis qui me stupéfia : "Nous sommes morts le même jour !" Oui, c'est bien vrai, l'un à 3 heures du matin et l'autre à midi.

Alain Joseph dit être en présence d'une énergie féminine se présentant comme une grand-mère ou une arrière-grand-mère. Il affirme qu'elle se nomme "Mamie T.". Je lui réponds que je ne la connais pas. C'est alors que l'esprit s'indigna en répétant ces quelques mots qui me firent comprendre qui se présentait : "Je suis Thérèse, ton arrière-grand-mère, merci ma petite-fille pour l'aide que tu apportes à ton grand-père. Il perd un peu la tête dans cette structure. Il exagère avec le chocolat, mais à cet âge, il faut bien lui faire plaisir." Je n'en revenais pas, mon arrière-grand-mère me remerciait pour son fils, donc mon grand-père, pour toute l'aide que je lui procurais. C'est vrai que toutes les semaines, j'allais le voir dans une maison de retraite en lui apportant ses fameuses tablettes de chocolat, car je l'aimais beaucoup.

Ma grand-mère vint à son tour me rendre visite et me fit part d'une anecdote jusqu'alors inconnue de moi. Elle me parle de ma maman, donc de sa fille, qui se massait les seins après l'extraction chirurgicale d'un nodule quelques années auparavant : "Ta mère avait peur du cancer. Il fallait qu'elle arrête d'y penser !"

C'est une première nouvelle pour moi. Ma maman m'aurait-elle caché cela ?

En rentrant à la maison, j'ai questionné ma maman qui, tout en me regardant avec des yeux ronds, me confirma que c'était bien vrai ! Elle avait remarqué ce nodule au sein et l'avait fait immédiatement retirer sans m'en parler pour ne pas m'inquiéter. L'esprit de ma grand-mère nous montrait bien là qu'elle était au courant des problèmes de sa fille et, pour le lui faire comprendre, elle avait dévoilé ce petit secret. Puis, la main d'Alain Joseph se met soudainement en mouvement et je le vois écrire en grand le prénom "Raymond". Il me décrit mon mari parlant avec le voisin qui s'appelle bien Raymond. Une preuve de plus que nos bien-aimés nous voient dans notre quotidien.

Il me précise ensuite que sur deux tombes il y a deux noms qui commencent par "Le" et ceci en commun avec ma grand-mère. Une nouvelle fois, je confirme. Il ajoute que mon père et mon beau-père sont toujours présents et qu'ils souhaitent donner d'autres précisions. Non sans un brin d'humour, ils remercient ma maman de penser à eux et informent aussi M. Bellet que les enterrements ont été espacés de deux journées, même s'ils sont morts le même jour.

Mon beau-père Olivier dit qu'il a fait beaucoup travailler sa femme, qui lavait et repassait sans arrêt. Il portait des chemises à carreaux qu'il changeait trois ou quatre fois par jour. Alain Joseph m'explique que les esprits sont autour de nous, qu'ils l'amènent souvent dans des lieux où ils ont vécu, mais là où nous habitons, également. Mon père et mon beau-père lui décrivent précisément la maison que nous occupons et la piscine dans laquelle mes enfants sautent. Ils sont au courant que mon mari est agacé quand je regarde les enfants depuis la fenêtre de la cuisine. Je n'en crois pas mes oreilles, Alain Joseph me décrit une scène de mon quotidien. Mon papa va aussi me faire comprendre qu'il est au courant des bêtises de mes enfants.

Il me donne leurs prénoms, Juju et Pierre. Il me décrit soudain une scène qui m'a choquée, quelques mois auparavant. Il dit : "Un coup de poing d'un amour perturbé." Je reconnais immédiatement cette scène où mon fils Pierre, venant de se faire plaquer par sa petite copine, poussé par la colère, donne un coup de poing dans sa bibliothèque et la casse. Mon père et mon beau-père vont encore parler d'une situation plutôt cocasse qui nous a bien fait rire. Alain Joseph dit que mon beau-père me parle : "Ah ! Ta mère a ronflé sur la table d'esthétique de ta fille !"

Je n'en reviens pas, c'est incroyable ! Au mois de juin, ma fille avait besoin d'un modèle pour un examen d'esthétique, et ma mère qui avait servi de modèle s'était endormie sur la table, ce qui a provoqué une gêne chez ma fille et une partie de rigolade. Alain Joseph entend Olive rire et lui dire qu'ainsi il voulait confirmer sa présence autour de sa femme. L'esprit de mon père fait écrire : "Ludo, c'est bien de l'aider."

Je suis encore une nouvelle fois étonnée, car effectivement, mon meilleur ami s'appelle ainsi, je l'aide dans un passage difficile de sa vie. C'est ensuite qu'Alain Joseph poursuit avec l'esprit d'un homme, qui dit avoir atteint son rêve, en lui parlant de la pêche au carrelet et qu'il est accompagné de son chien. Cela ne me dit rien du tout. Le soir en rentrant, j'ai une illumination : il s'agit bien sûr de mon cousin Claude, parti le 21 mai 2014, alors qu'il pêchait le carrelet avec mon mari. Il m'avait dit avant de partir : "Ne t'inquiète pas, j'ai eu une vie magnifique."

Nous sommes interrompus par la sonnette d'entrée, Alain Joseph se lève difficilement, bloqué par une énergie qui lui fait ressentir des douleurs aux hanches. Il me dit qu'il faut que je surveille mon poids et mes hanches qui sont fragiles depuis ma naissance. Eh bien oui, je suis une enfant née avec des hanches luxées et, ayant arrêté de fumer, j'ai pris du poids ! C'est alors que M. Bellet me demande : "Que voulez-vous leur dire, Nadège ?" Je suis sans voix, subjuguée par cette heure passée avec mes chers disparus, par tous ces détails tellement précis. C'est dans un sanglot que je les remercie en leur disant que je prie pour eux en récitant le *Notre Père.* Alain Joseph me répond : "Ils vous disent merci, et surtout de bien penser qu'ils vous protègent et que parfois, quand ils en ont la possibilité, ils sont près de vous." »

Les noms et prénoms de ses amis

Dans ce témoignage, l'esprit de Louis donne des détails incroyables sur son entourage sur terre et celui qu'il côtoie dans le monde spirituel. Sa fille témoigne.

« Cela fait dix-huit mois que papa nous a quittés. Je décide de rencontrer Alain Joseph Bellet, espérant du fond du cœur que nous puissions avoir des preuves de survie et des nouvelles de nos chers disparus. Maman s'est jointe à moi. Vu son âge, nombreuses sont ses connaissances qui sont passées de l'autre côté. Tout de suite, Alain Joseph sait que nous venons de perdre un homme de la famille, un père pour moi-même et un mari pour ma maman. Il ressent l'incorporation de l'esprit de mon père et décrit très précisément ses dernières semaines de vie. L'esprit de mon père dit à Alain Joseph : "J'étais perdu dans ma tête, c'est comme si mon âme était en prison."

En effet, nous comprenons ce dont il parle : papa avait la maladie d'Alzheimer depuis trois ans. Alain Joseph précise que ce n'est pas de cette maladie qu'il est parti, car son incorporation lui fait ressentir des douleurs au niveau de l'estomac puis progressivement un peu partout. Il est exact qu'il est parti d'un cancer généralisé. Rien n'avait été détecté avant son entrée à l'hôpital. Il nous a quittés rapidement ensuite.

Le médium décrit papa sur son lit d'hôpital et en même temps l'intérieur de la maison. Du fait de sa maladie, par moments il croyait être au lit à la maison. Nous le confirmons, pour l'avoir entendu tenir de tels propos à ce sujet. Nous ne voulions pas le contrarier. C'était mieux pour lui, pensions-nous. Il n'avait pas conscience de son état et il était plus calme. Puis Alain Joseph Bellet nous a donné le prénom de mon papa, Louis, et de ma maman, Jeanne, assise près de moi. Mon père lui dit : "Louis embrasse Jeanne."

Comment douter d'une vie après la mort quand vous entendez des détails directs aussi précis ? Alain Joseph va nous étonner tout au long de cette consultation et marquer à jamais notre vie par un véritable échange avec mon père, comme il n'a jamais été possible quand il vivait. Il lui dit qu'il est avec deux autres hommes qui s'appellent Louis, ma maman sait de qui il s'agit. Papa décrit à Alain Joseph son lieu de vie, lui explique qu'il était agriculteur. Nous ne faisons qu'acquiescer, c'est la stricte vérité. Oh ! Comme il va nous surprendre quand il fait dire à Alain Joseph : “Dans le hangar, il reste une charrue et il y a un tracteur qui vient d'être déplacé.” Incroyable !

Une personne qui ne croit pas à la médiumnité et qui entend ces propos ne pourrait qu'être incrédule. Comment pouvait-il savoir cela ? Nous venions en effet de déplacer le tracteur. Il lui montre aussi la friche devant les vieux bâtiments et fait remarquer que nous avons tout nettoyé. Alain Joseph dit que mon papa est très attaché à la terre. C'est vrai, c'était sa vie, sa passion. Il nous dit ensuite qu'il est entouré dans la pièce de plusieurs personnes :

“Votre père me dit qu'il est accompagné de l'esprit d'un homme qui était un beau-frère à lui. Il est parti dans un accident, a souffert de la guerre d'Algérie. » C'est à ce moment-là que nous entendons le médium dire : “Je suis avec Jean Tromel.”

Tout cela nous émerveille et nous bouleverse à la fois, nous sommes ébahies. Il vient de donner le nom et le prénom de son beau-frère !

Il voit l'esprit d'une femme qui dit s'appeler Marie-Louise, prénom de ma grand-mère maternelle. Elle remercie pour les fleurs qu'elle nous a vues déposer sur sa tombe grise, maman et moi.

Elle lui montre son cadavre sur son lit de mort, un chapelet noir autour des mains. Elle va nous dire aussi que sa tombe a été déplacée dans un cimetière d'une autre commune. Tout ceci est parfaitement juste.

L'esprit de mon papa dit aussi qu'il voit un de ses amis proches qui s'appelle Albert, parti un peu après lui. À peine avons-nous le temps de réfléchir, qu'il précise : “Oui ! Je suis avec Albert Kermarec !”

Époustouflant ! Il vient de donner son prénom et son nom de famille. Le médium affirme qu'ils ont le même âge et que cette famille est très pieuse. Maman acquiesce. Deux des frères de cette famille sont missionnaires, et elle confirme qu'ils sont de la même classe – les anciens parlent de "classe" pour ceux qui sont nés la même année. Papa fait ensuite allusion à l'école qu'ils fréquentaient "en sarrau et boutou coat" (blouse et sabots de bois). Alain Joseph les voit se donnant la réplique. Cette scène provoque chez nous un grand éclat de rire.

Papa s'adresse à maman en lui disant qu'une ancienne voisine qu'il avait connue dans sa jeunesse venait de décéder et qu'elle n'avait pas été à l'enterrement. Maman acquiesce encore. Papa nous surprend quand il précise son nom de famille : "Mme Le Gall !"

"Si tu avais assisté à l'enterrement dit-il, tu aurais rencontré tous mes amis : Jean, Thérèse, Albert, Daniel, Lemoigne, Sparfet !"

C'est incroyable, nous sommes impressionnées. Nous retrouvons ici cités les noms des amis de papa. Sans l'intervention d'Alain Joseph, nous n'aurions pas eu cet échange. Cette conversation était impossible du vivant de papa. L'esprit de mon père Louis poursuit en nous parlant du repas des anciens qui a eu lieu deux semaines plus tôt. Il sait que maman n'y est pas allée.

À nouveau, il lui dit qu'elle aurait rencontré ses amis dont il va citer encore une fois les noms et les prénoms. Il demande à sa femme de sortir un peu plus. "Profite de la vie", lui conseille-t-il.

Cette consultation est riche en surprises, il va ajouter : "J'ai retrouvé notre enfant, Michel, décédé à l'âge de six jours." Ce départ prématuré lui avait fait beaucoup de mal, mais il n'avait jamais exprimé ses sentiments. Papa donne au médium le prénom de la meilleure amie de maman, Huguette. Il lui dit aussi qu'elles vont marcher ensemble tous les dimanches, qu'elles se font des confidences, notamment au sujet de leur mari (pas toujours en termes élogieux...) et sur les moments difficiles qu'elles ont traversés toutes les deux. Papa a suivi leur conversation. Maman est très gênée. Son mari la rassure en lui disant regretter d'avoir été trop exigeant, de ne pas avoir su briser ce mur qui l'empêchait de lui montrer, à elle et à toute la famille, combien il était fier d'elle et l'aimait. Il regrettait aussi d'avoir été si distant avec ses petits-enfants. À son époque, on n'exprimait pas ouvertement ses sentiments. La pudeur était de règle.

Nous lui avons donné l'occasion, dans cette merveilleuse consultation, de nous le dire. Maman et moi sommes très impressionnées par la médiumnité de M. Bellet. Il nous a paru effacé par moment, laissant place à l'esprit de papa, servant juste d'intermédiaire entre lui qui parlait et qui donnait tous ces détails que nous seules connaissions. Ce tête-à-tête avec papa nous a procuré une grande paix intérieure, à maman et à moi. Nous nous sommes dit ce que jamais nous n'aurions pu dire à papa de son vivant.

C'est ce genre d'entretien, ces dernières paroles que les familles souhaiteraient pouvoir échanger avant le grand départ. Bien souvent, par peur devant la mort, nous évitons de faire les adieux. Pourtant, celui qui est malade sait qu'il va partir. Lui aussi le cache afin de ne pas attrister sa famille. Tout le monde pressent ce départ et personne ne dit rien, que de regrets ensuite ! On n'ose pas. Et pourtant, si la mort était évoquée plus familièrement dans les familles, elle ne serait plus un sujet tabou. Elles pourraient ainsi se séparer avec beaucoup plus de sérénité. Combien de traumatismes sont apparus suite à la perte d'êtres chers ? Combien de non-dit traversent parfois des générations ? Si on pouvait réhabiliter ce moment en partageant les dernières heures avec le mourant, notre chemin de vie sur terre se poursuivrait plus sereinement.

À travers ses conférences, Alain Joseph Bellet nous aide à prendre conscience que la mort physique n'est qu'une étape après laquelle la vie continue. Il nous apporte des preuves bien précises de la survie. Il nous oblige alors à réfléchir sur notre existence ici-bas, à la raison pour laquelle nous sommes là et au bilan que nous ferons à la fin de notre vie sur terre. Maman et moi remercions Alain Joseph pour ce merveilleux moment passé avec nos défunts. Ce maillon manquait pour que papa parte vers la lumière et que nous poursuivions notre chemin de vie sur terre. Nous ne nous sommes pas dit adieu mais au revoir, certains de nous retrouver un jour, proches de nos bien-aimés dans un autre monde plein de promesses.

Merci à la Providence qui a mis Alain Joseph sur notre chemin, merci à lui. »

Des deuils successifs : une conférence médiumnique mouvementée

Témoignage de Sandrine

« J'ai eu l'immense privilège de rencontrer Alain Joseph Bellet en février 2014, lors d'une conférence médiumnique, témoigne Sandrine. Il me tardait d'y assister, après avoir lu son livre *Je communique avec les défunts,* qui m'avait tant fait pleurer de joie et redonné espoir. Ma famille et moi avons dû surmonter en un court laps de temps les décès successifs de ma grand-mère (que je considérais comme une seconde maman) en 2009, d'un frère de mon père en 2013 (une pancréatite aigüe) et du fils de ma cousine, alors qu'il était tout juste âgé de onze mois.

Nous venions par ailleurs d'apprendre que le cancer de mon père récidivait et qu'il avait des métastases pulmonaires. J'étais à la fois dans un chagrin immense et dans un très grand stress. Mon papa chéri nous a quittés le 3 juillet 2014. Un grand désarroi, une grande tristesse, une sensation d'être perdue sans lui m'habitent depuis ce jour-là.

Le 13 décembre 2014, je me rends à la conférence d'Alain Joseph à Challans, en compagnie de ma maman, de mon frère et d'amies proches. C'était la première fois qu'ils assistaient à une conférence médiumnique. Je voulais tant les convaincre de la véracité des messages délivrés par Alain Joseph en février dernier, autant de preuves qu'il y a bien une vie après la vie. Nous avions apporté les photos de papa, tonton, tante Michelle (sœur de maman décédée en 1974) et de ma grand-mère. Nous les avons toutes déposées sur la table. Tout à coup, Alain Joseph se fait incorporer par un esprit, sa voix change, ce n'est plus lui qui parle : "Dis Sandrine, dis Sandrine, Sandrine, Sandrine… Le nom commence par un L." (Mon nom est Sandrine L.)

Alain Joseph commente : "Il veut parler à Sandrine."

On ne sait pas encore à cet instant qui est là. Il continue de parler en me regardant, *moi* : "Maman, maman, tu as emmené maman avec toi." Alain Joseph commence à nous montrer (physiquement) la difficulté à respirer du défunt afin que nous le reconnaissions, il balade sa main au niveau de ses poumons et nous montre avec des gestes incontrôlés le défunt qui veut enlever son masque à oxygène. Nous reconnaissons tout de suite sans aucun doute mon papa et nous pleurons de joie. Papa, à travers Alain Joseph, dit : "Je sais que vous pensez à moi. Je me repose."

Et avec l'humour qui le caractérisait, il dit : "Oh ! le médium, on s'en sert, on s'en sert." Tout le monde a ri dans la salle. Puis “Surveille bien les petits à la maison. Ah ! Mais celui-là, il va me rendre folle, il va me rendre folle.” Maman confirme qu’elle est assistante maternelle et qu’elle répète souvent cette phrase quand les petits qu’elle garde font des bêtises. Nous entendons les exclamations des gens présents dans la salle. Ce n’est que du bonheur. Il continue, regardant cette fois-ci maman : “Je te vois, je te surveille. La force, ma petite femme. Tu vas de l’avant.” Alain Joseph dit “2009, 1974, ça vous parle ?” Mon frère répond : “Je suis né en 1974.” Il répond : “Non, ce n’est pas ça ! En 2009, c’est la grand-mère qui est partie.” Alain Joseph se met à déambuler, en imitant ma grand-mère qui marchait tout doucement avec son déambulateur. Nous sommes bouleversés. Mémé est là avec papa… C’est magique, ce que nous vivons. Et à ce moment-là, il prononce plusieurs fois mon nom de famille. Exclamations dans la salle. Alain Joseph regarde maman : “Vous avez perdu un frère ?” Maman confirme. Alain Joseph se fait à nouveau incorporer et touche son ventre : “Moi, c’était le pancréas, le foie. Je suis parti à petit feu.” Toute la famille est là. Quel bonheur incommensurable nous vivons. Tonton est là, lui aussi. Papa reprend la parole et dit, en me regardant, à travers Alain Joseph : “Tu es belle, ma fille. Les prières, les prières ma fille.” Je sais que papa me voit prier et a vu ma nouvelle coiffure ! Alain Joseph dit : “‘Six mois, six mois’, vous comprenez ?” Je confirme. Cela fait presque six mois que papa est parti et les médecins ne lui donnaient que ce temps à vivre après sa rechute. Papa reprend la parole : “On ne peut plus rien faire pour moi. J’attends de partir. Je suis sur un lit d’hôpital.” Alain Joseph regarde maman et lui dit : “Votre frère savait l’épreuve que vous traversiez pour votre mari.” Tonton dit qu’ils étaient tous là dans la chambre à attendre papa et se préparer à l'accueillir. Il dit : "Michelle était là aussi." Quel bonheur ! Ils sont tous venus pour nous. Et 1974, la date prononcée en début de contact, est l'année du départ de Michelle, la sœur adorée de maman. Papa reparle : "Va en paix, mon chéri." Il dit qu'il voit maman l'embrasser sur le front et lui prononcer cette phrase. Les larmes coulent sur nos joues. Des larmes de joie intense. Cette phrase, elle l'a prononcée dans la chambre funéraire, avant de l'embrasser sur le front !

Il s'adresse maintenant à mon frère : "On a la même implantation de cheveux, hein fiston ?" Mon Dieu ! Juste avant de prendre la route pour aller à la conférence, mon frère m'avait dit : "Tu as vu, j'ai la même implantation de cheveux que papa." Nous sommes tous persuadés, à ce moment-là, que nos défunts nous voient et nous entendent ! Alain Joseph parle du même visage, de la ressemblance entre mon papa et mon frère. Et c'est vrai que mon frère lui ressemble comme deux gouttes d'eau.

Il regarde encore maman, et tonton parle à travers Alain Joseph lui disant : "Claudine, c'est le prénom de ma maman, 'Clo-clo, Clo-clo', c'est son surnom, on en a fait des bêtises, ensemble." Et tonton rit. Alain Joseph poursuit : "Il y a un bébé ici. Il joue avec son hochet. Il est heureux. Il a onze mois." Le petit bébé de ma cousine est avec eux. Nous vivons un moment si intense, si riche en émotions. Ils sont tous ensemble. Mon Dieu, que c'est merveilleux ! Alain Joseph me regarde, et me dit que papa lui montre une grande maison avec une grande pièce à vivre et des baies vitrées partout, une cuisine américaine. Le médium me dit : "C'est chez vous ?" Exactement. "J'essaie de faire du bruit pour que tu m'entendes. Je suis souvent chez toi." Alain Joseph s'adresse à maman : "Vous montez un escalier en face de la porte d'entrée, pour aller à l'étage. Dans votre chambre, vous dormez du côté gauche du lit. Il est venu pendant que vous étiez au lit." Mon Dieu ! Il décrit la maison de mes parents. Voici la confirmation que maman attendait. La semaine passée, maman s'est couchée dans son lit et tout à coup, un frisson glacial l'a parcourue de la tête aux pieds. Elle sentait quelqu'un à côté d'elle qui la serrait très fort. Elle m'a dit qu'elle croyait avoir rêvé, et que cela lui avait semblé en même temps réel. Papa est venu la voir. "Je te regarde. Je te vois." Papa continue de parler. Il en a, des choses à dire ! Il nous raconte son enterrement et nous répète ce que l'on a dit au sujet de l'organisation de ses funérailles : "Que va-t-on mettre sur sa tombe ?" Il dit qu'il nous voit tourner les pages du catalogue pour le choix du cercueil. On n'arrive pas à se décider. Papa dit : "Vous avez du mal à choisir, vous trouvez tout moche et moi je regarde, je regarde. Ça n'a pas d'importance, tout est dans le cœur. Vous vouliez me faire plaisir." Alain Joseph dit aussi que nous avons hésité entre deux urnes !

Nous confirmons. Comment peut-il savoir que papa a été incinéré ? C'est papa qui le lui dit. Papa poursuit : "Ça fait bizarre de passer de l'autre côté. On voit le feu de la crémation. Où suis-je, ici ? On en avait parlé, ma chérie. Ne t'inquiète pas. Je vais bien." Papa ajoute : "Oui, on se retrouve tous."

Alain Joseph dit : "Olive, c'est qui Olive ?" C'est mon cousin Olivier, que l'on surnomme "Olive"...

Il n'est pas venu à l'enterrement de papa. Papa a tout vu. Alain Joseph continue de décrire la maison de maman : la pente devant le garage où la voiture est garée et l'évier sous la fenêtre de la cuisine par laquelle nous regardons dehors quand nous faisons la vaisselle en nous disant : "Il n'est plus là, il ne reviendra pas." Les détails sont époustouflants, la description des lieux est réelle. Et pourtant, Alain Joseph n'est jamais venu chez nous ! Il poursuit : "Il me montre le bol de café (et pas la tasse) qu'il vous prépare le matin." Le médium tapote sa montre et dit : "Quand est-ce qu'elle va descendre ?" Petite habitude quotidienne de papa pour maman et des mimiques qu'il faisait toujours avec sa montre pour manifester son impatience. C'est magique. Les personnes de la salle semblent aussi épatées que nous. Papa dit à Alain Joseph : Elle a compris ? Je te dis bonsoir dans ton lit. J'espère que tu m'entends ? »

Alain Joseph dit que c'est important pour papa que maman sache que c'est bien lui dans la chambre. Alain Joseph s'adresse maintenant à Huguette, une amie de maman assise à côté d'elle : "Vous avez des problèmes de tension. Attention à vos yeux." Huguette confirme en écarquillant les yeux. Il faut dire qu'elle ne croyait pas à tout ça avant de venir voir Alain Joseph.

Il poursuit en nous regardant, maman et moi : "Je veux que vous arrêtiez de pleurer." Il nous parle maintenant d'une voiture grise. Nous ne comprenons pas. Et là, papa réincorpore Alain Joseph et dit : "Je te vois parler avec Bernard dans le jardin. Il ne sait pas quoi te dire. Il fait ton jardin."

Maman confirme que le voisin Bernard qui possède une voiture grise vient lui faire son jardin depuis que papa est parti. Papa dit qu'il fait son tour dans le jardin et qu'il les voit discuter ensemble. Il a beaucoup de choses à apprendre dans l'au-delà.

"Mon fils, tu ne pries pas, tu ne pries pas." Mon frère ne prie pas, effectivement.

M. Bellet dit : "JLB… ce sont des initiales." Mon frère répond : "Oui, Jérôme Louis Blandine."

Ce sont les initiales de sa petite famille !

Dans la salle, les gens sont estomaqués. Certaines personnes nous sourient ; ils ont des regards pleins de compassion et des étoiles dans les yeux. Ils nous font comprendre et nous confirment qu'ils sont tellement heureux pour ma famille et moi-même. Ils sont émus pour nous. Dans ces regards, nous voyons qu'ils croient tous à la vie après la vie et que les contacts médiumniques que nous avons eus aujourd'hui les ont réconfortés, eux aussi. Alain Joseph nous a encore étonnés, quand, parmi une centaine de photos posées sur la table, il a pris sans hésiter celle de notre papa pour la donner à notre frère ! Nous avons eu ce jour-là *notre plus beau cadeau de Noël.* Cela a duré environ une demi-heure. Comme le dit Alain Joseph, nos chers disparus lui “ont pompé beaucoup d'énergie”. Ma famille et moi-même le remercions infiniment. Les messages, bien détaillés aussi pour les autres personnes présentes dans la salle, ont été magnifiques. Nous savons que papa sera là avec nous pour Noël, même si on ne le voit pas. »

LA PERTE DE GRANDS-PARENTS

La perte d'un grand-père ou d'une grand-mère est aussi une épreuve difficile. Certains d'entre vous gardent en eux les tendres images de la petite enfance au cours de laquelle leurs grands-parents les enveloppaient de toute leur affection. Les parents qui devaient subvenir aux besoins de leur progéniture en confiaient la garde aux grands-parents. Il est souvent arrivé en consultation que je remarque un lien très fort unissant les grands-parents à leurs petits-enfants. Les grands-parents tiennent aussi un rôle important dans l'éducation quand les parents ne sont pas disponibles.

Il est dans l'ordre naturel des choses de voir les grands-parents nous quitter les premiers. La souffrance liée à la séparation existe réellement, car la perte de leur amour qui rassurait, de leur sagesse qui apaisait est une épreuve pour l'enfant ou l'adolescent qui, pour la première fois bien souvent, côtoie la mort. Un contact médiumnique peut rendre à l'âge adulte le sourire perdu après le départ d'un être cher, profondément ressenti comme un grand vide dans le cœur. Vous le comprendrez par l'entretien médiumnique rapporté ci-après.

« Ma grand-mère adorée »
Témoignage de Jérémie

« Je suis venu voir Alain Joseph Bellet, je ne vous le cache pas, pour avoir une confirmation d'une vie après la mort. Une amie avait perdu un être cher et, à travers Alain Joseph Bellet, avait vécu l'expérience la plus extraordinaire qui soit et que je souhaite à toute personne en deuil : pouvoir communiquer avec l'être aimé. J'étais jusqu'à ce jour moi-même très cartésien, fermé à ce genre de possibilités, trouvant une explication logique et scientifique à toute chose.

Alain Joseph Bellet a commencé par m'expliquer sa façon de fonctionner dans les contacts qu'il pouvait avoir avec l'au-delà. J'avais apporté une photo de la personne avec laquelle je voulais entrer en contact, mais Alain Joseph refusa de la voir et me demanda de ne rien dire. Puis, tout a commencé. Il me parla de l'apparition d'un petit garçon dans la pièce, me dit que je ressentais pour cet enfant un lien particulier, bien que je ne l'aie pas connu physiquement, ce qui me surprit car c'était la stricte vérité. Mais de qui parlait-il ? De l'enfant auquel je pensais ? Était-il vraiment présent à nos côtés ?

Il s'agissait du neveu d'une amie à qui je pense souvent. Alain Joseph va continuer à donner des détails qui ôteront tous les doutes que je pouvais avoir. Il a situé l'esprit de l'enfant présent à ma gauche, un peu plus en retrait dans la pièce, il m'a donné le début de son prénom, puis le prénom tout entier : "Nini" puis "Kenny", prénom exact de ce petit garçon, puis il a décrit la couleur de sa peau. Kenny avait la peau foncée, c'était un petit métis ! Il me dit qu'il aimait le bleu, qu'il était souvent habillé d'un polo bleu. Ce qui m'a étonné, c'est que sa tante m'avait parlé d'un rêve qu'elle avait fait deux ou trois jours avant la consultation, où il lui apparaissait habillé d'un polo bleu, le seul rêve de lui qu'elle ait jamais fait. Elle avait insisté, ne sachant pourquoi, sur la couleur bleue d'un polo que Kenny portait.

Ce petit signe fait à sa tante dans son rêve en était un autre pour moi dans cette consultation. Alain Joseph va continuer à me surprendre encore et encore dans les propos qui vont suivre ! Il me dit que Kenny me voit à l'hôpital des enfants, hôpital où je suis inscrit dans l'attente d'une greffe (hôpital Necker, à Paris). Je tiens à préciser que je n'ai donné aucun élément de ma vie, à part mon prénom. L'esprit de Kenny lui décrit une scène dans laquelle il me voit regarder à travers une grande vitre. La description de la vitre de l'accueil de l'hôpital est totalement exacte (une baie vitrée faite de petits carreaux située au-dessus d'un muret d'environ un mètre). Je me suis arrêté, dit-il, près d'une petite fille africaine qui jouait tout naturellement à côté de sa mère. J'étais touché par l'innocence de cette enfant malade qui ne se rendait pas compte de sa maladie. Je n'en reviens pas d'entendre Alain Joseph Bellet en faire une description tout à fait exacte. Kenny, lui, ajoute que je me suis penché sur cette petite fille noire et que cela m'a rempli d'émotion. Alain Joseph m'annonce que je peux ressentir Kenny à mes côtés, qu'un lien nous unit grâce à ma sensibilité. C'est vrai, Kenny fait partie de mon parcours. Je n'ai rien dit à Alain Joseph et Kenny, à travers lui, répondait à cette question que je m'étais posée quelques jours auparavant. Je compris alors les propos tenus par Alain Joseph : "Les esprits captent nos pensées." À ce moment-là, sachez que je n'avais toujours rien dit au médium, ni montré la photo de la personne avec laquelle j'espérais tant avoir un contact. Alain Joseph me dit soudain qu'il voit une femme aux cheveux clairs qui a quitté ce monde à un âge avancé, autour de quatre-vingt-dix ans. “Il s’agit de votre grand-mère”, dit-il. Il va me donner une série de détails connus de moi seul, me permettant alors d’avoir la certitude de la présence de ma grand-mère à ce rendez-vous.

Tous ces éléments sont sortis mot pour mot : Alain Joseph me dit que ma grand-mère me parle, qu’elle m’appelle “Mimi” ! J’en ai les larmes aux yeux, oui, elle utilisait ce surnom tout le temps. Puis elle me parle en me disant : “Mon petit” terme qu’elle employait également : “Mon petit Mimi.” Elle lui raconte m’avoir accompagné à l’école, ce qui est vrai, car durant mon enfance c’est elle qui s’est occupée de moi. Elle précise qu’à ses côtés se tient un homme portant sur la tête une casquette de marin, son papa ! Son papa était en effet marin. Elle me parle de la Vierge Marie et de Dieu qu’il faut prier, de ce qu’elle continue de faire pour moi. Cela ne m’étonne nullement, c’était une personne très croyante. L’énergie de ma grand-mère incorpora alors Alain Joseph, qui me dit ressentir une grande étreinte – ce qu’elle faisait toujours en me serrant dans ses bras –, puis des baisers sur le front, elle m’embrassait ainsi à chaque fois. J’avais pris l’habitude de lui faire la même chose quand j’arrivais derrière elle lorsqu’elle était assise dans son fauteuil. L’esprit de ma grand-mère nous donna ensuite toute une série de noms et de prénoms. Elle me dit : “Je suis avec Jacques” (c’était son mari), et qu’elle se promenait avec son “amie Andrée”, voisine et amie avec qui elle allait se promener de son vivant. Elle me demanda aussi de prier pour mon autre grand-mère, qu’elle décrivit précisément :

“Elle est bossue, très penchée en avant et marche avec une canne”, description correcte une fois de plus. “Je suis avec papy.” L’esprit de ma grand-mère me parle des oliviers et d'un paysage d'Algérie (mon grand-père était algérien). Elle dit me voir chez moi, passer dans un couloir à côté de sa photo encadrée et accrochée à un mur (tout à fait vrai), puis elle indique 3 heures (heure de son décès) : "Tu n'étais pas là, mais je ne t'en veux pas !"

Elle me surprend encore quand elle fait dire à Alain Joseph : "Je suis avec toi à l'hôpital chaque fois que tu fais ta dialyse, je te vois mettre un casque sur la tête pour essayer de te détendre et écouter de la musique", geste mimé en même temps par le médium qui met alors sur ses oreilles un casque invisible. Je suis effondré et époustouflé par la justesse de ces informations ! Je suis en effet dialysé et je mets toujours mon casque sur les oreilles durant ces moments. Depuis son départ, je prie souvent pour elle, espérant qu'elle m'entende, et je lui demande des choses. Elle va répondre au cours de la consultation, et sans que je demande quoi que ce soit, à de multiples questions que je me pose : Est-elle heureuse ? Peut-elle prendre soin du petit Kenny ? Est-elle avec lui ? J'aurais aimé lui présenter mon amie, mais peut-elle prendre soin de mon ex-compagne ? Je voudrais aussi lui parler d'un voyage en Thaïlande que je veux réaliser pour changer de vie.

"Je suis en paix et tranquille, le petit Kenny est avec moi, ne t'inquiète pas, fais de gros bisous à Hayatte (prénom de la mère du petit Kenny). Elle est belle, ta copine, je la vois. Attention, Marjorie, trop de cigarettes !" Elle donne le prénom de mon "ex", qui depuis notre rupture fume beaucoup, alors qu'elle était petite fumeuse avant.

"Fais un bon voyage et réalise tes rêves." (Ce voyage avec mon amie est pour moi un véritable projet de vie et un rêve à cause de ma maladie.)

C'était incroyable, toutes ces précisions et réponses à mes questions. Ma grand-mère donne une quantité de détails à Alain Joseph. Elle poursuit en lui disant que son corps est dans une tombe grise en marbre, me remercie pour les fleurs déposées le jour même sur sa tombe. Elle dit aussi qu'elle a eu trois cancers. Elle va répéter "trois cancers", et que c'est le dernier qui l'a emportée. Elle lui dit que c'est bientôt son anniversaire, au mois de décembre.

C'est par un autre grand signe que la consultation va se terminer. Alain Joseph me dit : "Votre grand-mère vous a accompagné le long de ce voyage pour venir jusqu'ici, elle me fait savoir que votre amie a dit : 'Tu verras, il est très bien !'" Encore un fait exact. Avant d'arriver, je disais justement à mon amie que j'espérais que ma grand-mère soit là… Elle m'avait répondu : "Tu verras, ce médium est très bien."

Je suis reparti, transporté par l'émotion, certain que j'avais bien parlé avec ma grand-mère adorée via Alain Joseph, qui a su être un merveilleux intermédiaire. Merci à lui.

Ce jour-là, la grand-mère de Jérémie lui a aussi donné une date, qui n'avait pour lui aucune signification. Quelques mois plus tard, il m'apprit une incroyable nouvelle : la date donnée par sa grand-mère était celle de sa future greffe !

Nos bien-aimés sont parfois au courant de certains faits concernant notre avenir, qu'ils ont ou non l'autorisation de dévoiler. »

LA PERTE D'UN CONJOINT

Quand la personne qui partage votre vie quitte ce monde, le grand vide laissé par ce départ vous rend extrêmement vulnérable. La terrible absence de l'être aimé est au quotidien une souffrance très difficile à gérer, chaque moment vécu avec lui dans ce lieu vous rappelant ses habitudes et ses manies. Vous croyez l'entendre vous parler, et vous vous dites que c'est votre imagination. Vous croyez que l'être cher va franchir le seuil de la porte, mais celle-ci demeure fermée. Vous caressez les draps ou l'oreiller dans le lit, c'est la place désormais vide qui marque encore davantage la nouvelle situation qui s'installe et à laquelle vous devez vous habituer. Je voudrais vous prouver, par les témoignages ci-après, que la présence fréquente de votre conjoint à vos côtés est une réalité. La relation d'Amour avec un grand A, quand elle existe, est à travers la mort parfois amplifiée. Mais il existe aussi des exceptions dans les contacts médiumniques où la rancune reste tenace et le manque de pardon persiste.

C'est un déchirement pour le médium de ressentir la souffrance de part et d'autre, liée à l'absence d'amour inconditionnel.

Les deux dames du train
Témoignage de Marie-Laure

« Suite au départ de mon mari, à la fin du mois de mars 2013, le désespoir dans mon cœur et un énorme vide dans ma vie s'étaient immédiatement installés. Ma sœur, très présente pour moi, m'avait incitée à passer quelques jours au mois d'août avec elle en Espagne. Alors que je cherchais un livre avant notre départ, et plutôt un roman pour occuper mes journées de farniente, un titre me sauta aux yeux, *Je communique avec les défunts,* d'Alain Joseph Bellet. "Un signe !", ai-je pensé en l'achetant. Ce merveilleux livre a été le doux compagnon de ces vacances tant redoutées. Après cette lecture, je n'avais qu'une idée en tête, prendre rendez-vous avec ce monsieur. Enfin, le jour tant attendu est arrivé ! Ma fidèle sœur Caroline m'accompagne. Nous prenons le train à Paris, direction la Bretagne. Durant ce long voyage, je me pose la question de savoir si mon mari va vraiment venir, et j'avoue que cela me stresse un peu. Faire tout ce long voyage… et si nous n'avions aucun contact ?

Je dis à ma sœur : "Si mon époux vient, il faut que je sois belle", aussi suis-je allée plusieurs fois aux toilettes me mettre du rouge à lèvres, arranger ma coiffure, ce qui d'ailleurs fit rire ma sœur, qui ajouta que sans rouge à lèvres il me voyait quand même ! Mais pour moi, c'était important d'être belle.

Alain Joseph Bellet nous accueille chaleureusement. Je m'installe face à lui. Il m'explique sa manière de fonctionner et me prévient aussi du cas de figure où l'esprit attendu n'est pas au rendez-vous, ceci pour différentes raisons. Mais généralement, ce sont alors d'autres êtres chers qui peuvent se présenter. De ce fait, je ne suis pas rassurée : c'est mon mari que je veux.

Ce n'est nullement un caprice, mais il me manque tant. Cette séparation est si difficile à vivre. Alain Joseph me demande si j'ai des photos, mais il ne veut absolument pas les voir dans l'immédiat. Il me décrit tout de suite avec exactitude le visage de mon mari se superposant au mien. Puis, il semble écouter et me dit : “Je ne comprends pas, l'esprit de cet homme me parle en anglais.” Ah ! Quel bonheur ! Je sais alors que mon mari est bien présent, car il est en effet d'origine anglaise. Il donne le prénom Louis, et Alain Joseph Bellet rappelle qu'il s'était déjà présenté à lui dans la consultation précédente.

Louis énonce, en anglais, à travers Alain Joseph, des lieux situés en Angleterre, des noms de rues se terminant par *street,* à Londres où mon mari a vécu dans le passé. Louis me fait comprendre qu'il est bien là et dans notre quotidien. Il dit avoir vu le moment où j'ai donné sa montre, celui où j'ai vendu sa voiture gris métallisé, et il me voit devant sa tombe couleur gris clair. Louis fait ressentir une douleur dans la poitrine à Alain Joseph et lui dit que j'ai été opérée d'un cancer du sein. Oui, tout ceci est la stricte vérité. Louis montre des roses à Alain Joseph, qui me répète : Votre mari dit : “*The flowers are so beautiful.*” Sur le coup, je ne comprends pas. Il parle de roses. Il poursuit en me disant que Louis lui montre l'intérieur d'un appartement avec des murs blancs et des roses. Je réalise tout à coup que, trois jours auparavant, mon beau-frère m'avait offert un bouquet de roses magnifiques que j'avais mis devant sa photo.

Et là survient le moment le plus inoubliable et émouvant pour moi, un moment magique quand l'énergie de mon mari a incorporé Alain Joseph Bellet. Cette énergie est entrée dans ses bras et ses mains. Sa main gauche s'est levée comme pour tenir un miroir imaginaire et l'autre main s'est dirigée vers ses lèvres. L'intonation de la voix de M. Bellet changea et ces quelques mots sortirent de sa bouche :

"Oh ! Tu t'es faite belle dans le train pour moi, aujourd'hui, mais même sans rouge à lèvres, tu es belle !" Quel cadeau ! Je n'en revenais pas, mon mari me faisait comprendre qu'il était avec nous dans le train et qu'il avait entendu notre conversation !

Avec son accent et sa manière de parler, il continua à nous dire qu'il était heureux, en paix, qu'il avait adoré la politique (tout à fait vrai), mais que dans l'au-delà il comprenait ce qui est juste et l'importance d'aider les autres. N'est-ce pas le but théorique de la politique que d'arriver à améliorer les conditions de son prochain ? Quand le but est noble bien sûr… Il répète mots et gestes tendres que je lui fais sur l'oreiller, le soir avant de m'endormir, alors que je suis la seule à les connaître ! Puis il dit, en anglais : "*I'm just on the other side* (je suis juste de l'autre côté), *it's important to help each other* (il est important de s'aider l'un et l'autre). *Mary, darling, take care of you* (Mary, chérie, prends soin de toi)."

Ce fut une incorporation tellement fantastique, j'avais l'impression de le voir face à moi. Enfin, M. Bellet me dit que mon mari lui montre des photos sur un portable, plus particulièrement des énergies. Sur le moment je n'ai pas compris, puis, relisant les notes laissées par Alain Joseph, je me suis souvenue avoir pris des photos sur lesquelles des orbes apparaissent, et sur l'une d'elles le visage de mon mari. À la fin du rendez-vous, celui-ci remercia Alain Joseph en lui disant qu'il devait être fatigué, ce qui le fit sourire. Je reconnus bien là mon Louis, qui avait toujours de la compassion pour les autres.

Merci à Alain Joseph pour cette séance qui restera à jamais gravée dans ma mémoire et merci à mon mari d'être venu. »

Marie-Laure fait allusion dans son témoignage aux « orbes ». Ces énergies de forme variable, transparentes ou blanchâtres et parfois de différentes couleurs, se déplacent dans l'air. Elles sont souvent présentes autour de moi, plus particulièrement dans une pièce de ma maison. Quand on les observe de plus près, elles laissent apparaître des visages de personnes ou d'animaux. Je les compare à un véhicule transportant plusieurs esprits de vibrations identiques, qui parcourt les champs terrestres à la vitesse de la pensée. C'est un autre genre de manifestations que l'on retrouve souvent sur des photographies ou vidéos et auxquelles on ne prête pas forcément attention.

Quelques anecdotes

Comme vous venez de le comprendre, nos bien-aimés sont autour de nous. Au cours d'une consultation, un esprit vient dire à sa femme : « Mais quand vas-tu te décider à réparer la porte du placard de la cuisine ? » Sa femme, surprise, me répondit : « Oui, c'est incroyable, je ne l'ai pas encore réparée ! » À l'évidence, l'esprit du mari se moque de l'état de la porte du placard, mais par ce biais, il prouve à sa femme qu'il est à ses côtés.

Un autre jour, une femme me consulte et c'est aussi l'esprit de son mari qui m'apparaît. L'esprit touche mon alliance, me montre sa femme dans son garage, qui essaie d'atteindre une boîte à chaussures rangée tout en haut d'une étagère. Elle est fort surprise et émue quand elle me dit : « J'ai retrouvé son alliance dans la boîte à chaussures qui était rangée en haut de l'étagère, dans le garage. »

Une dernière anecdote : l'esprit d'un homme apparaît à côté de sa fille, face à moi. Il me montre un uniforme de douanier. Sa fille affirme : Oui, mon père était douanier ! J'entends par deux fois « douane, passage douane ». Je répète ces mots à sa fille qui, stupéfaite, se met à rire en disant : « Mon père disait toujours, et c'était son expression, que lorsque quelqu'un mourait, il passait à la douane. » N'est-ce pas là une manière très précise et très drôle de signaler sa présence à ses proches ?

« Il disait toujours "femme de ma vie" »

Témoignage de Christiane

« Quelque temps après le départ de mon mari, qui a eu lieu le 27 juin 2012, témoigne Christiane, j'ai eu besoin de me documenter sur l'après-vie. Je me posais de nombreuses questions : Au moment de la mort, notre passage sur cette terre est-il réduit à néant ? Reverrons-nous nos êtres chers ? Le chagrin et l'absence s'étaient installés, je me raccrochais à l'espoir que ma foi me donne, mais je pensais que des témoignages, des preuves de survie m'aideraient à soulager la douleur que je ressentais. Dans une grande librairie, mon regard s'est un jour posé sur le livre d'Alain Joseph Bullet, *Je communique avec les défunts.* Je l'ai lu en trois jours : un baume sur mes plaies. Je l'appelai aussitôt. Le rendez-vous proposé étant trop éloigné, je m'inscrivis avec ma fille à la conférence qu'il organisait près de chez moi. Ce jour-là, il abordait en première partie de conférence un thème et la seconde partie était consacrée aux communications médiumniques. Chaque famille dépose sur une table une photo de son cher disparu en espérant obtenir un message. Nous sommes nombreux à venir voir Alain Joseph Bullet qui nous prévient qu'il ne pourra pas adresser un message à tout le monde.

C'est impressionnant d'assister aux conférences de ce cher Médium avec un grand M. Quel étonnement quand il transmet un message à la famille du défunt et que l'on entend "c'est vrai", "oui, oui". Que d'affirmations. L'émotion est si forte que parfois on est ému aux larmes. On ressent de la joie, même si on n'est pas directement concerné par le contact. Que de réconfort pour ces familles qui ont le privilège de recevoir un message ! Il faut se réjouir pour eux. Oui, ils sont près de nous. Oh ! Comme ça aide.

Ce jour-là, nous n'avons pas eu de message, mais nous avions notre rendez-vous. Alain Joseph Bellet nous accueille avec le sourire et nous invite à nous installer face à lui. Il nous explique que ce n'est pas lui qui décide qui vient ou pas, qu'il ne faut pas interrompre le contact quand il se produit. Et moi qui avais préparé une liste de questions ! Chose incroyable, l'esprit de mon mari va répondre à toutes sans même qu'elles aient été formulées. Cela a duré une heure. Le temps s'est arrêté pendant cette consultation. Alain Joseph m'a fait la description exacte de mon mari sans en avoir vu de photo. Il a eu une incorporation et m'a décrit exactement la maladie de mon mari et la fulgurance de celle-ci. L'esprit de mon mari dit à Alain Joseph qu'au moment de son départ je lui ai demandé de ne pas partir tout de suite, d'attendre l'un de ses fils, que les appareils électroniques de surveillance vitale (tension, oxygène, rythme cardiaque) ont soudainement fait un tracé plat, ce qui est exact. Il précise que les machines, ensuite, ont à nouveau fonctionné normalement. L'esprit de mon mari raconte cela en expliquant : "Ça fait bizarre de sortir de son corps et d'y retourner."

Il dit aussi que c'est surprenant de voir son corps brûler. Je n'avais rien dit à Alain Joseph de la crémation de mon mari ! Mon mari va ensuite donner des détails à Alain Joseph Bellet que je suis seule à connaître. Il lui dit que cela fait trois mois que j'ai changé de voiture, il décrit la couleur de la voiture et le modèle, il m'entend lui parler quand je suis au volant, mais il ne peut pas me répondre ! Il décrit la chambre et la place où il avait l'habitude de dormir, donne le descriptif des dessins des petits-enfants, la date de naissance de l'un d'eux, celui avec qui il aimait aller à la pêche. Il va alors, à travers le médium, me parler d'une petite histoire connue seule de moi-même et de mon petit-fils : "Votre mari me dit avoir vu, le jour anniversaire de ses soixante-trois ans, un de ses petits-enfants aller à l'église pour mettre un cierge. Son grand-père lui a transmis des pensées, comme s'il lui parlait. Le petit s'est toujours demandé s'il avait rêvé ! Votre mari vous demande de lui dire que c'était bien lui."

Je suis alors incroyablement surprise, car l'esprit de mon mari répond à toutes les questions qui sont notées sur ma liste, y compris celle de l'histoire de l'église que je viens de vous raconter. Ma consultation s'est terminée sur une note merveilleuse. Au cours de sa vie terrestre, mon mari me disait toujours, quand il me quittait : "Femme de ma vie !"

Devinez ce qu'il a dit par deux fois alors que son esprit allait s'en aller ? : "Femme de ma vie, femme de ma vie !" Quelle belle preuve d'Amour.

Alain Joseph Bellet possède un don certain pour communiquer avec nos chers disparus. En prouvant la continuité de l'âme, il nous rassure quant à la certitude des ultimes retrouvailles. Un grand merci à mon très cher et tendre mari et à Alain Joseph pour ses facultés, son travail qui nous est bien utile. Que Dieu vous protège l'un et l'autre. »

QUAND UNE RÉPONSE DEVIENT UNE PREUVE IRRÉFUTABLE

Les esprits nous prouvent qu'ils sont à nos côtés en faisant toujours des efforts pour se manifester à nous. L'exemple qui suit nous éclaire sur la réponse donnée par un esprit face à l'attitude égoïste de personnes qui exigent toujours plus de preuves de survie. Les esprits peuvent également, sur autorisation divine, répondre à nos demandes jusqu'au bout de ce qui leur est permis. Les deuxième et troisième exemples en sont une évidente illustration.

Le comportement humain peut être décevant !

Deux femmes viennent me voir en consultation, il s'agit de la mère et de la fille, qui s'installent face à moi. L'esprit d'un homme fait son apparition et se présente comme le chef de famille. Il me montre la souffrance causée par un cancer qui l'avait affecté et le moment de son départ. Il est accompagné d'un jeune homme se prénommant Patrick, son fils. La scène d'un visage écrasé contre un mur n'est pas très agréable à voir. Sa maman aussitôt confirme que son mari et son fils sont partis de cette manière. La fille, un peu plus en retrait, me regarde d'un air sceptique, peu sensible aux premiers propos de son papa et de son frère. La mère et sa fille échangent régulièrement des regards, l'une cherchant l'approbation de l'autre. Un agacement de l'esprit du père et de l'esprit de Patrick me laisse sous-entendre que ces deux personnes doutent de leur présence. Pourtant, les premiers signes transmis à mes consultantes auraient dû écarter leurs incertitudes. Ils vont alors leur apporter une preuve irréfutable de leur présence par la description d'une scène laissant ces deux femmes ébahies. L'esprit du père de famille me montre sa femme dans la cave de sa maison, et tout à coup dit à travers moi :

« Le poteau du fil à linge, tu l'as reçu sur la tête, tu aurais pu te faire mal tu sais, et le pot de fleurs est tombé. » « Mais c'est incroyable, me dit la mère, c'est arrivé cela fait deux jours. »

Je lui fais enfin saisir la présence réelle de son mari à ses côtés. Si la mère en est toute chavirée, sa fille par contre reste de marbre. Puis il me montre son cadavre, sa femme qui l'embrasse sur le front et prononce ces paroles : « Je ne t'oublierai jamais. »

Le mari précise : « Tes derniers mots. »

Il me fait voir une autre scène de son passé et une école où, apeuré, il se réfugiait pendant la guerre, ce que sa femme confirme également.

D'autres esprits font leur apparition : Jeanne, la maman ; Marie, la grand-mère.

L'une d'elles demande à sa fille de pardonner à sa sœur Andrée, toutes deux fâchées depuis longtemps. L'esprit du chef de famille s'adresse ensuite à sa fille présente à côté de sa mère qui ne réalise pas ce qu'elle vit. Le papa dit à travers moi : « Ma petite Brigitte, je t'embrasse », ce qui provoque quelques larmes chez sa fille. La consultation est forte en énergies, les détails très précis, je pense alors qu'un dialogue en direct est possible.

Je demande à sa fille : « Voulez-vous dire quelque chose à votre père ? »

La réponse à cette question me laisse pantois : « Si mon père est vraiment là, demandez-lui le prénom qu'il me donnait quand j'étais petite fille ! »

J'avais l'impression que tout s'écroulait autour de moi. Les esprits me firent ressentir la totale ingratitude de cette jeune femme qui, malgré les preuves données précédemment, persistait dans son attitude ! Ils me firent comprendre que ce genre de comportement était d'un total égoïsme.

Il leur avait fallu redescendre leurs vibrations pour se mettre au diapason de celles du médium, ce qui leur avait coûté tous ces efforts pour en arriver à cette conclusion. L'esprit du papa, avec une pointe d'ironie et un ton de voix caractéristique, répondit : « Oui, mais bien sûr, dis-lui, Nanette ! » Sa fille réagit : « Ce n'est pas ce prénom qu'il me donnait ! », et sa maman de répondre : « Si, c'est le prénom que te donnait ta petite copine ! »

J'entendis clairement : « Encore des preuves, toujours des preuves. Quel égoïsme ! »

Toutes ces preuves étaient des grands cadeaux, je suis loin d'être persuadé que ces femmes en ont pris conscience. Quand cette jeune fille a posé cette question pour avoir une preuve supplémentaire, nous sommes sortis à cet instant d'une vibration d'amour pour entrer dans une vibration d'égoïsme. L'esprit du papa avait, d'une manière volontaire, répondu à côté !

Un cadeau du Ciel

Ce moment fort en émotion sera pour moi et ma consultante un moment inoubliable. Il démontre l'amour d'une mère pour sa fille, la foi que l'une et l'autre possèdent en Dieu qui autorise l'inimaginable : la réponse à la plus grande question que Karida se posait. Voici son témoignage.

« C'est après avoir lu le précédent ouvrage d'Alain Joseph Bellet, *Je communique avec les défunts,* que j'ai décidé de prendre rendez-vous, témoigne Karida. Je suis d'origine africaine. J'ai toujours eu cette croyance d'une vie après la vie, ma maman d'ailleurs disait communiquer parfois avec ses chers disparus. C'était une merveilleuse femme, généreuse et courageuse, à qui j'essaie de ressembler un peu. Le jour où elle quitta ce monde, cela me fit beaucoup de chagrin. En décembre dernier, j'étais à la maison, et je me suis dirigée vers sa photo posée sur le bahut. Sur celle-ci, on la voit habillée de blanc, avec son talisman, elle est magnifique. Je lui dis à ce moment-là : "Maman, si tu es vraiment présente à mes côtés, je vais voir un médium en Bretagne, Alain Joseph Bellet, si tu le peux je voudrais que tu lui apparaisses comme sur la photo, toute habillée de blanc et en priant !"

Le jour de la consultation est une journée un peu stressante pour moi, je suis accompagnée de deux amies. Nous nous sommes trompées de chemin, et c'est avec plusieurs heures de retard que nous arrivons chez M. Bellet. Nous avions peur qu'il refuse de nous prendre en rendez-vous, ce qui aurait pu être compréhensible : nous avions rendez-vous le matin et nous ne sommes là qu'en fin d'après-midi. Alain Joseph acceptera de nous recevoir car nous venions de loin. Je suis installée dans son bureau et j'en observe le décor, il me demande de me relaxer et de laisser de côté les péripéties de ce voyage. Je ne lui dis absolument rien, j'écoute sa manière de fonctionner dans la médiumnité. Il va me dire, tout d'abord : "Vous,

vous avez perdu votre maman et votre frère aussi, partis en 1999 et 2009." Je lui réponds que c'est exact.

Alain Joseph dit ne recevoir pour l'instant que des informations. Il poursuit : "Votre maman me décrit une terrasse en bois en Espagne où elle vous rend visite."

Oui, c'est vrai, nous avons emménagé dans cette maison depuis sa mort. "Votre maman me dit qu'elle est fière de vous, mais vraiment très fière. Et surtout, elle dit : 'Merci pour les écoles.'" Alain Joseph me demande : "Vous comprenez ?"

Je suis ébahie, c'est incroyable, nous avons créé une fondation en son nom et construisons des écoles en Afrique ! Alain Joseph poursuit en me disant que maman lui montre juste ses yeux, qu'elle insiste, et que je comprendrai. Elle a voulu simplement me faire savoir à ce moment-là qu'il fallait réaliser son prochain départ pour l'au-delà. Je me suis mise à pleurer, elle répondait à une question qui me taraudait depuis un moment. Ce jour-là, nous étions tous dans la chambre d'hôpital à discuter joyeusement et j'avais fait quelques blagues, puis j'ai vu les yeux de maman s'ouvrir et se fixer sur moi. C'était un regard perçant, qu'elle a tenu peut-être une minute. Cela m'a semblé durer une éternité. Je plongeai dans la culpabilité et j'en parlai avec l'une de mes sœurs. Avais-je vexé maman ou bien me reprochait-elle de rigoler alors qu'elle était mourante ? Je me rendis compte alors que j'avais la réponse à ma question sans l'avoir posée. D'autres personnes sont apparues à M. Bellet, parmi lesquelles j'ai pu identifier mon beau-père, mon père, une sœur et ma tante. Dans le contact médiumnique qui se déroulait, Alain Joseph ne décrivit pas ma mère jusqu'au moment où je vis son visage changer, ses yeux s'écarquiller, et il me dit alors :

“Ouah, c’est incroyable, c’est comme un voile éblouissant qui se déchire devant mes yeux ! Je vois votre maman maintenant, elle m’apparaît habillée de blanc, magnifique, tenant dans ses mains un talisman, elle m’apparaît en prière.”

Incroyable ! Je ne pus alors me contrôler, je me suis mise à crier à tue-tête en pleurant : “Maman, maman, merci, tu viens de répondre à ma demande !” Je n’oublierai jamais ce moment, ni Alain Joseph Bellet qui m’avoua n’avoir jamais vu un esprit lui apparaître entouré d’une telle luminosité.

Je lui confiai avoir demandé à l’esprit de maman d’affirmer ce jour sa présence en lui apparaissant comme sur l’une des photos. Ce fut une expérience incroyable qui m’a fait beaucoup de bien et qui m’aidera tout au long de ma vie, car j’ai la certitude qu’un jour je la retrouverai et sûrement, ce jour-là, resplendissante de lumière et d’amour. Alain Joseph me dit ensuite que c’était un immense cadeau que je venais de recevoir, qu’il fallait remercier Dieu d’avoir rendu cela possible. »

Karida venait de recevoir la meilleure réponse à sa question. Sa maman l’avait entendue et elle répondait à sa demande.

« Nous sommes deux sœurs jumelles »

L’entretien de Martine a un point commun avec celui de Karida, elle fait une demande bien ciblée à sa sœur avant de venir me rencontrer.

« J’ai perdu mes deux jeunes sœurs et maman, et j’avais très envie d’entrer en contact avec elles par l’intermédiaire de M. Bellet, dont j’avais entendu parler, témoigne Martine. Alain Joseph me dit aussitôt que je suis entourée de l'esprit de trois femmes, il capte déjà la présence de ma maman et de mes deux sœurs autour de moi dans la pièce. Il me parle de maman, qui lui dit que le jour de son enterrement, tout le monde a écouté une chanson d'Édith Piaf, il me donne même le titre. Je suis très étonnée car c'est la pure vérité ! Maman me parle de papa, qui à la maison gardait dans un tiroir tous les tickets de caisse, sans arrêt préoccupé par l'argent. Oui, c'est bien vrai, incroyable. Puis il dit entendre une voix féminine donner son prénom : “Gisou.” Je lui dis : “Oui, c'est l'une de mes sœurs.” Puis encore : “Elle me montre le mois d'avril et qu'elle a quitté ce monde presque au moment de son anniversaire.” “Oui, m'écriai-je, elle est du mois d'avril et elle est morte deux jours après son anniversaire !”

Alain Joseph entend une autre voix féminine : “Laly, Laly.” Je n'en reviens pas, c'est mon autre sœur. Il poursuit : “Elle me dit que vous avez ses bijoux, la plupart dans un petit coffret.” Tout cela est véridique. Elles expriment leur amour pour moi. Je suis heureuse de tous ces détails que je reçois et que l'on ne peut inventer. Je vais soudain avoir le plus beau cadeau que j'aie jamais reçu. Le médium dit tout à coup : “Je vois l'esprit d'une jeune femme qui superpose son visage sur le vôtre, je vois une grande ressemblance.” C'est alors que j'entends Alain Joseph Bellet chanter : *“Nous sommes deux sœurs jumelles, nées sous le signe des Gémeaux !”* Il s'écria : “Mais qu'est-ce qui me prend, je me mets à chanter, maintenant ?” En pleurant, je lui avouai qu'avant de venir en consultation, j'avais dit, chez moi, à ma sœur jumelle : “Je vais voir un médium, M. Bellet, si tu es vraiment à côté de moi, je voudrais que tu chantes notre chanson : *‘Nous sommes deux sœurs jumelles !’*”

Elle venait de me faire le plus beau cadeau au monde, en me donnant à travers Alain Joseph la plus belle preuve de sa survie ! Elle me voyait, et elle avait répondu à ma demande… Merci, mille mercis. »

COMMENT RÉUSSIR À TRAVERSER LA PÉRIODE DU DEUIL ?

Lors de mes consultations, je suis confronté chaque jour à la douleur du deuil. L'épreuve la plus difficile que l'être humain puisse traverser est la perte d'un être cher. Face à une séparation définitive, l'être humain réagit différemment. Lorsque la douleur est trop intense, certains d'entre nous refusent une réalité trop dure à accepter. Ils vaquent naturellement à leurs occupations en pensant vivre un mauvais rêve et que l'être cher va sûrement rentrer à la maison. C'est le déni total de la situation. Petit à petit, l'absence de l'autre les amènera progressivement à la réalité de ce qu'ils vivent. Survient souvent la colère, mélangée à la souffrance ; la personne endeuillée cherche un responsable, qui peut être le médecin, mais est le plus souvent Dieu.

D'autres parmi nous comprennent immédiatement la réalité de cette perte à laquelle ils pensent ne pas pouvoir faire face, et sombrent petit à petit dans une forme de déprime. Ils sont parfois même dans l'impossibilité de trouver un sommeil réparateur et laissent la fatigue s'installer, ce qui aggrave la situation et les fait plonger petit à petit dans le début d'une dépression.

Une minorité décide d'intérioriser la souffrance et d'oublier au plus vite ce qui fait mal. Dans quelques cas exceptionnels, j'ai vu certains de mes consultants ayant perdu un être cher dans leur enfance ou adolescence finir, grâce à un contact médiumnique, par réussir à libérer toute la souffrance contenue en eux depuis des années. Même lorsqu'un enfant n'a pas connu son parent, il arrive qu'une telle expérience dans la médiumnité lui permette de retrouver une part d'identité perdue.

Rares sont ceux qui acceptent la mort comme un fait inéluctable contre lequel ils ne peuvent rien faire et s'arment de courage dans la certitude de revoir un jour l'être aimé. Confronté à l'épreuve du deuil, l'être humain a deux choix possibles :

Le premier choix consiste à se rapprocher de Dieu ou, si l'on s'en est éloigné, à retrouver la foi. On demande par la prière d'avoir la force de traverser l'épreuve de la séparation. Le deuil amène aussi souvent l'être humain à se poser des questions sur le sens de sa vie. Il se trouve alors dans une quête spirituelle qui l'amènera progressivement à comprendre que cette séparation temporaire était prévue dans son plan de vie. Le réconfort de la foi lui apportera le courage et la force de vaincre la terrible absence de l'autre. Cette expérience doit lui permettre de faire un grand pas dans son évolution.

Le second choix revient à se laisser submerger par la douleur du deuil et à sombrer dans une profonde dépression sans plus jamais réussir à s'en sortir. Il arrive que la souffrance devienne à ce point insupportable qu'elle pousse au suicide des personnes animées de l'espoir de pouvoir enfin aller rejoindre l'être aimé. Ces personnes n'ont pas conscience que dans le monde spirituel il existe, comme vous le verrez dans l'un des chapitres suivants, des lois immuables ne favorisant pas les retrouvailles en pareils cas. L'être humain qui se suicide retarde en effet son évolution spirituelle.

Celui qui a foi en Dieu et en la survivance de l'âme sait qu'il retrouvera ses êtres chers. Il vit dans la croyance d'un monde rempli d'amour et espère pour eux le meilleur. Il a la certitude qu'ils sont autour de lui et souhaite les voir en paix, et s'efforce de ne pas les retenir par sa souffrance. Aussi, ce sont des pensées et des paroles aimantes et rassurantes qui pourront aider ceux qui sont de l'autre côté à lâcher prise. Par amour pour eux, nous devons faire des efforts pour aller mieux et finalement admettre que cette séparation n'est que provisoire. Le désespoir s'explique chez l'être qui ne croit en rien. Il doit être vaincu chez celui qui a la foi en Dieu et en l'avenir. Le plus beau cadeau que vous puissiez faire à votre bien-aimé serait de lui dire : « Je t'aime et je t'aimerai toujours. Nous nous retrouverons un jour. En attendant, je vais faire mon possible pour être heureux. Il est temps de partir, va en paix vers la lumière de Dieu. »

QUI EST DIEU ?

Depuis ma plus tendre enfance, j'ai toujours cru en l'existence de Dieu, et la foi m'a toujours habité. Voici une belle définition de notre Créateur selon la doctrine spirite, extraite du *Livre des Esprits* d'Allan Kardec, publié en 1857, pp. 5-13 :

« Dieu est éternel, infini, immuable, immatériel, unique, tout-puissant, souverainement juste et bon. [...]

Dieu est **éternel** ; s'il y avait eu un commencement il serait sorti du néant, ou bien il aurait été créé lui-même par un être antérieur. C'est ainsi que de proche en proche nous remontons à l'infini et à l'éternité.

Il est **immuable** ; s'il était sujet à des changements, les lois qui régissent l'univers n'auraient aucune stabilité.

Il est **immatériel** ; c'est-à-dire que sa nature diffère de tout ce que nous appelons matière, autrement il ne serait pas immuable, car il serait sujet aux transformations de la matière.

Il est **unique** ; s'il y avait plusieurs Dieux, il n'y aurait ni unité de vues, ni unité de puissance dans l'ordonnance de l'univers.

Il est **tout-puissant** ; parce qu'il est unique. S'il n'avait pas la souveraine puissance, il y aurait quelque chose de plus puissant que lui ou d'aussi puissant que lui ; il n'eût pas fait toutes choses, et celles qu'il n'aurait pas faites seraient l'œuvre d'un autre Dieu. [...]

Il est **souverainement juste et bon**. La sagesse providentielle des lois divines se révèle dans les plus petites choses comme dans les plus grandes, et cette sagesse ne permet de douter ni de sa justice, ni de sa bonté. »

QUEL EST LE REGARD DE L'HOMME SUR DIEU ?

Depuis la nuit des temps, l'homme a toujours essayé de comprendre les vérités essentielles de son Créateur et a toujours affiché sa différence face à ses croyances. Pensant chacun détenir la vérité « au nom de Dieu », les hommes se sont battus et se battent encore depuis des siècles, entraînant souffrances, chaos, misères sur leurs chemins. Dans l'histoire de l'humanité, Dieu a différentes apparences et plusieurs visages, comme par exemple dans la mythologie grecque et romaine. Autant de divinités à adorer, et à supplier pour obtenir des faveurs ou la réponse à une question concernant l'amour, la richesse, etc.

Mais Dieu est absolument unique. Bien souvent, l'homme l'a représenté sous l'apparence d'un vieil homme barbu assis dans un grand fauteuil. Dieu est l'esprit suprême. Nous ne pouvons l'apercevoir avec les yeux du corps physique. Bien qu'il soit invisible, il ne nous est pas totalement méconnu. Il se fait présent dans notre compréhension à travers toutes les œuvres de la création et nous pouvons le sentir spirituellement dans les vibrations de son amour infini.

L'être humain n'a pas encore développé les facultés lui permettant la compréhension de la nature intime de Dieu. Ce n'est qu'en développant sa connaissance et sa sensibilité qu'il pourra davantage le comprendre et percevoir sa divine présence. Il n'est pas nécessaire de se trouver dans une église ou dans un temple pour trouver Dieu, qui est absolument partout. Nous pouvons l'évoquer en n'importe quel lieu et à n'importe quel moment. L'homme est ignorant des lois divines. Et ignorant parfois l'existence même de celles-ci, il ne les apprend pas plus qu'il ne les applique. Comme vous allez le comprendre un peu plus loin dans cet ouvrage, les esprits nous incitent vivement à les étudier.

Dieu connaît notre programme d'incarnation et n'a jamais voulu pour nous une vie de souffrance, mais les épreuves et obstacles à surmonter sont nécessaires à notre progrès. En tant que notre créateur, il veut nous voir heureux. Souvent aveuglés dans nos difficultés et limitations, nous ne comprenons pas le sens de nos souffrances, et le rendons aisément responsable de tout ce qui nous arrive. N'oubliez jamais que Dieu entend chaque prière et remerciement dits avec le cœur. L'homme pense à Dieu lorsqu'il est dans le besoin et très souvent il oublie de remercier du bien qu'il lui concède. Quand l'homme a atteint un certain degré d'avancement, il en arrive à remercier aussi bien pour les belles choses de la vie que pour les épreuves qu'il doit surmonter car il sait que celles-ci ont toujours une raison d'être.

Tous les hommes ne possèdent pas la foi, cette étincelle d'amour qui les relie à leur Créateur. Nombreuses sont les raisons pour lesquelles certains ne croient pas ou plus en Dieu. Le plus souvent, ils se disent que, si Dieu existait, il n'y aurait pas autant de misère sur terre. Ils se détournent également de lui après avoir vécu une succession d'épreuves, s'être sentis abandonnés, ou avoir été déçus par la religion.

C'est dans la compréhension des lois divines que l'homme peut trouver le véritable sens de son existence sur terre. Un contact médiumnique révélant la preuve de la survie d'un être cher après son décès peut aussi faire naître ou réveiller en chacun de nous l'étincelle de la foi. C'est alors le début d'une réconciliation avec Dieu. Néanmoins, l'homme conserve toujours le libre arbitre de croire ou de ne pas croire en Lui et en l'existence d'une vie après la vie.

Dans les contacts médiumniques ayant donné lieu aux échanges qui vont suivre, vous allez voir que nous quittons ce monde avec des croyances que nous conservons dans l'autre monde. Il arrive que certains regrettent de ne pas avoir pensé à Dieu et au sens de ses lois, ou de ne pas avoir cherché à s'améliorer.

III

PSYCHOGRAPHIES
AVEC LE MONDE SPIRITUEL

INTRODUCTION À LA PSYCHOGRAPHIE

Depuis l'âge de six ans, je ressens dans mon corps physique les énergies des esprits qui nous entourent. Les esprits utilisent différentes manières afin de pouvoir communiquer à travers moi. Le message reçu par le biais de l'écriture s'appelle une psychographie.

Avant que ce long dialogue ne commence, je souhaite vous apporter quelques informations sur les différentes formes qui caractérisent cette manière de communiquer. La psychographie est reçue par :

L'*écriture automatique* : l'énergie de l'esprit incorpore mon bras, puis ma main, et cette impulsion qui pousse le stylo me fait écrire d'un seul jet jusqu'à ce que le message soit transmis.

L'*écriture inspirée* ou *intuitive* : l'information passe par le cerveau du médium qui écrit, l'esprit présent à ses côtés transmet son message d'une manière intermittente ou décousue (arrêt et reprise de l'écriture).

Le contenu de la psychographie

La psychographie, reçue par le biais de l'écriture automatique, révèle une écriture différente à chaque communication. L'analyse des différents cahiers sur lesquels se posent ces témoignages démontre une écriture tantôt inclinée sur la gauche ou sur la droite mais qui peut aussi être verticale. La plupart du temps, les lignes sont régulières et suivent celles du cahier. Les caractères sont plus ou moins grands et lisibles, arrondis ou anguleux. L'écriture peut parfois aussi se faire en pattes de mouche. Il n'y a pas de rature. La psychographie est rarement ponctuée. La ponctuation dans les messages qui vont suivre a donc été ajoutée pour en faciliter la lecture.

La psychographie se termine par une signature qui est parfois la copie conforme de celle qu'avait l'esprit quand il était sur terre. Dans ce type de psychographie, le médium fait le vide dans son mental et se laisse porter par l'énergie qui pousse le stylo dans l'écriture. Il peut aussi être à différents degrés de conscience lors de la réception du message.

La psychographie reçue par le biais de l'écriture inspirée révèle quant à elle l'écriture du médium et non celle de l'esprit. Le médium écrit sous la dictée les mots qu'il entend et qui passent à travers son cerveau.

L'esprit peut, dans ce cas de figure, utiliser une partie de la connaissance ou de l'intellect du médium, ses mots, son style d'écriture afin de délivrer son message. Il ajoute à cela les informations qu'il doit transmettre.

Les dangers de ce mode de communication

Nous pourrions tous souhaiter vouloir entrer en communication avec nos chers disparus par le biais de l'écriture. Nous avons tous une sensibilité plus ou moins développée et la simple volonté de vouloir communiquer peut attirer nos bien-aimés vers nous, mais aussi d'autres esprits dont les intentions peuvent être plus ou moins louables. Nous pouvons ainsi créer un lien invisible avec ces esprits, qui peuvent provoquer en nous différentes obsessions. Ces liens peuvent être, parfois, à l'origine de névroses et de certains troubles de la personnalité. Toute personne qui n'a pas la faculté médiumnique de voir les esprits et de les entendre s'expose facilement à un danger plus important.

Il est essentiel d'en avoir conscience et de prier pour se protéger avant toute tentative de communication. Les raisons pour lesquelles l'être humain sollicite un esprit ont aussi une réelle importance. Certains d'entre eux désirent communiquer pour poser des questions d'un ordre existentiel ou matériel. Si la personne a une sensibilité à pouvoir communiquer, elle attire à elle tous les esprits des premiers plans, un peu légers, qui se joueront d'elle en lui transmettant de fausses informations. La motivation et l'intention qu'on met dans cette démarche ont donc leur importance. Elle ne doit pas avoir un objectif matériel. Seul l'amour doit guider nos pas. Il est important de faire preuve de discernement et d'analyser toujours le contenu de la psychographie, sa forme, et d'en déterminer l'objet.

Connaissant les dangers de ce mode de communication, j'ai toujours eu quelques réticences à dialoguer de cette manière avec le monde des esprits. J'ai formulé le souhait de les voir ou de les entendre à chaque communication par le biais de l'écriture automatique pour connaître mon interlocuteur. Cela n'a pas été toujours le cas. Exception faite de quelques apparitions avant que l'écriture ne commence. Aussi parfois, me transmettaient-ils visuellement la description des lieux où ils avaient vécu mais aussi leurs ressentis dans la joie, le bonheur ou la souffrance. Même si l'expérience n'a pas toujours été de tout repos, mes guides m'ont invité à leur faire confiance.

Dans le présent ouvrage, les psychographies des esprits sont reçues par le biais de l'écriture automatique, et les psychographies de mes guides Gabriel, Carole, Martine, Josuah, par écriture inspirée ou intuitive.

Message de mon guide Gabriel

« Cher protégé,

Nous souhaitons maintenant te faire écrire par le biais de l'écriture automatique afin que tu puisses recevoir différentes psychographies, une autre manière pour toi de correspondre avec nous sans utiliser tes perceptions.

Laisse l'incorporation de nos énergies saisir ton bras puis ta main droite, apporter des impulsions au stylo par lequel nous te délivrons des messages.

Projette toujours dans tes pensées le désir sincère d'aider ton prochain à évoluer dans la connaissance de lui-même.

Nous allons rencontrer différents esprits autorisés à venir nous parler de leur vie sur terre et de leur situation dans le monde spirituel.

Nous souhaitons certaines répétitions utiles, afin que le lecteur puisse intégrer les informations nécessaires à de nouvelles prises de conscience.

Que ce dialogue puisse vous aider à accepter vos épreuves, à vaincre vos difficultés, à dépasser vos capacités à être dans l'amour afin que cet amour se développe en vous et vous rapproche petit à petit de l'Amour inconditionnel. »

PRÉSENTATION DE MON GUIDE GABRIEL

Tout commença par une question posée à mes guides alors que je constatai autour de moi de nouvelles matérialisations…

Alain Joseph : Qui es-tu, toi qui apparais dans le portrait de ma grand-mère Soize ?

Réponse : Alain Joseph, ne me reconnais-tu pas ? Je suis ton guide Gabriel ! Je me suis déjà matérialisé sur la vitre du buffet de ta grand-mère, mais il est vrai qu'aujourd'hui tu peux mieux distinguer l'aspect de mon visage. Je reviens vers toi pour te faire comprendre l'importance de continuer à aider ton prochain à évoluer. Je suis l'un de tes guides protecteurs. Mon rôle est de t'aider à mener à bien ta mission d'entraide dans la médiumnité, mais aussi de te transmettre un peu de connaissance. Sur cette photographie, je prends l'apparence d'un vieil homme ayant la sagesse, et je te fais comme un clin d'œil en souriant. N'est-il pas merveilleux de matérialiser sa présence sur un simple portrait ? Nous t'entendons dire que le portrait de Soize est comme une porte ouverte sur le monde spirituel, et c'est ainsi que nous nous empressons de le démontrer. Comme tu l'écris un peu plus en avant dans ce livre, nombreux sont les esprits qui viennent te voir dans l'intimité de ton quotidien. Regarde de plus près et tu percevras d'autres visages, dont celui de la silhouette d'une bigoudène et de bien d'autres. Tes impressions sont fortes en projections mentales appuyées par notre volonté de communiquer. Oui, ils sont nombreux les esprits qui veulent attirer l'attention des êtres humains ; mais attention, avec des buts plus ou moins louables. Nous allons en parler.

Je viens une nouvelle fois t'annoncer que tu vas tourner une page en faisant un autre pas vers l'étude et la connaissance, sans l'ombre d'un doute. Je te demande de rester ouvert à ce qui va suivre, dans les échanges en ce lieu. Je suis heureux de communiquer avec toi. Nous souhaitons que cette conversation se fasse dans un langage simple et accessible, compréhensible par tout le monde. Les réponses à tes questions te parviendront d'une manière désordonnée, comme une conversation entre deux camarades qui parlent de différents sujets. En parallèle avec ce travail, je t'invite à étudier les préceptes de Jésus et à te référer aux citations de l'Évangile selon saint Matthieu.

Alain Joseph : Je suis heureux moi aussi, et je remercie Dieu de toutes ces matérialisations que je considère comme des cadeaux à partager avec tout le monde, aussi bien en conférence qu'en consultation. Ce sont aussi des preuves pour ceux qui doutent encore de la survie de l'âme.

Alain Joseph : Peux-tu me parler un peu de toi ? Qui es-tu ?

Réponse : Je suis l'un de tes guides, tu me nommes Gabriel. Je suis sur un plan moyen, c'est-à-dire où il est permis de se racheter de quelques erreurs commises sur terre en demandant à Dieu la possibilité d'aider un protégé dans sa mission, de le suivre, de le conseiller, de le soutenir, de l'encourager quand celui-ci s'efforce de s'améliorer. Je ne suis pas un esprit d'un plan supérieur, je ne suis pas le guide qui supervise ta vie, mais un de ceux qui te protègent et t'aident à travailler dans le bien. Dans un long dialogue à suivre, nous inviterons différents esprits à se joindre à nous afin qu'ils témoignent de leurs expériences terrestres, des moments de félicité ou des difficultés qu'ils rencontrent dans le monde spirituel. Ceci pour transmettre une vérité : l'homme doit faire son possible pour s'améliorer et lutter contre ses imperfections. Il te faudra prier avant et après chaque communication. J'ai eu sur terre une vie similaire à la tienne dans un lointain passé et j'ai compris mes erreurs. J'avais la même mission que la tienne, celle de prouver la survivance de l'âme et d'éveiller les consciences. Carole et Martine, tes autres guides, participent au même projet. Je ne suis pas parfait, ni moralement, ni intellectuellement, mais j'ai fait beaucoup de bien autour de moi et nous voulons que tu en fasses aussi en toute sérénité. Avant la rencontre de ces esprits, je te propose de répondre à quelques-unes de tes questions.

Alain Joseph : Je te remercie, Gabriel.

QUESTIONS-RÉPONSES AVEC GABRIEL

On parle toujours d'« âme » et d'« esprit », quelle est la différence ?

Gabriel : L'âme et l'esprit sont une seule et même entité. Il est vrai que l'être humain a du mal à le comprendre. L'âme est tout simplement un esprit incarné dans un corps physique qui vient faire l'expérience dans la matière. Lorsque l'âme quitte son corps physique, elle devient esprit dans le monde spirituel. L'esprit est un principe intelligent et pensant, il n'est pas palpable, n'a pas de forme. Il est immortel et gravit les échelons de l'évolution spirituelle dans le but d'atteindre la perfection. Ce n'est pas mon esprit que tu vois matérialisé sur le portrait de ta grand-mère, mais l'enveloppe éthérée de mon « périsprit » ou « corps spirituel ». Tu peux distinguer en transparence mon visage bien dessiné, avec un œil bienveillant, un nez proéminent et la bouche ouverte laissant deviner mon sourire. Notre périsprit ressemble trait pour trait au dernier corps physique de notre incarnation. Il a un rôle fondamental lors de notre passage sur terre car il est l'intermédiaire entre notre corps physique et notre esprit. L'esprit commande, le périsprit transmet, le corps physique agit. Lors de notre retour au monde spirituel, nous pouvons nous reconnaître grâce à notre périsprit, et c'est aussi grâce à lui que nous pouvons nous manifester à vous, dans les matérialisations et les communications, afin que vous puissiez nous reconnaître. Au fur et à mesure que l'esprit progresse, son périsprit s'épure comme dans une lumière de plus en plus rayonnante. Ne te souviens-tu pas de Karida, au chapitre précédent, qui témoigne de son contact médiumnique avec sa maman ? Elle s'était présentée à tes yeux dans une lumière éblouissante, son périsprit épuré apparaissant dans la magnificence de l'amour. J'étais auprès de toi ce jour-là. Et je t'ai vu bouleversé !

Alain Joseph : Oui, je l'étais. L'apparition était d'une éblouissante blancheur et elle dégageait tellement d'amour. Je le ressentais au plus profond de moi-même, d'une manière très intense.

Qu'est-ce qui relie le périsprit au corps physique ?

Gabriel : Le « cordon fluidique », aussi appelé « cordon éthérique », relie le périsprit au corps physique. Il lui transmet le fluide vital dont il a besoin. Il se rompt naturellement au moment de la mort physique. Le périsprit se dégage alors progressivement. Lors d'un départ brutal par suicide ou accident, cette corde reste liée au corps physique, pendant un temps plus ou moins long suivant le processus de dégagement. Le périsprit se libère ainsi progressivement du corps physique.

Que serait le corps physique sans l'âme ?

Gabriel : Le corps physique serait un corps inerte, sans l'âme. Ce corps, constitué d'atomes et de molécules, est l'outil indispensable qui va permettre à l'âme durant toute la période d'incarnation de vivre, dans

la matière, les expériences nécessai
tion. Le choix judicieux de ce corps,
et ses imperfections, aura pour but de
blesses liées aux incarnations précéden
son amélioration. Le corps physique est
leuse création de Dieu, comparable à u
dont les rouages les plus complexes donnen chaque organe une fonction bien déterminée, apportant aussi sa contribution à la réalisation des objectifs que l'âme doit atteindre. L'être humain doit apprendre à respecter son corps, et faire au mieux pour subvenir à ses besoins jusqu'au moment de la mort physique.

« Vous êtes des esprits incarnés
faisant l'expérience de la matière
pour le temps d'une vie terrestre »

Au cours d'un échange médiumnique, tu m'as adressé ce message : « Vous êtes des esprits incarnés faisant l'expérience de la matière pour le temps d'une vie terrestre. Vous n'appartenez pas à ce monde mais au monde de l'esprit. L'énergie et la matière sont deux composantes essentielles appartenant aux deux corps : la matière au corps physique, l'énergie au corps spirituel. L'esprit va de l'un à l'autre au fil des incarnations. » Le message est explicite, cependant plusieurs d'entre nous se posent cette question : Quel est le sens de toutes ces existences ?

Gabriel : À cette question, il y a plusieurs réponses. Nous allons procéder par ordre. L'essentiel est de comprendre que chaque être humain est sur terre pour évoluer dans un sens moral, intellectuel, spirituel. Il doit aussi vaincre ses faiblesses, se racheter de ses fautes passées et ainsi, pas à pas, intégrer des valeurs qui deviendront des acquis. Crois-tu qu'une seule vie

...pour éliminer ses imperfections ? Nullement. ...a créé les esprits tous semblables les uns aux ...tres, en leur donnant la même chance de suivre ce long chemin d'apprentissage et d'étude qui les amènera progressivement à le rejoindre dans l'essence de sa perfection. Pour ce faire, il a créé la loi de la réincarnation afin de donner aux esprits l'opportunité de vivre dans la matière les expériences nécessaires à l'évolution de leur conscience. Dans cette compréhension, il appartient à chacun d'intégrer les différentes lois que Dieu a créées. Certains esprits comprendront très vite l'importance d'être dans le bien, afin d'élever leur conscience, tandis que d'autres s'égareront dans le mal et retarderont ainsi leur évolution. La planète est habitée d'esprits de différents niveaux spirituels. Les jeunes âmes expérimentent leurs premières années dans ce monde. On les reconnaît facilement à leur attitude égoïste, ne s'intéressant qu'à leur propre personne et aux plaisirs que leur offre la vie terrestre. Il leur faudra plusieurs incarnations pour arriver à grandir, à la différence des vieilles âmes qui ont compris l'importance de s'élever au-dessus du matériel et de s'en détacher.

As-tu vécu, toi aussi, plusieurs fois sur terre ?

Gabriel : C'est une évidence, bien sûr, Alain Joseph. La réincarnation est le chemin indispensable à l'évolution de l'esprit, nous devons tous sans exception atteindre le plus haut degré d'amour. Nous recommençons tant que la tâche n'est pas accomplie. La médiumnité était pour moi, dans une vie passée, un outil pour pouvoir aider mon prochain. Elle m'a aussi été donnée dans l'intention de m'améliorer moi-même.

J'aurais été un bon médium, si mon esprit influencé ne m'avait pas joué des tours en tombant dans le piège de l'orgueil et de l'égoïsme. Tu le sais, un médium doit rester humble et ne pas se sentir supérieur aux autres en quoi que ce soit. Il doit faire le bien pour le bien et ne doit attendre aucune reconnaissance en retour. Dieu connaît l'intention qui vient du cœur, ou si elle est motivée par toute autre raison. La médiumnité doit être accessible à tous, comme tu le dis, et l'important est de donner aussi de son temps, de sa personne, à la condition de respecter des moments de repos. Dans une vie passée, j'ai perdu le sens des réalités. En connexion la majeure partie du temps avec le monde spirituel, j'ai délaissé les obligations familiales prévues dans mon plan de vie. Il est important pour toi de ne pas reproduire la même erreur, en communiquant sans cesse avec le monde des esprits. Dans une précédente vie, ton équilibre s'était vite rompu.

Comment et quand sont définis les buts spirituels que nous devons atteindre ?

Gabriel : Il vous faut savoir que vous vivez tous une période plus ou moins longue d'errance dans le monde spirituel entre deux incarnations. Elle est relative aux efforts que vous faites dans votre propre volonté de progresser. Quand votre degré d'évolution et votre état d'avancement vous le permettent, vous choisissez les grandes lignes de votre prochaine vie sur terre avec l'approbation de vos guides et du Divin : un plan de vie s'établit, avec le choix de votre famille et son milieu social, vos lignes professionnelles, sentimentales, amicales, matérielles et financières, ainsi que votre santé. Une partie des expériences de vie est déterminée à l'avance par l'analyse de vos acquis ou de vos faiblesses des vies passées. Elles deviendront des événements incontournables mettant en avant les principales faiblesses qui devront être éliminées. Néanmoins, la majorité d'entre elles se révéleront par le libre choix de vos attitudes, comportements, manière de penser, donc par votre libre arbitre. Dans le cycle des réincarnations, vous découvrez vos imperfections au fil du temps et ce n'est qu'après avoir effectué un long travail sur vous-même que vous pourrez les éliminer, mais pas en une seule vie.

La faiblesse vaincue est donc en voie de devenir un acquis dans le plan d'incarnation, mais celui-ci devra être renforcé dans la vie à suivre. Voici un exemple : un homme prend conscience de son avarice et s'efforce d'appliquer la générosité, car il sait qu'il doit s'améliorer. Si celle-ci ne vient pas du cœur, son esprit ne peut tirer parti des bienfaits spirituels escomptés. Cette amélioration dans la générosité est un pas en avant, mais elle ne pourra pas être considérée comme un acquis définitif. Cet homme choisira des situations qui l'amèneront à donner (ou pas) avec le cœur autant de fois que nécessaire pour renforcer sa générosité jusqu'à ce que le don soit naturel pour lui. Dans les vies qui suivront, il aura intégré cet élan du cœur, et n'aura nul besoin des pièges de l'avarice.

C'est le processus qui se met en place pour chaque faiblesse de votre esprit avec un certain nombre de réincarnations suivant le progrès et les efforts établis. L'être humain est sans cesse confronté à des situations difficiles, dans sa vie matérielle et dans ses relations aux autres, à travers lesquelles il peut mettre en avant ses imperfections ou le début de ses acquis. L'esprit doit progressivement dépasser ses limites.

L'esprit incarné pourra-t-il se débarrasser de toutes ses imperfections par de multiples incarnations sur terre ?

Gabriel : La perfection n'est pas de ce monde. Les êtres incarnés sur terre ne sont pas parfaits, à l'exception de quelques êtres exceptionnels comme Jésus, Bouddha, Mahomet, et quelques autres venus sur terre pour élever les consciences. Après un nombre indéfini de réincarnations, vous atteindrez un jour un certain niveau de conscience maximal dans le bien, la connaissance et l'amour. Vous ne pourrez cependant vous élever davantage dans ce monde d'épreuves qu'est la terre. Vous renaîtrez progressivement dans des mondes supérieurs de plus en plus élevés et hauts en vibrations. La matière de plus en plus épurée vous permettra, à un autre stade d'évolution, d'avoir aussi des échanges avec le monde spirituel, et ceci sans intermédiaire. C'est ainsi que progressivement vous vous débarrasserez totalement de vos imperfections.

Pourquoi n'avons-nous pas souvenance de nos vies passées ?

Gabriel : Vous pouvez remercier Dieu d'avoir fait en sorte de créer cet oubli ! Si vous connaissiez vos bienfaits des vies passées, feriez-vous des efforts ? Si vous connaissiez les actes malveillants posés dans le passé, résisteriez-vous à la culpabilité ? L'une comme l'autre sont deux raisons importantes qui entraveraient votre évolution !

Pouvons-nous parler de la naissance sur terre ?
Choisissons-nous notre famille ?

Gabriel : Chacune de vos existences sur terre doit vous donner l'opportunité de faire un grand pas en avant dans l'amour de votre prochain. La venue en ce monde est le moment important où votre esprit fait l'expérience de la chair en incarnant un nouveau corps physique. Votre guide spirituel et vous-même choisissez dans votre plan d'incarnation la famille et le milieu dans lesquels vous devez naître, ceci avec l'approbation du divin. Ce choix n'est pas le fruit du hasard, mais il est en totale adéquation avec les leçons que vous aurez à comprendre dans vos rapports avec votre père, votre mère, vos frères et sœurs et grands-parents. Ces membres de la famille, par leur attitude positive ou négative dans la vie ou à votre égard, vous amèneront à vivre des moments heureux ou malheureux et réciproquement. Comme tu le sais, Alain Joseph, beaucoup de personnes vivent des relations d'amour avec leur famille de sang et d'autres font l'expérience de la souffrance. Les liens des vies passées qui vous unissent les uns aux autres sont connus de votre guide spirituel. Il est habilité à pouvoir faire ces choix familiaux pour vous aider à progresser dans la mise en application des vertus que vous devez tous progressivement acquérir.

Le guide et nous-même choisissons
donc notre famille. Mais pourquoi
certaines relations familiales se déroulent-elles
dans l'amour, et d'autres, à l'inverse,
suscitent de nombreuses souffrances ?

Gabriel : Les esprits qui s'incarnent dans une même famille ont souvent déjà créé des liens depuis le monde spirituel et d'autres lors de vies passées. Ces liens peuvent être des liens d'amour ou d'animosité. Lors du moment de la préparation à la réincarnation, l'esprit, avec l'aide de son guide, doit faire le choix de la constitution de sa future famille. Ce choix peut être libre ou imposé.

Certains d'entre eux décident de naître ensemble dans la même famille. Le choix est libre quand l'amour préexiste déjà dans ces relations. Le but de ces incarnations en commun est alors de l'amplifier, malgré certaines situations difficiles qui peuvent engendrer la nécessité de pardonner, d'être tolérant, indulgent, charitable. Autant de défis à relever pour cette famille qui choisit, dans la joie, de vivre ensemble de nouvelles expériences dans la chair. Ils choisissent différents rôles pour se perfectionner.

Mais le choix de la famille peut être aussi imposé pour ceux qui, dans l'animosité ou dans l'indifférence des uns envers les autres, nourrissent des liens négatifs liés à des vies passées, ce que tu appelles les liens karmiques. Le but est de réussir, malgré les différences, à apprendre à se connaître, à s'accepter, à se pardonner et à s'aimer. Ces liens négatifs sont notamment imprégnés entre autres de ressentiment, de colère, de jalousie, de haine tenace, de désir de vengeance, une somme de caractéristiques représentant le mal sous différentes formes. Lorsque les relations familiales entraînent continuellement des conflits, il faut comprendre que parfois ressurgit l'animosité d'une vie antérieure, et cela souvent même dès la naissance. Comment expliquer qu'un nouveau-né pleure dès qu'il se trouve dans les bras de son père et que ce rejet dure pendant l'enfance, sans aucune explication rationnelle ? Le bébé capte déjà dans son berceau les vibrations négatives du lien qui les unit. La relation de ces deux êtres aura-t-elle un dénouement heureux ou malheureux ? L'amour sera-t-il assez fort pour transformer les liens négatifs en liens d'amour ?

Ce sont immanquablement les buts spirituels que les esprits incarnés de cet enfant et de ce père poursuivent. Il est parfois difficile pour l'être humain d'admettre que, s'il souffre du comportement des autres dans cette vie, il a lui aussi fait souffrir les autres dans une vie passée.

Quel est le sens des liens familiaux ?
Où est la réconciliation dans ces expériences ?

Gabriel : L'être humain n'a pas toujours cette prise de conscience et ce désir de comprendre la nature de ces liens négatifs qui sont pour lui une possibilité d'évoluer, ni celui de chasser son orgueil. L'évolution de l'esprit jouera un grand rôle dans ce constat d'échec de non-réconciliation. Celui qui est peu évolué comprendra qu'il a répondu à la gifle qu'il venait de recevoir par une autre gifle, dans le juste retour des choses. Celui qui est sur le chemin du progrès, dans une expérience similaire, s'abstiendra et tentera de comprendre l'attitude de la personne portée par la colère et qui a provoqué ce geste. Bien souvent la souffrance persiste durant des années dans les relations familiales où le rejet, l'abandon, le manque de respect et toutes les attitudes contraires à l'amour inconditionnel sévissent à différents niveaux dans le mal.

Victimes des abus de leurs proches, certaines personnes restent dans cette situation car elles sont prisonnières d'un contexte psychologique difficile ou parce qu'elles n'ont pas le courage de partir. De ces relations naissent des liens négatifs qui peuvent profondément s'ancrer dans les mémoires de l'esprit, engendrant un nouveau cycle de réincarnations réparatrices. Le bourreau créera une dette karmique vis-à-vis de sa victime et connaîtra un jour à son tour les effets des actes qu'il a posés. Au fil des incarnations, ces liens négatifs pourront disparaître en une réconciliation fraternelle dans l'amour et dans le respect de l'évolution de chacun.

Que deviennent les relations familiales dans le monde spirituel ?

Gabriel : Les véritables liens de famille ne sont pas ceux du sang, mais ceux qui regroupent les esprits ayant les mêmes affinités et la même manière de penser. Deux membres d'une famille qui se portent une affection réelle et qui sont liés l'un à l'autre par l'amour se cherchent et se retrouvent dans le monde des esprits. Deux personnes qui n'ont créé aucun lien affectif et qui ne sont pas dans la même énergie n'éprouvent pas le besoin de se retrouver. Souvent, le lien pour différentes raisons est d'ailleurs déjà rompu durant la vie terrestre. Cependant, lorsque la souffrance a été présente dans la relation, les esprits ayant atteint un certain degré d'évolution expriment le besoin de se revoir pour comprendre ce qui n'a pas fonctionné entre eux. Ils affirment alors le besoin de réparer leurs erreurs, d'en étudier les raisons pour leur propre avancement et le désir d'une nouvelle incarnation. En revanche, l'âme incarnée, rigoureuse dans son évolution et en toute connaissance des lois divines, fera preuve d'un amour sans condition aussi bien envers sa famille qu'envers n'importe lequel de ses semblables. Pour ce faire, mais également pour évoluer, cet individu appliquera la loi de l'amour, et fera donc, en outre, preuve de charité, de tolérance, d'indulgence et de pardon.

L'homme est souvent dans la comptabilité de ce qu'il donne et reçoit, en attendant de l'autre ce qu'il estime être un juste retour. De ce fait, il finit toujours, un jour ou l'autre, par s'estimer lésé et en souffrir. S'il constate par exemple que sa famille ou son entourage fait preuve d'un profond égoïsme à son égard, il va être doublement égoïste à son tour, au lieu d'analyser ce fait comme un défaut à ne pas reproduire ou une imperfection à éliminer.

L'amour inconditionnel, le pardon, l'absence de jugement, l'acceptation de l'autre, aident aussi au travail de libération des liens négatifs qui divisent les êtres humains.

Le pardon est un point essentiel dont nous parlerons plus loin dans cette conversation. L'être humain devrait le mettre en application, mais, souvent incapable de cette vertu, il quitte le monde terrestre avec du ressentiment, de la haine. Il finira par comprendre que, pour aller vers Dieu, il lui faudra avoir le cœur libéré de toute animosité.

Les contacts médiumniques le démontrent quand tu reçois une demande de pardon d'un esprit et que le destinataire refuse. Je connais, Alain Joseph, ce déchirement intérieur que tu ressens quand l'esprit n'est pas en paix. À l'inverse, certains esprits endurcis refusent de pardonner, gardant en eux les sentiments et les émotions négatives envers ceux qui, sur terre, leur ont fait du mal. Ces êtres choisiront dans le monde spirituel, après un temps plus ou moins long d'errance, de s'incarner dans la même famille pour réussir avec beaucoup de volonté à ne plus haïr ceux qui, aux yeux de Dieu, sont aussi ses frères.

La réincarnation sépare-t-elle ceux qui s'aiment ?

Gabriel : La réincarnation ne sépare pas ceux qui s'aiment. Les esprits heureux d'être ensemble se retrouvent toujours, même si l'un des membres de la famille spirituelle entre dans une période d'incarnation. Ils se retrouvent dans la période d'errance et peuvent aussi choisir de naître à nouveau sur terre, de se retrouver à un moment déterminé de leur vie pour construire ensemble et réaliser ce qui leur permettra de s'épurer et de grandir vers un nouveau degré d'avancement. Si un membre de la famille est incarné, ils restent liés par la pensée et ne sont jamais séparés. L'esprit évolué aide le retardataire à progresser. Ils se recherchent de vie en vie, et l'épuration de leurs corps spirituels autorise l'affection qui les lie à se renforcer sans être atteinte par l'égoïsme et toutes les passions. Ces esprits gardent en eux l'essentiel de leurs acquis et connaissent l'amour inconditionnel. Celui-ci est d'ailleurs à différencier de l'amour charnel et passionnel, qui se détruit avec la mort du corps physique. Le lien qui perdure dans le monde spirituel est l'amour unissant deux êtres sur terre qui se sont aimés pour leurs qualités et leurs défauts. Ils sont toujours reliés l'un à l'autre par la pensée.

*

La nuit a laissé place à cette conversation avec mon guide Gabriel. Dans mes rêves, je ressentais la présence de ma maman, dont je gardais un vague souvenir à mon réveil. Mon esprit s'en était allé dans ce rêve, peut-être par crainte de ne plus la retrouver si elle s'était incarnée ! En fin de journée, je demandai à mon guide s'il était présent à mes côtés, espérant obtenir des explications.

Gabriel : Oui, oui je suis bien là, mais ce soir j'aimerais te dire que ta maman se trouve à mes côtés. Elle souhaiterait s'adresser à toi.

« Je suis là, mon cher fils, mon Grand, bien présente. Je viens te dire que je suis heureuse de te voir progresser et que tu comprennes petit à petit tes erreurs, car c'est dans la compréhension et la connaissance de nous-mêmes et de nos faiblesses que nous progressons. Je suis sur un plan de lumière où je construis par mes pensées les lieux où je grandis, tout en partageant avec d'autres les mêmes inspirations et aspirations dans le désir et la volonté d'aider ceux qui sont perdus. Je t'ai déjà expliqué que je m'occupais des personnes âgées, et j'ajoute aujourd'hui que je les aide à mieux accepter le détachement terrestre, leur apprends l'importance d'aimer sur terre leur prochain et non d'acquérir des biens matériels. »

Maman, je ne te vois pas… Est-ce bien toi qui me fais écrire ?

« Oui, c'est bien moi, mon fils… Josiane, Christiane, Édith Le Floch, nom adoptif de jeune fille, Bellet nom de dame, Guyard nom véritable de ma naissance. Je suis souvent à côté de ma mère Suzanne, nous conversons sur nos vies respectives et sur les points en commun des vies passées. Non, tu ne rêves pas. Tu ne dois pas penser une seule minute, tu dois faire le vide dans ton mental et me laisser écrire et guider tes doigts. Comme un automate, tu dois te laisser porter par mon énergie et celle des nouveaux arrivants. Tu trouveras un sens à toutes ces questions et ces réponses qui viendront à toi, pas forcément de manière bien chronologique. Alain Joseph, je suis ta mère et je t'aime. Je viens t'aider à écrire ton livre, je suis là pour te parler de la réincarnation et te dire que nous avons déjà été mère et fils dans une autre vie. L'amour maternel, je le connais pour toi depuis des siècles, si je peux m'exprimer ainsi. Je suis avec ta grand-mère Marie, la mère de ton père est un guide pour toi, et cela tu le sais, ce que toi tu appelles un guide familial. Elle est accompagnée de ton oncle Jérôme, qui est souvent heureux de t'assister, mais son aide est invisible et discrète. Ils suppléent à tes guides. Je sais que tu te poses tant de questions auxquelles je ne peux répondre pour l'instant.

Je suis là pour te parler de notre lien dans la réincarnation. Nous étions dans le monde spirituel, toi et moi, ton père et ta sœur, bien avant 1939, date de ma venue au monde terrestre, dans des conditions particulières que j'avais moi-même choisies. C'est-à-dire de ne pas connaître le véritable amour maternel, ni paternel, mais la souffrance de l'abandon par ma véritable famille de sang et la joie de l'adoption par des parents aimants mais pas démonstratifs et chaleureux, comme tu peux le comprendre. La génération de ta grand-mère Soize était une génération qui n'affichait pas les sentiments. J'avais choisi de vivre une relation avec ton père dans le but de l'aider à évoluer, à lui faire comprendre l'importance d'aimer son prochain et ses enfants. Il n'a pas su. Il a fait du mieux qu'il a pu. Tu dois comprendre qu'un lien antérieur vous liait tous les deux, où l'affinité et l'amour étaient encore exclus de toute démonstration.

Le degré de son évolution démontre son orgueil à ne pas aller vers ses enfants, mais à attendre d'eux l'attachement au chef de famille. Dès ta plus tendre enfance, tu as senti ses vibrations incompatibles avec les tiennes. J'ai essayé de te protéger autant que j'ai pu, mais je me dois de te dire que je regrette de n'avoir pas été à la hauteur de mon rôle… J'aurais dû faire plus pour toi.

Oui, c'est bien moi qui te fais écrire, et je profite de ta disponibilité de ce soir et de ta réceptivité pour communiquer avec toi. Je sais que l'un des objectifs du livre que tu écris est d'aider ceux qui souffrent d'un manque d'amour et de compréhension dans les rapports qu'ils entretiennent avec leur famille de sang. Dieu nous a créés, nous sommes Ses enfants et Il nous demande de nous aimer les uns et les autres comme des frères ! Cela sur terre peut être inconcevable pour certains, mais ici quand nous évoluons, nous comprenons l'importance d'aimer et d'accepter l'autre avec ses défauts, ses limites.

Je suis là ce soir à tes côtés pour t'expliquer d'un point de vue personnel les implications que cette relation père-fils a engendrées spirituellement dans vos karmas respectifs. La différence fondamentale qui vous sépare est le niveau spirituel que vous avez l'un et l'autre. Dans une famille de sang, des esprits d'une évolution différente peuvent choisir de naître afin de résoudre un conflit antérieur lié à une vie passée, ou dans le but d'essayer de donner à l'autre davantage d'amour, d'affection qui jusque-là avaient fait défaut. Vous êtes des fils de Dieu, vous devez apprendre à faire preuve d'amour inconditionnel et apprendre à ne pas juger, à être dans la tolérance et l'acceptation de l'autre. Tu ne peux pas forcer l'autre à t'aimer car il a ses propres limites, mais tu peux faire ta part sans rien attendre en retour. La nature de la relation d'un enfant envers ses parents doit être le respect car ils lui ont donné la vie corporelle. Si l'enfant ne reçoit pas d'amour de ses parents, il ne lui appartient pas de les juger car seul Dieu connaît l'historique des liens les unissant aux vies passées. Les rôles peuvent en effet avoir été inversés dans un passé antérieur, dans l'expression de l'amour ou de ses opposés. L'importance est de vous améliorer dans un sens moral, intellectuel, spirituel avant de quitter cette terre. Je sais que tu n'as en toi ni animosité, ni ressentiment et qu'à ce jour tu es dans la compréhension et dans l'acceptation du rôle qu'il a joué dans ta vie. Nous ne gardons en nous que l'amour que nous avons donné lorsque survient le moment de la mort physique.

Je t'embrasse, mon Grand. »

Gabriel, pourrais-tu nous parler du moment de la séparation de l'âme et du corps physique ?

Gabriel : Qui d'entre vous n'a jamais pensé à la mort avec plus ou moins de peur et d'appréhension ? Que ce soit d'une longue maladie ou d'une mort plus brutale, vous connaîtrez tous un jour ou l'autre le moment de ce grand voyage. Ce n'est pas la mort en elle-même qui pourrait susciter la crainte chez certains, mais davantage la peur de la souffrance et du temps nécessaire à la séparation du corps physique. Les circonstances du départ ont été établies dans le plan de vie, avec l'aide du guide spirituel et l'accord de Dieu qui connaît les nécessités de la souffrance liées à chaque départ : tout est prévu, sauf dans le cas d'un suicide. Le lâcher-prise, la foi et la confiance en Dieu, la paix intérieure sont essentiels à un passage plus facile dans le monde spirituel. Il est préférable de ne garder en soi ni ressentiment, ni colère, ni peur, ni culpabilité, d'être en paix avec soi-même et avec les autres afin de réussir à être dans l'acceptation de ce moment inéluctable. Vivre chaque jour comme si c'était le dernier vous obligerait à prendre conscience de l'importance d'être sur le bon chemin.

Revenons à cette question essentielle de la séparation de l'âme et du corps physique. L'âme est reliée au corps physique par son périsprit, ou corps spirituel, et lorsque le corps de chair cesse de fonctionner, l'âme doit se dégager. Tu évoques précédemment ton expérience, lorsque tu t'es approché de la dépouille de la maman de Philippe, entouré de plusieurs énergies d'une force et d'une intensité que tu n'avais jamais rencontrées. La rupture des liens unissant son corps spirituel à son corps physique avait commencé. Cette séparation ou rupture peut parfois être rapide, mais aussi progressive ou lente, suivant l'attachement du corps spirituel au corps charnel. Il est important de préciser que cet attachement varie suivant l'évolution de l'âme incarnée et l'importance qu'elle a accordée toute sa vie à la matière.

L'homme de foi qui a consacré sa vie à faire le bien, à essayer de s'améliorer par un travail de rénovation intérieure en élevant ses pensées dans la conscience d'une vie spirituelle, épure son corps spirituel. Il connaîtra un détachement plus rapide de son corps physique, et ceci dans n'importe quelle circonstance de départ, que ce soit d'une maladie ou d'une mort rapide. L'esprit prend progressivement conscience de la réalité et sort d'un état de confusion comme celui que l'on peut ressentir dans une phase de réveil, après une anesthésie générale. Lorsque la mémoire de l'intervention nous revient, tout s'éclaircit. L'être humain qui à l'inverse n'a jamais pensé à l'existence de Dieu ni à une vie spirituelle, mais accordé une importance fondamentale aux biens de ce monde, renforce les liens entre son corps spirituel et son corps physique. Le temps de dégagement est alors plus long. Quand de surcroît les circonstances de départ sont brutales, l'esprit traverse, comme vous allez pouvoir le constater dans les psychographies, un long moment d'incompréhension quant à la réalité de sa situation. Il se trouve désorienté et confus. Vous devez prendre conscience de l'importance de vous détacher par la pensée des biens de ce monde pour ne privilégier que ce qui est dirigé vers l'amour et le don de soi aux autres. Ainsi, ce moment de trouble sera passager.

Pouvons-nous faire quelque chose pour ces esprits dans le trouble ?

Gabriel : Oui, bien sûr, grâce à la demande que vous pouvez formuler à Dieu avec des mots qui viennent du cœur, par la prière. L'esprit peut alors recevoir l'aide dont il a besoin pour sortir de cette période de confusion, de trouble, de dégagement. Priez avec ferveur pour l'âme qui vient de se désincarner afin qu'elle se libère facilement de la matière.

Cher Alain Joseph, je souhaite maintenant partager avec toi le moment de ma désincarnation. La mort a été pour moi un passage vers un état de légèreté indescriptible !

J'avais l'impression de flotter d'une manière légère, mes sensations étaient amplifiées par un amour que je ressentais et qui m'attirait. Je suis allé voir mes enfants. J'ai assisté à mon enterrement. Je n'étais pas seul, maman était avec moi, ma tendre et chère mère qui m'a pris dans ses bras, l'espace d'un moment intense en vibrations d'amour.

Le temps de dégagement de mon corps physique a été assez rapide. J'étais préparé à mon départ, je savais que j'allais mourir car j'étais malade. Quand le plan d'incarnation prévoit la maladie, l'être humain a le temps de se préparer à partir et le passage est souvent plus paisible. J'avais la foi, de par mes échanges avec le monde des esprits. Je passais à l'étape suivante ! Le retour au bercail ! Il est toujours plus facile de quitter la terre quand on est seul que lorsqu'on laisse derrière soi des enfants que l'on a aimés. J'ai été un père absent, comme je l'ai déjà dit, j'ai délaissé mes obligations familiales pour la médiumnité. J'avais fait le choix de cette faculté avec celui de la charge de famille. Trop lourd à porter ! Un médium doit être disponible pour les autres ! Et je ne l'ai pas été avec ma propre famille. J'ai bien sûr contracté des dettes karmiques…

Le passage a été une libération. J'ai ensuite petit à petit commencé à faire le bilan de ma vie, étape par étape.

Il faut être prêt pour cela. Certains esprits refusent de le faire dès leur arrivée et retardent ce moment important et inévitable. Tu peux dire que tu revois tous les actes que tu as posés durant ton parcours terrestre, et aussi toutes tes pensées ! Les bonnes et les mauvaises, et la répercussion de celles-ci sur ton entourage. Il faut faire attention à ses pensées, à ses paroles et à ses actions. Imaginez ressentir ce que vous avez fait à votre prochain, ou même ce que vous avez pensé de lui. Oh, les vilaines pensées qui injustement condamnent ! Je suis resté un moment à tourner autour de mes enfants, essayant en vain de leur faire des signes. Je savais que mon évolution m'amènerait à percevoir mes actes avec davantage de remords et de culpabilité car je n'avais pas été toujours dans l'amour inconditionnel. Mon caractère et ma personnalité faisaient de moi un homme orgueilleux et vaniteux. Je n'ai pas réussi à vaincre les faiblesses que je devrai, à nouveau, affronter dans une prochaine vie. En attendant, je suis auprès de toi, Alain Joseph, depuis plusieurs années. J'ai la permission de venir à tes côtés pour te guider et te protéger pendant le temps de l'étude de ma future incarnation. Je dois te dire que je suis dans la peine de n'avoir pas vu plus longuement ma famille. Je répète que je suis avec toi. Essaie toujours de faire de ton mieux car c'est cela qui compte. Par la peine et le mal qu'on se donne à s'améliorer, Dieu voit nos efforts.

Je reviens une nouvelle fois au moment de ma mort. Comme tu le sais, j'étais médium mais pas encore assez bon pour l'accepter ainsi que j'aurais dû le faire, en laissant la mort venir tranquillement à moi.

À cause des liens qui m'unissaient à la matière, j'ai été un moment dans le trouble de l'attachement à mon corps physique, y revenant par intermittence.

L'attachement aux biens terrestres, aux vices et aux passions crée également des liens forts avec le corps physique, avec la matière.

C'est pour cette raison que je vous invite à considérer votre évolution spirituelle plus importante que votre vie matérielle.

Quelle est la réaction de l'esprit profondément attaché à la matérialité, sans croyance en une existence après la vie terrestre ?

Gabriel : L'après-mort est une continuité de la vie pour celui qui ne se rend pas compte qu'il est mort ! L'esprit ignorant peut rester attaché à ses biens, à ses habitudes, à ses passions, à ses envies. Il erre ainsi sur un plan vibratoire proche de la terre, dans l'incompréhension de sa situation qui le fait souffrir. De par ses pensées et son ignorance, il ne prend pas conscience du monde spirituel qui l'entoure.

Je vous invite à essayer de le comprendre à travers les échanges qui vont suivre et la longue conversation que nous allons avoir avec des esprits issus de différents niveaux vibratoires. Ces derniers ont l'autorisation et le désir de venir nous parler du moment de leur mort physique ainsi que de leur situation dans le monde des esprits.

Alain Joseph : Y a-t-il une raison particulière au choix de ces esprits ?

Gabriel : Oui, certains d'entre eux ont besoin d'être réveillés dans de nouvelles prises de conscience pour pouvoir prendre une nouvelle direction dans le monde spirituel. Comme tu le sais, il incombe aussi au médium spirite d'aider les incarnés et les désincarnés dans un travail de libération.

Imaginez-vous être dans l'obscurité et voir une bougie s'allumer. Votre attention se portera aussitôt vers elle, vous attirant comme un aimant. C'est ainsi que l'esprit est guidé par la lumière éclairant l'environnement, et plus particulièrement par le médium.

LES INVITÉS DE GABRIEL

Une addiction au sexe,
psychographie avec Alex

Alain Joseph : Je ressens la présence d'un esprit, sans le voir ; alors que je l'évoque, son énergie m'incorpore pour me faire écrire…

Gabriel : Je te laisse en compagnie de l'esprit d'Alex.

« Oui, je souhaite te parler.

Je m'appelle Alexandre ; enfin, on m'appelle Alex.

Je suis un jeune de vingt-quatre ans.

J'avais toute la vie devant moi, enfin je croyais.

Plutôt beau gosse, j'ai bien profité des nanas.

J'avais envie d'avoir de plus en plus de relations éphémères, attiré je l'avoue par le sexe. Je n'accordais pas d'importance à l'amour.

Je viens te parler de mon histoire, afin qu'elle serve aux jeunes qui n'accordent d'importance qu'aux plaisirs éphémères de la séduction et du plaisir.

Je n'ai pas eu de religion, mes parents étaient athées, donc pas d'éducation religieuse.

Mon père disait : "Si le Bon Dieu existait, il n'y aurait pas de misère sur cette terre."

Moi, je m'en foutais.

Quand on parlait de curé et de pédophilie, je me disais qu'ils ne sont pas mieux que les autres.

Je n'ai jamais prié, je suis allé une fois dans une église et je n'ai rien ressenti. Ce jour-là, j'ai fait la teuf avec des potes à une soirée. Je suis de Marseille, les routes dans le Sud sont escarpées. J'avais la musique plein la tête, j'aimais la techno.

Je ne l'ai pas vu arriver, ce con, il m'a coupé la route à droite. La voiture a fait un tête-à-queue, ma tête a heurté le pare-brise, je n'avais pas mis la ceinture de sécurité.

J'étais à l'hôpital. Je regardais mon corps sur la civière, je ne comprenais pas. Qu'est-ce que je fous là ?

Un bref instant, les lumières des phares de l'autre voiture me reviennent, ils m'aveuglent avant ce terrible choc. Tout est allé si vite.

Je suis là, dans une chambre stérile, mon cerveau est déconnecté, mort cérébrale, baisse des activités neurologiques, encéphalogramme plat…

Je suis en dehors de mon corps, je suis surpris, je vois mes parents crier dans le couloir de l'hôpital. Papa enlace maman. Je leur dis : "Mais, tout va bien !"

Je suis à côté de vous ! Mais c'est quoi cette histoire, c'est quoi ce foutu truc de merde ? Qu'est-ce qui m'arrive ? Me voilà à la maison. Ma petite sœur pleure sur le canapé. J'avais pris de l'ecstasy ! Je suis de retour à la fête, je bois, je ris, je roule une pelle à la nana, puis le vide, le trou.

Je ne comprends plus rien, je commence à avoir les jetons. J'aperçois quelque chose de brillant au loin, mais je ne veux pas y aller. Et mon corps. Je suis à côté de lui. Je suis énervé, pourquoi ne bouge-t-il pas ? J'ai besoin de lui ! Comment vais-je faire pour emballer les nanas ? J'ai besoin de lui ! Ah, son allure. Je suis pas beau ! J'ai le visage tuméfié, je ne comprends pas, je ne peux pas bouger, je suis avec lui et puis ailleurs. Je suis sûrement dans un cauchemar et je vais me réveiller.

Maman crie : “Non, je ne veux pas d’autopsie ! Non, je ne veux pas !”

C’est quoi ce cirque ? Est-ce que je suis mort ? C’est ça la mort ?

J’entends : “Viens, Alex, viens me voir mon petit.” Mais je ne vois rien !

Je veux rester à côté de mon corps. Papa veut qu’on le brûle, maman préfère l’enterrement. Je les vois, ils se disputent dans la cuisine, mais je ne peux leur dire de se taire ! J’avais l’habitude de leur dire : “Fermez vos gueules !”

Mais ce n’est pas possible, je ne suis pas mort, je vis.

Je vois la foule des jeunes qui pensent à moi, ils sont surpris. Ils allument des bougies.

Je suis dans le cercueil, mon corps ne bouge plus, mais qu’est-ce que je dois faire ?

Et s’il s’abîme encore plus… ? J’en ai besoin.

Maman ne veut pas d’autopsie, le médecin légiste demande mes organes. Je ne veux pas. Je me tais.

On me parle, mais je ne vois personne. J’entends : “C’est mémé qui est là, viens, mon petit Alex.”

Il a fallu du temps, beaucoup de temps, avant de pouvoir me détacher de mon corps. Je ne peux dire combien car je n’ai pas cru, je n’ai pas cru en la survie, à Dieu.

J’ai été égoïste et j’ai fait pleurer plus d’une nana, je n’ai pensé qu’au sexe. Encore parfois, j’en ai envie et je me retrouve à épier des humains en action, mais un court instant car aujourd’hui j’ai compris et je ne veux plus me nourrir de ces vibrations liées à la sensualité, qui sont très basses. Je regrette. J’ai fini par retrouver les miens et ceux qui avaient les mêmes envies. Mais, j’ai pris conscience qu’il fallait changer mes pensées et que les addictions sont néfastes quand on s'y attache. Je veux que cela serve aux jeunes.

Maman saura de qui je parle. Merci, mon pote. »

Je remercie l'esprit d'Alexandre pour cet échange, fort instructif. Alex garde sa personnalité, son caractère et sa manière de parler. Il avoue en début de dialogue sa non-croyance en Dieu, affiche clairement son addiction au sexe. Il vit à travers ses conquêtes l'illusion du plaisir charnel et ignore le sens du véritable amour, tout simplement parce qu'il ne l'a pas encore en lui-même. Son attachement au corps physique est très fort. Son esprit ne semble pas conscient de sa situation dans le monde spirituel et se retrouve dans le trouble et la confusion de ses pensées. Les circonstances violentes de son départ et son ignorance spirituelle ne lui permettent pas de se rendre compte de la réalité de sa mort physique. Alexandre est surpris de voir son corps inerte et peine à comprendre qu'il en est séparé. Lorsqu'il va rendre visite à ses parents, il ne comprend pas qu'ils ne l'entendent pas. Il traverse une longue période de difficultés. Souffrant pendant un certain temps de ne pas pouvoir utiliser son corps physique pour assouvir des pulsions toujours présentes. Petit à petit, il se repent et prend conscience de son addiction à la sexualité, comprend les vibrations qu'elle dégage et la nécessité de s'en séparer. Alexandre aborde à son rythme le chemin de la compréhension du véritable sens de l'amour. Il est autorisé à adresser ce message aux jeunes, afin qu'ils réalisent l'importance de ne pas être dans l'addiction en les invitant à saisir les répercussions de celle-ci, à la grâce de Dieu.

*

Une addiction à la drogue,
psychographie avec Jackie

Gabriel : Merci, Jackie, de bien vouloir transmettre à Alain Joseph ce que vous avez à nous dire.

« Je suis Jackie.

Je suis de l'autre côté mais aussi à côté de toi.

On me demande de venir témoigner de mon expérience terrestre.

Ce n'est pas facile pour moi. Je suis ce qu'on appelle une toxicomane.

Je m'appelle Jackie, je suis en état de grande souffrance, aidez-moi !

Toujours la même scène qui se déroule sous mes yeux : je suis dans les toilettes, à côté de la cuvette, assise sur le sol, le bras tendu, une seringue dans le bras gauche.

Je suis âgée de trente-deux ans.

Je suis un peu soulagée de pouvoir discuter avec toi.

Je te demande de prier pour moi.

Je viens à peine de prendre conscience de l'état de ma condition dans le monde des esprits. C'est à la fois comme une torture morale et physique, et comme un mélange de chaud et de froid, bien que mon corps physique ne soit plus qu'un corps en état de décomposition.

Mes parents étaient très riches, cela n'a pas suffi à mon bonheur.

Durant mon enfance, ils avaient très peu de temps à me consacrer. J'avais tout ce que je voulais mais pas l'indispensable, leur amour.

J'ai commencé à sortir avec les garçons, j'aimais être désirée et je me sentais alors heureuse, en pleine forme et en pleine vitalité. J'étais le centre d'intérêt d'un petit groupe de jeunes étudiants à la faculté de médecine. Je ne voulais pas faire médecine. Je n'ai pas su dire non à mon papa, qui voulait que je suive son exemple.

Gary, un copain, m'a complètement envoûtée. Je dois vous dire que je suis française et américaine, je vis avec mes parents aux États-Unis. J'ai appris le français à l'école.

Gary avait des tas de copains et l'un d'eux fumait des cigarettes au début, puis du tabac, il est passé à la marijuana et à la cocaïne. Je suis allée à une fête où je suis tombée dans le piège. Ce soir-là, je voulais juste planer et faire l'amour pour la première fois, c'est la seule chose dont je me souvienne. Mais je regrette aujourd'hui de n'avoir pas su me contrôler. Je voulais me venger de mes parents, leur occasionner du souci et des peurs. Maman est une vraie bourgeoise et cela lui a fait peur de me voir dans ces différents états. J'ai commencé à me détruire.

Oui, je suis bien Jackie, et j'ai trente-deux ans.

Love is so beautiful, but not at all, indeed…

Je suis devenue comme vous dites "rebelle" mais je n'avais pas pensé une seule seconde qu'un jour j'allais partir d'une overdose.

Je suis ici dans un état de souffrance. Je n'ai jamais pensé à la mort, si ce n'est qu'elle représentait la fin de tout. Je suis arrivée à cette soirée dans l'idée de boire une série de gin-tonics, de fumer du crack et de faire l'amour avec John. J'étais furieuse après mes parents, qui étaient partis en voyage.

Les clefs de la voiture : ils avaient décidé de me supprimer le droit de conduire. Cela ne m'a pas empêchée de partir.

Je suis dans les toilettes plusieurs fois. Je suis malade, je sniffe une ligne de cocaïne. La musique m'enivre.

John veut refaire l'amour, je ne peux pas le repousser. Il est beau, John, mais pas intelligent. Je l'aime bien mais sans plus. Il me fait planer. Autre ligne de cocaïne, mal à la tête, palpitations, mon pouls s'accélère, trop vite, je me sens mal, je vais aux toilettes, cela passe. Les mêmes scènes de ma vie qui se répètent sans cesse.

Ce soir-là, j'ai voulu aller plus loin, jusqu'à me faire injecter de la coke dans mes veines. J'avais été enfermée dans une clinique par les parents qui pensaient me sortir de ma dépendance. *Not glad at all.*

Je suis morte dans les toilettes, cette vie n'a servi à rien ! Je suis mal maintenant, je me sens l'ombre de moi-même. Je suis à côté de mon corps mais à la fois toujours en lui. C'est abject. C'est horrible. Je suis le néant. Mais non, je suis en vie !

J'entends mes parents pleurer. Je vois mon père se servir plusieurs verres de whisky tous les soirs. Je culpabilise. Maman, elle a honte et peur du jugement des femmes de son club. Je suis dans un état de souffrance, j'ai raté ma vie. C'est un suicide, on me dit "suicide, suicide".

J'ai oublié de me décrire : je suis brune, les cheveux courts. J'ai les yeux noirs et j'aimais m'habiller en noir. J'aimais aussi me faire tatouer pour faire enrager maman.

17 août 1999, date de mon départ.

Je suis à peine consciente. Je pensais que j'allais rester indéfiniment dans cette souffrance. Je me disais : *"Forget, forget, it's impossible."* Les pensées se mélangent dans ma tête. J'aperçois le visage d'une femme puis son corps. Elle est entourée de lumière, elle vient vers moi. Je me sens coupable, j'ai détérioré mon corps, je devais vivre plus longtemps. Je suis restée une longue période dans la souffrance et dans les visions cauchemardesques de mes actes. Je te remercie Alain Joseph et vous tous de prier pour moi. Je sais maintenant. Petit à petit, je me suis repentie et je me suis tournée vers Dieu. Il a fallu du temps, beaucoup de temps, bien que pour moi le temps soit infini. C'est la lumière qui progressivement m'a envahie avec la douce chaleur qui réconforte. Je suis allée vers d'autres esprits partis comme moi et nous attendons de revenir sur terre refaire notre parcours, tout recommencer et ne pas faillir une nouvelle fois, expier et effacer les dettes que nous avons contractées.

Je n'ai pas voulu mourir, c'était un accident, mais c'est considéré comme un suicide.

Je suis avec toi, Alain Joseph, avec les êtres qui t'entourent aussi et l'un de tes guides, celui qui a de la barbe, Gabriel. Il me sourit et avec un regard plein de compassion m'invite à terminer ce dialogue par un message que je souhaite adresser aux jeunes qui vivent sur la terre : Même si la vie n'est pas facile, ne faites pas comme moi. Jamais cela ! Non ! Ne vous faites pas de mal ! Dieu nous a créés, nous a donné la vie corporelle pour évoluer vers lui.

Se faire du mal, c'est interrompre cette évolution normale.

Il me reste un long, un très long chemin à parcourir. Se pardonner reste très très difficile. Je demande pardon aux autres. Je dois partir. »

Je remercie Jackie d'être venue à notre rencontre, malgré les souffrances qu'elle connaît dans le monde spirituel, dues aux circonstances de son départ. Je remarque son grand manque d'amour tout au long de sa vie. Sa quête commence dès l'enfance par la recherche de l'amour de ses parents. Elle choisit l'envol négatif et destructeur de la drogue, et compense ce manque par la rébellion et la vengeance. Pour oublier sa souffrance, elle se réfugie dans les addictions du sexe et de la drogue, dans une véritable fuite en avant. C'est ainsi qu'elle se porte un coup fatal.

S'il est vrai qu'une overdose est souvent perçue ici-bas comme un accident, ce n'est pas le cas dans le monde spirituel où cette mort, consécutive à une autodestruction par la drogue, est considérée comme un suicide. Un suicide certes involontaire mais un suicide quand même. Comme vous pourrez le lire dans le chapitre consacré au suicide, il en découle un certain nombre de difficultés et de répercussions dans les différentes étapes suivant la désincarnation. Jackie devra, dans un long chemin de réhabilitation aux yeux de Dieu, se repentir, prendre conscience des différents points négatifs qui jalonnent son parcours. En faisant abstraction dans cette analyse des répercussions du suicide, qui seront traitées plus loin, je voudrais souligner ici deux points importants. Le premier concerne l'addiction à la drogue dont Jackie devra se défaire dans le monde spirituel et aussi dans une future incarnation, le second est la vengeance.

Jackie accumule de la rancune, du ressentiment parce qu'elle n'a pas été assez aimée par ses parents. Elle finira par vouloir leur nuire dans la vision du mal qu'elle se fait à elle-même. La vengeance dénote une grande imperfection de l'esprit, qui désire blesser l'autre, lui montrer à son tour ce qu'est la souffrance. C'est un acte contraire à l'amour. On y ressent toute l'infériorité des esprits imparfaits. Jackie sera victime de sa propre vengeance. Nous pouvons nous demander si derrière ce désir de faire du mal et de se faire du mal ne se cachait pas une influence occulte ?

Comme nous le verrons plus loin, les esprits peuvent en effet nous influencer lorsque nous avons en nous-mêmes des penchants identiques aux leurs.

Alain Joseph : Gabriel, pourrais-tu me parler du moment du bilan de vie ?

Gabriel : Plongé dans la félicité ou la souffrance suivant les actes posés au cours de son parcours terrestre, l'esprit est placé face à la réalité de ses pensées et actions, face aux répercussions que celles-ci ont pu avoir chez les autres. Il les ressent avec la même intensité de cœur et d'intention. Il n'y a pas d'erreur possible. À l'issue de ce premier jugement de l'esprit sur lui-même, il prend seul la mesure des conséquences de ses actes. Il n'y a alors aucun jugement de Dieu ni de la part du guide spirituel. Alain Joseph, que dit l'Évangile à ce sujet ?

Alain Joseph : Il est écrit, dans l'Évangile selon saint Matthieu, chapitre 7, versets 1 et 2 : « *Ne jugez point afin que vous ne soyez point jugés, car on vous jugera du jugement dont vous jugez, et l'on vous mesurera avec la mesure dont vous mesurez.* »

Gabriel : On comprend, à la lecture de cet extrait de l'Évangile, que celui qui a été tolérant et indulgent avec les autres se jugera avec le même degré de tolérance et d'indulgence. À l'inverse, celui qui toute sa vie a été intolérant et dur envers les autres le sera tout autant à son encontre. Cette analyse met en évidence les imperfections de l'esprit, ses faiblesses mais aussi ses vertus.

Cette première étape déterminera l'orientation vers différents stages ou formations que l'esprit choisira de suivre dans le monde spirituel afin de comprendre ses points faibles et de préparer au mieux sa prochaine incarnation.

Le manque de charité,
psychographie avec Marie

Gabriel : Alain Joseph, nous allons poursuivre ce dialogue avec plusieurs esprits qui ont l'autorisation et le souhait de parler de leurs prises de conscience dans le bilan qu'ils font de leur vie passée sur terre. Nous ferons séparément une analyse de l'échange reçu, afin d'en tirer un certain nombre de conclusions importantes dans la compréhension de ces différentes situations.

J'invite maintenant Marie à venir te parler de son expérience terrestre.

« Je suis Marie.

Je vous remercie de me laisser venir à vous.

Je suis née le 12 juillet 1789 à Pont-l'Abbé.

Je ne suis pas heureuse.

Je n'ai jamais pensé à Dieu.

Je n'ai jamais voulu faire d'effort.

Je n'ai jamais été dans une église, moi non plus.

Je suis née dans une chaumière,

Ma mère a quitté ce monde à ma naissance, dans les efforts de vouloir me donner le jour.

Je suis née dans une famille nombreuse de neuf enfants.

Ma grande sœur s'est occupée de moi.

J'étais pétillante de vie dans mes premières années, puis, petit à petit dans la souffrance du manque et à force de voir l'inégalité des conditions sociales des uns et des autres, j'ai abdiqué.

Dieu pour moi n'existait pas.

J'étais en colère de voir la différence entre ceux qui avaient de quoi manger, se vêtir, et ceux de ma condition de pauvre.

J'ai quitté la terre avec la non-croyance en un autre monde.

Je me suis rebellée, j'ai lutté, j'ai blasphémé, j'ai volé pour me nourrir, je me suis bagarrée avec les hommes, avec la vie.

J'ai cultivé des pommes de terre afin de me nourrir.

La vie s'est chargée de me faire encore souffrir quand j'ai perdu mes deux frères en mer. J'ai alors crié, j'ai insulté Dieu.

Quand mon heure est venue, je suis partie de vieillesse, le cœur usé et fatigué par beaucoup de labeur. Je suis morte à l'endroit même où je suis née : dans ma chaumière. Je suis restée un long moment dans ma maison, mon corps placé dans un cercueil en bois. Je n'ai rien compris. Je ne savais pas que je l'avais quitté.

Sans me rendre compte, l'obsession de ne pas quitter ma chaumière était celle qui m'empêchait d'évoluer. Je ne pensais qu'à mon lit, où j'étais morte, à ma maladie, cette longue et pénible maladie.

J'avais eu vent d'une grand-mère, Marie-Louise, qui elle aussi avait vécu les mêmes charges. Je fus étonnée de l'apercevoir à côté de moi à mon départ, dans l'incompréhension la plus totale, car elle était morte depuis des années. Je suis restée ainsi un très, très long moment car je ne voulais pas quitter ma chaumière.

J'apercevais au loin une lumière, mais je ne ressentais pas le besoin de m'en approcher.

J'ai suivi la charrette m'amenant au cimetière.

J'ai entendu les prières de deux voisines.

On m'a fait un trou dans la terre.

J'ai vu mon corps entre quatre planches.

Je suis restée ainsi, entre ma chaumière et mon cercueil.

J'entendais maman m'appeler, ma grand-mère et mes deux frères, mais je ne voulais pas quitter la terre.

Je ne voulais pas aller vers celui qui toute ma vie m'avait fait souffrir ! (Dieu)

Je suis devenue un esprit errant dans ma propre maison.

J'ai vu de nouvelles personnes venir s'installer, mais je n'ai pas voulu lâcher ma seule possession, ce bien familial où des générations de C. avaient vécu leur vie durant !

Je suis restée ainsi longtemps, longtemps. Combien de temps, à vrai dire ?

Les scènes de ma vie sans cesse me tourmentaient. Pour tenir bon, j'ai pris mon énergie chez les nouveaux occupants.

Un jour, j'ai vu un être de lumière me tendre la main, mais j'ai refusé de le suivre, jusqu'au moment où j'ai pris conscience que je n'existais plus de la même manière. Je ne pouvais plus attiser le feu dans la cheminée, vider mon écuelle ou la remplir pour me nourrir quand j'avais l'impression de faiblir !

Puis, je suis enfin partie vers la lumière. C'est un long tunnel sans fin que j'ai emprunté. J'avais le sentiment d'être libérée tout à coup des mêmes pensées, la lumière ayant éclairé mon chemin dès lors qu'au plus profond de moi-même je m'étais posé la question : “Et si Dieu existait, après tout ?” Si oui, n'était-il pas le moment pour moi de le comprendre ? Et c'est alors que je retrouvai les miens ! Maman est venue à moi et m'a entourée de son amour et mes deux frères partis en mer se sont présentés à moi, avec leurs casquettes de marin, dans une lumière d'amour indescriptible. Ils m'entourèrent de leur affection.

J'ai compris alors que j'avais erré volontairement et qu'il m'appartenait d'entrevoir la réalité de ce monde rempli d'amour

Je suis à côté d'un être qui se dit mon guide, et il me demande si je suis prête à le suivre. Il me dit : “Es-tu prête à comprendre le chemin de ta vie, celui que tu as mené sur terre ?” Malgré mon état de bien-être, j’appréhende ce moment que je ne comprends pas. Je sais que je peux décider du moment par lequel je dois passer, mais je pense : “Il me faut encore du temps.”

J’ai cru que Dieu n’existait pas, que la mort était une fin. Je m’étais tellement trompée… Je suis dans un état de fatigue extrême. Je revois ma vie.

Je suis celle qui est née il y a plusieurs années terrestres et à la fois spectatrice de ce vécu qui a été fait de souffrances.

Je suis cette Marie qui crie, qui se rebelle, qui vole, qui pleure, qui insulte Dieu et dans cet état qui me permet de ressentir les sensations, les émotions avec une intensité amplifiée.

Je suis à la fois heureuse et malheureuse dans l’analyse de ma vie sur terre, je revois tous les actes posés dans l’amour ou dans la haine, la violence, avec leurs répercussions chez les autres. Je ne suis pas seule, mais entourée de mes guides qui m’accompagnent dans cette analyse. Je me juge assez durement car j’ai fait preuve d’égoïsme, parfois même de cruauté, et tout cela par instinct de survie.

J’ai préféré garder mes pommes de terre plutôt que de les donner à ceux qui n’avaient pas à manger. J’avais peur du lendemain pour moi-même. J’aurais pu sauver quelques personnes.

Je n’ai pas été charitable et cela m’est insupportable, impardonnable.

Je suis une pauvresse de cœur.

Je suis une pécheresse dans la charité.

Je suis indigne de Dieu, qui est Amour !

J’ai eu le cœur dur et fermé à l’Amour.

Ma condition de vie difficile faisait partie d’un chemin tracé, mais le plus pauvre doit partager le peu qu’il possède et ne doit pas fermer la porte à la charité.

Je n'ai pas ouvert celle de ma chaumière, je n'ai pas ouvert la porte de mon cœur, je suis anéantie de douleur.

J'ai été un être perfide et égoïste.

Je n'avais pas d'enfants, donc pas de charges. Les miens s'en étaient allés.

Je suis dans la complexité de mes agissements.

Que faire maintenant pour réparer ?

Quand nous sommes sur terre, nous devons prendre conscience de l'importance d'aider notre prochain. Le fait de posséder des victuailles était pour moi une revanche sur la vie, une justice, une totale injustice aux lois de Dieu.

Je reviendrai racheter mes fautes en demandant de me donner l'occasion d'être généreuse, quitte à me priver moi-même pour donner à ceux qui ont faim.

Que Dieu me pardonne de ne pas avoir fait preuve de charité. »

Alain Joseph : Il est écrit, dans l'Évangile selon saint Matthieu, *« mais quand tu fais l'aumône, que ta main gauche ne sache pas ce que fait ta droite, afin que ton aumône se fasse en secret ; et ton Père, qui voit dans le secret, te le rendra. »* (Mt 6:3-4)

Alain Joseph : Gabriel, pourrais-tu me parler de la charité ?

Gabriel : Alain Joseph, prions pour Marie afin qu'elle se pardonne de ne pas avoir été charitable. La vie sur terre vous offre des opportunités d'être charitable. Combien d'entre vous ne saisissent pas l'occasion de faire le bien ? L'être humain considère souvent la charité comme le simple fait de donner une aumône pour se donner bonne conscience, et cela sans se préoccuper de son véritable sens. En donnant de façon ostentatoire, l'homme ne prend pas la précaution de ne pas humilier ou blesser celui qui reçoit. La charité doit donc s'appliquer avec le cœur et sans contrainte, discrètement, sans faire de bruit. Elle aura alors tout son sens et sa pleine valeur aux yeux de Dieu. Combien d'êtres humains se sentent obligés de montrer leur geste d'attention pour satisfaire leur orgueil ?

Certains d'entre vous prennent pour excuse qu'ils sont pauvres et n'ont rien à donner ! Détrompez-vous, car il existe différentes façons d'être charitable. Le véritable sens de la charité s'orientera toujours vers le don de soi aux autres. Cette aide peut être matérielle, sans aumône, mais aussi spirituelle, morale, intellectuelle dans les échanges que vous pouvez avoir avec votre prochain. Il pourra s'agir de consacrer du temps à une personne seule, malade ou isolée en lui tenant compagnie ou en l'aidant tout simplement dans son quotidien. Combien de malades souffrent dans vos hôpitaux davantage de solitude que de maladie ?

Les êtres humains qui pratiquent la charité sont toujours guidés par leur foi et le désir de faire le bien aux autres en s'oubliant parfois eux-mêmes, faisant ainsi preuve de bonté, de générosité, d'humanité, de bienfaisance, d'indulgence et de pardon. Certains d'entre vous trouvent alors un sens véritable à leur vie en comblant ce vide qu'ils ressentaient à l'intérieur. Les différentes caractéristiques de la charité trouvent toujours leur véritable source dans le cœur de l'homme.

L'indulgence, par exemple, est la capacité à pardonner, à excuser son prochain d'une blessure, d'une offense. Celui ou celle qui avance dans un cheminement spirituel se placera dans l'acceptation, essayant d'analyser la raison pour laquelle la personne agit ainsi, et cela, comprenez-le bien, sans se sentir en réalité blessé. L'indulgence s'accompagne alors de charité. Marie fait notamment preuve d'un grand manque de charité matérielle quand elle ne donne pas à ceux qui sont affamés. Sa prise de conscience intervient au moment où, faisant le bilan de sa vie sur terre, elle est amenée à revivre les scènes de son passé. Mais il est trop tard. Elle émet le souhait de réparer son erreur dans une prochaine incarnation, à la grâce de Dieu.

Le temps d'errance

Alain Joseph : Marie se trouve-t-elle toujours tourmentée en 2015 de ne pas avoir fait la charité à son époque ? Nous pouvons nous interroger sur le laps de temps qui s'écoule entre deux incarnations, mais aussi nous demander s'il est en quelque sorte proportionnel aux actes commis ? Y aurait-il une sorte de droit pénal spirituel ?

Gabriel : Dans de nouvelles prises de conscience, Marie relève ses imperfections comme le feront d'autres esprits qui viendront à notre rencontre dans cet échange. Elle souffre de la culpabilité liée à ses erreurs passées. Cet état varie toujours en fonction de la rapidité de prise de conscience du problème par l'esprit, de son repentir et de sa volonté à vouloir réparer ses erreurs. D'autre part, la notion du temps dans le monde spirituel n'est pas la même que sur terre. Ce qui pour vous serait une vie terrestre de quatre-vingt-dix-neuf années correspond à une simple parenthèse dans le monde des esprits. L'intervalle qui s'écoule entre deux incarnations n'est nullement proportionnel aux actes commis, exception faite du suicide, cas dans lequel le retour peut être imposé.

L'état d'errance peut dépendre de divers paramètres tels que la durée de dégagement du corps physique ou du trouble de la période qui suit. Mais aussi du temps de « guérison », du degré d'évolution de l'esprit, et de sa capacité à l'accepter et à la comprendre, pour atteindre la quiétude qui lui permettra d'envisager un nouveau plan de vie sur terre.

Laissons maintenant Eugénie nous parler de son expérience.

La fausse charité et l'égoïsme,
psychographie avec Eugénie de V.

« Je suis sortie de ce moment de trouble qui suit la mort assez rapidement car je m'étais préparée à partir. La maladie qui envahissait mon corps physique était fulgurante. La douleur tenace me faisait sortir de mon corps, et je voyais déjà les miens prêts à m'accueillir. J'avais la foi. Dieu avait été présent tout au long de ma vie dans mes prières. J'avais la certitude d'aller à cet endroit que nous nommions le Paradis.

J'ai été accueillie dans l'amour, c'est vrai, dans un monde où la beauté est indescriptible. Le monde qui m'accueillait pouvait refléter les splendeurs d'un paradis imaginaire où je suis allée me reposer après cette terrible maladie. Je me suis ensuite réveillée entourée de fleurs, de beauté, un être de lumière m'est apparu, celui que j'appelais l'archange Mickaël. Je suis allée vers lui, il m'a entourée de son amour, il était inutile de parler, la pensée suffisait à nous comprendre. Il me fit savoir qu'il était temps de faire le bilan de mon incarnation. Je l'acceptai avec appréhension.

Je pensais avoir été une bonne personne envers les miens. Je suis maintenant dans un état de relaxation et prête à revivre les moments de mon existence. La pensée s'impose devant le panorama de ma vie. Je suis née riche, je suis morte encore plus riche. Je suis habillée d'une longue robe avec une petite traîne, je porte un chapeau, je vis dans les beaux quartiers du

XVIe arrondissement de Paris. Je suis dans un hôtel particulier car je suis suffisamment riche pour cela. J'étais d'une condition sociale élevée qui pouvait m'amener à faire le bien autour de moi. J'en ai soudainement conscience, mais étrangement je pense aussi que je vais avoir à regretter certains de mes comportements.

Je suis au chevet de mon mari qui est mourant, je prie pour lui. Je suis très consciente qu'il me laisse sa fortune, il a toujours été pour moi d'une tendre affection. Pour moi, il était mon mari, celui qui était l'un des hommes les plus influents de la société et de ma condition sociale. Je suis celle qui s'occupe de sa maison, ou tout au moins celle qui donne des ordres aux domestiques. Je me revois dans ce décor qui a fait de moi une "dame de la haute bourgeoisie", mais avant tout, je suis aussi là dans ce nouveau monde en présence de mon guide et aussi de l'une de mes tantes chéries qui se tient à mes côtés ; elle a été comme une mère pour moi. Je sens l'émotion m'envahir quand je suis spectatrice de la fin de ma vie, où je vois mon âme quitter mon corps dans le confort d'un lit douillet, entourée de mes deux enfants qui pleurent quand je rends mon dernier soupir – je meurs d'une pleurésie.

C'est maintenant une scène qui s'impose à moi : je suis assise dans un fauteuil, on frappe à la porte et c'est une domestique qui demande un entretien. Elle sollicite une augmentation de ses gages et cela me paraît inconcevable ! Je la congédie avec deux ou trois mots tout en faisant quelques allées et venues dans la pièce.

Je fais sonner un autre domestique et je lui demande de s'assurer que Mlle Lefèvre quitte bien les lieux. Je suis étonnée à ce moment-là de revoir ce lointain et imperceptible souvenir qui pour moi n'a aucune importance, quand soudainement je me retrouve dans la chambre de bonne où je vois la domestique faire sa valise ; elle pleure, elle est anéantie de se retrouver sans travail.

L'émotion m'étreint, je suis à sa place, les pensées se bousculent dans ma tête. “Comment vais-je faire pour vivre, pour envoyer de l'argent à mes petits ? Je n'aurais pas dû demander cette augmentation ! Et pourtant, je ne méritais pas cela ! Je travaillais du matin jusqu'à tard le soir dans cette demeure où le confort et le luxe m'apparaissaient comme une injustice ! Pourquoi certains possèdent la richesse et d'autres pas ?”

Le cœur serré maintenant, je me rends compte que j'ai été égoïste ! N'ai-je pas eu un comportement injuste ? Qui suis-je pour avoir agi de la sorte ?

Je pensais avoir été une bonne chrétienne, je me revois à l'église priant pour les miens. Je me revois dans différents magasins de la capitale désigner du doigt mes achats que je demande à faire livrer. Je me regarde dans le miroir et caresse de la main droite mon visage, essayant de remarquer la naissance d'une nouvelle ride ! Tout au long de la journée, j'entends : “Oui, Madame – Bien sûr, Madame – Comme il vous plaira, Madame.” La réalité, la vérité me transpercent le cœur !

Je suis une femme égoïste, cupide, j'ai manqué à mes devoirs dans l'amour de mon prochain. Je me revois pourtant organiser des œuvres charitables, mais je donne pour montrer que je donne. C'est comme un jeu à celui qui a les moyens de donner encore plus. J'oublie de préciser que je suis dans la haute société des débuts du XIXe siècle. Les nouvelles découvertes ont fait de nous une famille riche et respectée.

Je m'appelle Eugénie de V.

Les scènes se multiplient à une vitesse et une intensité égales à mes attitudes passées. Les années se sont écoulées et je continue à constater que j'ai blessé les autres en leur faisant ressentir ma supériorité. Elles défilent devant mes yeux. Voici le début de ma vie sur terre.

Je vois une nourrice s'occuper de moi et maman qui m'embrasse avant de dormir. La fortune est déjà présente dans ma vie. La dot constituée par mes parents et un mariage arrangé par deux familles d'une même condition ont fait de moi une femme qui avait le goût de l'argent et du pouvoir. Mon mari possédait aussi une fortune personnelle, qui a été décuplée grâce aux nouvelles découvertes du début du siècle. Nous allions chaque été au bord de la mer où nous avions fait construire une autre demeure digne de notre condition. Voilà ma vie.

C'est aujourd'hui dans le remords que je vous transmets cette expérience terrestre durant laquelle j'ai fait preuve d'orgueil, de méchanceté, d'égoïsme, au lieu de faire preuve de charité avec les moyens en ma possession. Dieu dans sa bonté m'avait accordé la richesse et je n'ai pas su l'utiliser à bon escient. Je l'ai utilisée pour satisfaire mon orgueil. J'ai méprisé ceux qui ne faisaient pas partie de ma condition sociale.

J'ai vu leurs larmes, j'ai ressenti leur souffrance ! Je leur demande pardon.

Les êtres supérieurs et mon guide me font comprendre que cette vie n'a pas été exemplaire, elle succède aux imperfections de mes vies passées. Je suis honteuse d'avoir une nouvelle fois failli à mes devoirs. Je n'ai pas progressé. Je n'ose lever les yeux. Je me sens indigne de notre Créateur. Face à mon égoïsme, mon orgueil, ma cupidité, je me repens du mal que j'ai pu faire, je demande pardon.

Les êtres qui m'entourent m'insufflent cette pensée qui me bouleverse : "Il ne suffit pas de demander pardon pour être pardonné !" Dieu est miséricordieux, Dieu pardonne, mais il faut se racheter de ses fautes.

Vais-je réussir à me pardonner ? Tout ce temps perdu dans mon évolution et cette vie passée sur terre dans laquelle je viens de reproduire les mêmes erreurs. J'ose espérer que Dieu accepte que je puisse revenir sur terre et naître dans une famille pauvre, réussir à devenir une domestique et subir les brimades d'une maîtresse de maison.

Merci de m'avoir autorisée à témoigner à travers ce médium.

Soyez charitable, luttez contre votre égoïsme et votre orgueil.

N'oubliez jamais que chaque être humain est un enfant de Dieu.

Mes plus tendres pensées,
Eugénie de V. »

Alain Joseph : Merci à l'esprit d'Eugénie qui par ce long témoignage nous fait réfléchir aux imperfections que sont l'égoïsme, l'orgueil et l'incompréhension de la véritable charité. Quelles conclusions devons-nous en tirer, Gabriel ?

Gabriel : Prions pour que Dieu lui donne l'opportunité de se racheter lors d'une prochaine incarnation, en espérant que sa nouvelle condition l'amènera à de nouvelles prises de conscience. En revivant le jour où elle a congédié sa domestique, Eugénie a ressenti pleinement le mal qu'elle lui avait fait. Un moment fort en émotions. L'égoïsme est un fléau contre lequel l'être humain doit apprendre à lutter pour progresser. Amplifié par l'orgueil, il fait de lui un être spirituellement pauvre.

Dans son orgueil, Eugénie se sent supérieure aux autres humains et s'offusque de tout ce qui, selon elle, est une atteinte portée aux droits de sa condition.

Elle accorde un grand intérêt à l'argent, aux biens matériels, qu'elle considère comme essentiels à sa vie. Dans une attitude tout à fait égoïste et suffisante, elle sacrifie, sans aucun scrupule et à son unique bénéfice, les intérêts et le mérite de son employée. L'égoïsme et l'orgueil sont la négation de la charité. Eugénie croit faire la charité en donnant à des œuvres charitables, mais c'est une mauvaise charité car elle le fait de manière ostentatoire. Eugénie oublie ici un des enseignements de l'Évangile, pour lequel faire étalage de son acte de charité enlève aux yeux de Dieu tout le mérite du bienfait.

L'être humain est égoïste par nature mais à différents degrés. Si vous pouviez tous prendre conscience de votre égoïsme, vous feriez un grand pas vers un changement, vers une amélioration de vous-même et de votre société. L'homme n'a pas toujours conscience de ses pensées et de ses actes égoïstes. Cette révélation se fait souvent lorsqu'il expérimente la souffrance et comprend la réaction de ceux qu'il a pu blesser. Par son comportement, il réalise alors l'égoïsme dont il a pu faire preuve. Une fois faite cette avancée dans la compréhension d'un tel défaut, on doit réussir à le vaincre.

Chaque homme évoluant à son rythme, cette prise de conscience peut se faire plus ou moins tardivement. C'est par exemple le cas lorsque les proches que l'on côtoie (famille, amis...) ont le même défaut, parfois même à un degré supérieur.

Par orgueil, l'homme blessé réagira dans un premier temps avec le même égoïsme. Avec le temps et dans la logique de sa progression spirituelle, il finira par comprendre que ce sont des exemples à ne pas reproduire. Grâce à sa volonté, il travaillera aussi à améliorer son amour pour les autres, diminuant ainsi progressivement le degré de son égoïsme.

L'homme peut vaincre cette imperfection s'il s'efforce d'orienter ses pensées vers les autres, et non vers lui-même, et s'il agit pour l'intérêt de ses « frères » et pas pour son propre bien-être. Il doit vaincre ses mauvaises habitudes et ce mode de fonctionnement erroné en se mettant dans chaque situation à la place de son prochain.

L'égoïsme vient en partie de l'attachement de l'homme aux biens terrestres. Quand il comprendra le véritable sens de sa vie sur terre, il se détachera progressivement des liens matériels pour ne garder en lui que le but essentiel, celui d'être dans l'amour et le partage.

Alain Joseph : Gabriel, je remarque dans ces échanges que l'esprit semble avoir du mal à se pardonner. Serait-il plus difficile de se pardonner à soi-même que de pardonner aux autres ?

Gabriel : Le pardon envers soi-même fait partie d'une rénovation intérieure. La culpabilité est l'un de ses effets négatifs, elle se prolonge dans l'angoisse des tourments et trouve sa conclusion dans le désir de réparer. C'est la réparation des actes commis qui incitera l'esprit à se libérer du poids du passé. Se pardonner à soi-même, c'est aussi apprendre à s'aimer davantage. L'amour est le chemin du pardon, l'un n'existe pas sans l'autre.

[*Note d'Alain Joseph* : La précision apportée ici par Gabriel est intéressante. Si l'homme doit apprendre à s'aimer davantage, c'est qu'il doit aussi apprendre à ne pas totalement s'oublier au profit des autres. En effet, s'il s'oublie (même si c'est au profit des autres), il n'a pas pour lui-même autant de considération qu'il n'en a pour ses frères. Or, il est un homme au même titre que les autres, tous créés par Dieu.

Ne pas être égoïste ne signifie donc pas s'arrêter de penser à soi pour ne penser qu'aux autres mais cesser de ne penser qu'à soi et agir pour un bien qui est commun, dans le respect de chacun. De l'art de trouver le juste milieu...]

Gabriel : Nous sommes maintenant avec José, qui souhaiterait nous parler du pardon envers soi-même.

Le pardon à soi-même,
psychographie avec l'esprit de José

« Suis-je l'homme que je vois sur cet écran ? Je suis dans un état de relaxation, mais anxieux de voir ma vie car je sais au fond de moi-même que je ne suis pas une belle personne. Je vis dans la culpabilité, depuis toutes ces années. Je sais que je suis mort. J'ai fini ma vie seul et dans l'alcool. J'ai fini par mourir d'une overdose ! Je ne voulais plus vivre ! Ma femme avait quitté ce monde quelques années auparavant.

On me montre maintenant ma vie et ses conséquences. Je me vois rentrer du travail, ma femme et mes enfants sont à table. À mon arrivée, elle demande aux enfants d'aller se coucher, je me sens rejeté et agacé. Étrangement, aujourd'hui je ressens toutes les émotions des uns et des autres, la peur ressentie par mes enfants et celle de mon épouse. La scène se déroule sous mes yeux : je rejette l'assiette posée face à moi sur la table et je réclame à ma femme un verre de vin. Elle s'exécute, c'est à peine si elle ose parler ! Vision suivante : un autre jour, je la gifle, elle met sa main sur sa joue devenue écarlate par la violence du coup qu'elle a reçu ! J'ai honte ! Pourquoi ai-je fait cela ? Je me revois soudain petit, dans une même scène. Mon père a le même comportement avec ma mère. La violence du coup me revient ! Comment ai-je pu la frapper ? Quel déshonneur ! Quelle humiliation ! Je suis maintenant dans le moment le plus difficile de ma vie, ma tendre épouse est sur le point de mourir, je suis à son chevet, je lui prends la main. Je lui demande pardon ! Elle ne me répond pas, elle va s'en aller. Ô combien je regrette toutes ces années où je l'ai fait souffrir, mais maintenant c'est trop tard. Je l'aime tant, alors pourquoi ? Pourquoi ? J'ai le mal en moi ! Le mal de vivre, aussi, sur cette terre que je n'aime pas. Travailler, travailler et encore travailler. Le seul plaisir est le moment où l'alcool qui m'enivre me fait oublier ma vie dans un monde que je n'aime pas. Mais est-ce une raison pour faire du mal autour de moi ?

On me fait bien comprendre qu'inconsciemment, sans avoir réfléchi à mes actes, je reproduis le même schéma que mon père. Où est l'amour du prochain ? Il n'y a pas d'amour dans la violence verbale et physique. Non seulement j'ai maltraité ma femme physiquement, mais aussi psychologiquement en lui faisant comprendre qu'elle était "moins que rien" ! J'oublie de dire que je me prénomme José, je suis marin. Chaque jour qui passe, j'affronte la tempête, le danger. Je le fais car mon père l'a fait.

J'ai une fois côtoyé la mort de près, une vague a failli m'emporter. J'aurais dû y passer, trois pas en arrière dans la cabine m'ont sauvé. J'ai le cœur qui bat ! C'est avec une grande émotion que je revois cet instant, où je m'entends penser : "Merci, mon Dieu ! Je vais essayer, je vous promets de m'améliorer." Dieu m'a fait un signe, il m'a donné une nouvelle chance.

Je suis revenu à terre ce jour-là, je n'ai pas disputé mon épouse, je l'ai serrée dans mes bras. Sans dire un mot, elle a compris. Je suis reparti en mer, j'ai bravé la tempête. Et la routine a repris le dessus.

J'ai oublié la promesse que j'avais faite à Dieu et je me suis remis à boire.

Je suis à nouveau dans l'analyse de ma vie, je me retrouve au moment où ma femme a rendu son dernier soupir, je suis à côté de son corps et je lui tiens la main en lui demandant pardon. C'est trop tard. Je croise le regard haineux de mes enfants. Elle est partie, ma compagne. Elle est partie sans m'accorder le pardon, je continue à boire pour oublier.

La douleur est trop forte, la souffrance me tenaille, je suis dans la culpabilité et je ne peux me pardonner à moi-même. Mon esprit est là, face à cet écran où tout semble recommencer. L'angoisse de la culpabilité amplifiée, je me demande si je la retrouverai dans ce nouveau monde. Sera-t-elle assez bonne pour me pardonner ? Puis, un jour, j'ai moi aussi quitté la terre. Et je ne la vois pas, je ne l'ai pas vue venir à ma rencontre. Je sais que nous ne sommes pas au même endroit ! Je crois en Dieu, à ma manière. Durant ma vie sur terre, je faisais juste le signe de croix, c'était ma manière de prier. Je demande pardon à Dieu mais il ne me répond pas. Je reçois de plein fouet ces informations que j'ai oubliées mais qui font partie de ce que fut ma vie. Je ressens la peine que j'ai causée à mes enfants et la haine qu'ils ont dans leur cœur. À eux aussi, il me faudra un jour demander pardon.

Aurons-nous un jour ou l'autre la possibilité de tout recommencer, ensemble ou séparément ? Je sais que je dois travailler sur moi-même et qu'il me reste un long chemin à suivre pour trouver la paix. Je sais que je vais retrouver mon père qui, lui, est dans la même situation que moi. Je suis prêt à accepter d'avoir en retour le mal que j'ai fait, afin de comprendre ce que je n'ai pas su faire, être un bon mari et un bon père.

Puis mon aimée est enfin venue à moi. Elle m'a serré dans ses bras et elle m'a pardonné. J'ai pleuré, longtemps pleuré. Elle m'a aidé à comprendre que nous avions choisi ensemble de nous améliorer dans cette vie terrestre. Elle devait dans cette relation subir pour grandir ; quant à moi, je devais réussir à maîtriser cette violence que j'avais à l'intérieur. L'amour n'a pas été présent comme il aurait dû l'être. J'ai été un mauvais mari et un mauvais père, je le répète. Ma femme a évolué, elle est sur un plan vibratoire bien plus élevé que le mien. Elle a l'autorisation de venir m'aider. C'est un cadeau que Dieu me fait dans sa miséricorde, car elle a réussi à ne pas avoir de haine pour moi. Le jour de son départ, je lui avais demandé pardon, elle m'a expliqué que les forces lui manquaient, qu'elle n'avait pas pu répondre. Il y a toujours eu en elle de la bonté, elle est sur le chemin, dit-elle, de l'amour inconditionnel. Pour arriver à son niveau, il me faudra encore beaucoup travailler. Je suis soulagé enfin de son pardon, mais il me reste à attendre celui de mes enfants. Je suis un esprit tourmenté et je sais que je le mérite. Je l'accepte dans l'attente d'une nouvelle vie pour me racheter. Ce témoignage est en rapport avec le pardon, il faut demander pardon avant qu'il ne soit trop tard. Que Dieu nous entende.

Merci à Alain Joseph. »

Il nous est quelquefois plus facile de pardonner aux autres qu'à nous-même, de la même manière qu'il peut être plus facile d'aimer les autres que de s'aimer soi-même.

Chaque expérience de vie nous fait vivre des épreuves à l'occasion desquelles il est facile de tomber dans le piège de nos impulsions, de mal nous conduire, en mettant ainsi une à une nos imperfections en évidence.

La plupart d'entre nous marchent dans l'inconscience et ne se préoccupent pas de leurs pensées ou de leurs actions avant d'être confrontés à une épreuve, comme l'annonce d'une grave maladie, ou d'échapper par miracle à une mort accidentelle.

Les prises de conscience surviennent souvent dans ces moments-là. Parfois, remplis de bonnes intentions, nous nous mettons dès lors à lire des livres sur la spiritualité, ou nous nous tournons vers la religion. Progressivement, notre réflexion nous conduit à une phase de changement et vers l'acquisition d'un peu plus de sagesse. Nous réalisons les nombreuses erreurs que nous avons pu commettre mais nous ne pouvons revenir en arrière et nous pardonner à nous-même. « Comment ai-je pu agir ainsi ? Ah, si j'avais su… » Et nous plongeons alors dans la culpabilité, le remords, le repentir.

Ces sentiments peuvent nous poursuivre dans le monde spirituel quand, face au bilan de notre vie sur terre, nous ressentons la petitesse, la médiocrité de notre parcours.

Lors de contacts médiumniques, les esprits expriment leurs regrets, ils nous invitent à réfléchir sur nos attitudes. L'homme, dans son ignorance, n'analyse pas ses comportements, mais quand arrive la grande prise de conscience de ses agissements passés, il est toujours difficile pour lui de se pardonner et de ne pas être rongé par la culpabilité.

Il est toutefois inutile de se sentir coupable et de traîner avec soi les poids lourds du passé.

Nous ne pouvons plus agir sur notre passé, mais sur le moment présent et sur le futur, oui !

Faisons confiance à Dieu, demandons-lui la possibilité de racheter les erreurs que nous avons pu commettre, soit directement en demandant pardon à la personne que nous avons pu offenser, soit indirectement par la réalisation de différentes actions dans le bien. Ainsi, progressivement, nous rachèterons nos erreurs. Dans l'aide sincère à autrui, nous trouverons un apaisement de notre sentiment de culpabilité, nous parviendrons progressivement à nous pardonner.

N'oubliez pas que Dieu voit toujours les efforts et les actions sincères de ses enfants qui regrettent leurs erreurs. Si vous ne pouvez pas le faire totalement dans cette vie, vous le ferez dans les prochaines. Malgré le voile de l'oubli, la voix de votre conscience, si vous l'écoutez, guidera vos pas, et vous évitera de commettre les mêmes erreurs.

Se pardonner, c'est aussi s'aimer, c'est accepter de ne pas être parfait.

Nous aurons des opportunités de nous améliorer quand le désir naîtra en nous-mêmes. Nous avons une capacité différente, limitée, à donner, suivant l'éducation que nous avons reçue dans notre enfance en ce qui concerne les bases élémentaires de la bonté, de la générosité et du partage. Il nous appartient alors d'intégrer l'existence de ces limites, en comprenant que lorsque l'autre ne peut donner davantage, c'est qu'il a atteint le maximum de son potentiel.

Analyser son potentiel, c'est reconnaître ses limites pour pouvoir les surpasser. Se pardonner, c'est se dire que l'on est un être humain sur le chemin de l'évolution spirituelle, qui fera mieux la prochaine fois. C'est surtout ne pas se dire : « Je suis impardonnable, je suis coupable. » Cette affirmation est stérile et ne mène à rien. L'enfant qui a subi des maltraitances durant toute son enfance deviendra un adulte qui aura un grand manque de confiance en lui et d'estime de soi. Il lui sera difficile de se pardonner. Ce n'est qu'en faisant un travail sur lui-même qu'il réussira à briser les chaînes de son passé.

Gabriel : Marc aussi est présent, nous sommes heureux de l'accueillir, maintenant.

« Je suis un meurtrier, je ne suis pas en paix, je suis tourmenté.

J'ai tué "par amour" car je ne voulais pas qu'elle me quitte.

Je revois sans cesse cette scène où mes mains entourent son cou et serrent, je ne veux pas qu'elle me quitte. Mon Dieu, pardonnez-moi.

Qu'est-ce qui m'a poussé à faire cela ? Je n'étais plus moi-même.

J'ai payé à la justice des hommes, emprisonné toutes ces années terrestres.

Aujourd'hui, c'est la justice de Dieu. Je ne peux pas me pardonner.

Je suis dans le tourment. Je suis devant la violence de mon acte comme si j'étouffais de l'intérieur. Mon Dieu, pardonnez-moi. Je suis avec un être supérieur, qui connaît mes moindres pensées et mon repentir. Un long chemin m'attend car je dois réparer mes fautes. J'ai ôté la vie à une personne que j'aimais, je suis responsable !

Cette vérité m'est apparue : personne n'appartient à personne.

La jalousie maladive qui m'habitait m'a poussé aux extrêmes.

Je prie Dieu de me pardonner. Je ne peux me pardonner à moi-même.

Je suis dans une extrême souffrance que je ne veux pas décrire, je ressens aussi les angoisses de la culpabilité et la peine que j'ai créée aux autres.

Petit, j'étais gentil et affectueux, mais il ne faut pas oublier qu'un enfant peut devenir un démon. Mes parents se sont séparés, et j'ai ressenti l'abandon au plus profond de moi-même. Dans ma vie d'adulte, ce sentiment s'est transformé en peur de perdre l'autre et en jalousie. Cela m'a poussé au pire, je le comprends maintenant. Après avoir vécu un long moment l'enfer de la souffrance et des tourments, je suis maintenant dans l'acceptation de suivre un long chemin de réhabilitation. Je ne peux pas me pardonner à moi-même, je demande pardon aux parents de ma victime, envers lesquels je me sens débiteur. Je suis au regret de vous dire que je me suis pendu dans ma cellule. Je n'ai pas envie d'en parler, le résultat est le même, un long chemin m'attend dans la souffrance et les épreuves. Je l'accepte pour un jour me rendre digne aux yeux de Notre Père à tous.

Marc. »

Un autre esprit se présente, avec le prénom de Pierrette, et l'énergie me fait aussitôt écrire ce qui suit.

Psychographie avec Pierrette

« Je m'appelle Pierrette, je me suis fait du mal. Non, je ne me suis pas suicidée, mais toute ma vie, je me suis plongée dans la peur et la négativité.

L'angoisse permanente m'a rongée de l'intérieur.

J'ai attiré à moi un nombre incalculable de maladies qui m'ont fait plonger dans une profonde dépression dont je ne suis jamais sortie.

J'ai fait du mal aux miens, je le regrette. J'ai fait preuve d'égoïsme, d'égocentrisme. Je suis restée toute ma vie une victime, j'ai délibérément choisi de l'être. Oh, pardonne-moi, ma fille bien-aimée, entends-le bien si tu lis les quelques lignes de ce témoignage que je suis autorisée à faire à travers ce médium. J'exprime ici mes regrets les plus sincères. J'ai honte de ne pas avoir fait confiance à Dieu.

Je suis là maintenant devant la vie que j'ai menée sur terre, essayant d'en comprendre le sens. Je suis à la fois cette femme mais pas elle, et bien plus, je suis avant tout esprit. Je vois la femme que j'étais marcher sur terre comme dans un brouillard, celui occasionné par les antidépresseurs. Je me laisse porter sans réagir. Mon mental me crée des pensées négatives. Je ne suis pas aimée, je ne sais pas aimer, je me replie sur moi-même. Rien n'a d'importance à mes yeux, je suis une âme en peine qui n'a aucune joie de vivre sur cette terre. Je n'ai jamais obtenu ce que j'aurais voulu. Les autres ont le droit au bonheur, pas moi. J'ai pourtant un mari et une fille ! Je ne les vois pas. Voilà mes pensées. Je tourne en rond dans ma maison, le regard dans le vide. Je prends conscience aujourd'hui que j'ai fait preuve d'un égoïsme et d'un égocentrisme immenses. Je n'ai pensé qu'à moi-même et pas aux miens. Je vous supplie de me pardonner. Je suis morte. Les nerfs ont eu raison de moi. C'est ce que tout le monde a dit. Je n'ai jamais réussi à accepter le départ de maman quand j'étais petite fille. Je n'ai jamais réussi à m'e remettre. Je comprends aujourd'hui que je devais vi cette épreuve qui fait partie de mon parcours.

Je devais élever un enfant, avoir un mari, fonder famille, tout en faisant confiance à Dieu, en ayant l' poir de retrouver un jour ma maman. Pardonnez-m pardonne-moi Louis, pardonne-moi Marie-Thérèse, j' été une mauvaise mère, une mauvaise épouse. Je vou aime. Que Dieu me pardo d'avoir voulu échapper à mon karma, à mon plan e, à ce qui avait été prévu pour moi. Je me suis er dans la spirale négative de la dépression. Aujour comme je regrette ! Je n'ai pas avancé et je dois recommencer.

Merci.

Votre Pierrette. »

Le pardon aux autres et le pardon de Dieu

Alain Joseph : Mon très cher Gabriel, dans ces trois témoignages, je remarque deux points en commun : le pardon aux autres et le pardon divin.

José n'a pas pu obtenir le pardon de sa femme avant sa mort, car celle-ci n'avait plus la force physique de l'exprimer. Il est alors entré dans une forte culpabilité en comprenant le mal qu'il avait pu lui faire, comprenant aussi que, chère à son cœur, elle allait terriblement lui manquer.

Ayant attendu ses derniers instants de vie terrestre pour lui demander pardon, il a tout simplement cru qu'elle ne lui avait pas pardonné. Bien que l'ayant plongé dans le désespoir, cette [illegible]rrible épreuve n'a engendré chez lui aucune amé[illegible]ration de comportement. Il ne s'est pas rappro[illegible] de ses enfants et, obsédé par le rejet de sa dema[illegible] de pardon, a noyé sa culpabilité dans l'alcool.

[illegible]nt aussi avoir v[illegible] une grande frayeur [illegible]chappé à un acc[illegible] qui aurait pu être [illegible] survie était pour [illegible]n signe de Dieu. Il [illegible]l devait changer [illegible]çon de vivre, et en [illegible]me fait la promess[illegible]a femme. Une pro[illegible]u'il n'a pas tenue…

[illegible]t seul et [illegible]n ayant conscience [illegible] avoir reçu de par[illegible] sa femme ni de ses [illegible]ants, José arrive d[illegible]nde des esprits dans [illegible]e situation bien diff[illegible] rend compte du mal qu'il a fait à sa famille[illegible]'il n'a pas reçu beaucoup d'affection dans [illegible]nce et vu son père maltraiter sa mère, il avait[illegible]t le libre arbitre de ne pas reproduire le mêm[illegible].

Je remarque d'ailleurs qu'il n'a pas compris qu'il avait une part de responsabilité dans son alcoolisme et dans la détérioration de son corps physique. Dans le monde spirituel, ce genre de comportement autodestructeur est assimilé à un suicide inconscient. José n'a pas non plus pris la mesure de l'influence néfaste de son addiction sur les relations familiales.

L'esprit de Marc se trouve dans une situation bien pire. Le poids de la culpabilité, d'une souffrance indescriptible, se fait ressentir dans cet échange où il nous révèle avoir ôté la vie à un être cher avant de se pendre. Il souffre de ses actes et ne peut se pardonner à lui-même. Il est prêt à en assumer les conséquences, qui sont très lourdes dans le monde spirituel, et implore Dieu de lui pardonner. Il sait qu'une longue réhabilitation sera nécessaire pour retrouver un jour le chemin qui mène à Lui.

Quant à Pierrette, elle prend conscience dans le monde spirituel qu'elle a toute sa vie fait preuve d'égoïsme, d'égocentrisme et de négativité. Elle s'est repliée sur elle-même, fuyant tout intérêt pour la vie. C'est pour elle un constat d'échec. Elle demande grâce à Dieu. Pierrette ne se pardonne pas d'avoir fait du mal à ses proches et souffre de son incapacité à leur demander pardon car il est trop tard. Elle réalise l'importance du fait d'avoir, comme elle le dit, « tout à recommencer ».

Beaucoup d'entre nous affirment facilement avoir pardonné. Mais lorsqu'on nous demande d'approfondir, nous constatons encore de l'animosité au fond de notre cœur ! Certains disent : « Je pardonne mais je n'oublie pas ! »

Est-ce vraiment pardonner ?

Nous comprendrons par la suite qu'il n'y a alors ni authenticité, ni sincérité.

Pardonner, c'est oublier le plus rapidement possible les offenses d'autrui, c'est ne plus avoir de ressentiment en soi-même et c'est accepter l'autre tel qu'il est.

Comment pardonner ? Il nous faut pour cela nous mettre à la place de l'autre et essayer de comprendre son parcours, son évolution, ou de voir si l'amour lui a fait défaut. N'oublions jamais qu'aux yeux de Dieu nous sommes tous des frères et ne formons qu'une seule famille. Si nous ne pardonnons pas à l'autre, nous aurons dans le monde spirituel des difficultés à nous pardonner à nous-mêmes. Jusqu'à ce qu'un long travail d'épuration soit accompli, nous gardons encore en nous les pulsions négatives de la colère, de la vengeance, de l'égoïsme et de tous ses semblables, nous réfrénant dans notre évolution. Chacun, exprimant ces sentiments négatifs à des degrés plus ou moins forts, peut se heurter aux imperfections de l'autre, nous blessant dans une mesure plus ou moins grande.

Le voile de l'oubli nous empêche aujourd'hui de connaître nos liens karmiques antérieurs. Nous pourrions regretter au moment du bilan de notre vie de ne pas avoir pardonné à une personne qui, jadis, dans une vie passée, fut l'un de nos frères.

Dans la compréhension de la loi d'évolution, le pardon est un outil qui doit nous aider à progresser sur le chemin de l'amour inconditionnel.

Gabriel : Oui, c'est bien cela, Alain Joseph, les êtres humains sont souvent réunis par des liens karmiques des vies passées, dans l'expérimentation de la leçon de l'amour.

Prions pour José, Marc, Pierrette, afin qu'ils trouvent le chemin qui mène au repentir, au désir de la réparation et de la rénovation intérieure. Dieu, dans sa miséricorde, pardonne à ses enfants dans la mesure où ils désirent s'améliorer et trouvent la force

de vouloir se racheter. José, M
ront le pardon de Dieu car sa n
est juste, et infiniment bon. Ce
doit intégrer dans sa vie le par
à chaque blessure légère ou gr
dans l'apprentissage d'une des
Dieu a créées : la loi de l'Amou

Il est important de mettre en
don chaque fois que nécessaire ... ose
nous donne un exemple concret. ... souffert d'avoir
demandé pardon trop tard.

Le pardon est essentiel à l'amour et à la compréhension de son prochain. Il doit être accordé avec le cœur et non pas d'une manière ostentatoire. Pardonnez si vous voulez être vous-même pardonné.

Alain Joseph : Dans l'Évangile selon saint Matthieu (18:21-22), il est écrit : « *Alors Pierre s'approcha de lui, et dit : Seigneur, combien de fois pardonnerai-je à mon frère lorsqu'il péchera contre moi ? Sera-ce jusqu'à sept fois ? Jésus lui dit : Je ne te dis pas jusqu'à sept fois, mais jusqu'à soixante-dix fois sept fois.* »

Gabriel : Le mérite d'avoir accordé son pardon est à la mesure de la difficulté à pardonner.

Il est en effet toujours plus difficile de pardonner à son prochain lorsque la faute commise est grave ou quand ce pardon concerne un ennemi ou une personne qui vous a fait beaucoup de mal.

L'être sensible au pardon et à l'amour du prochain connaît la souffrance intérieure et ne la souhaite pas à son pire ennemi. Pardonner, c'est ne pas avoir de vibrations négatives à l'intérieur de soi, c'est pouvoir prier pour la personne qui vous a fait du mal et lui envoyer des pensées d'amour. Les difficultés à pardonner viennent souvent de l'ignorance de ce que l'autre a vécu, de ce qui l'a conduit à avoir sa personnalité et

… conduire mal, à vous blesser. La … son parcours de vie ou de son enfance …trait peut-être de comprendre les raisons …mportement, et de voir cette personne et ses …ments sous un nouveau jour.

…ardonner est un acte d'amour et de charité envers son prochain car, quel que soit son degré d'évolution spirituelle, il est aux yeux de Dieu l'un de vos frères.

Posez-vous toujours la question : « N'ai-je moi-même aucun défaut et rien à me reprocher ? »

Je vais maintenant te présenter Monsieur B., que nous invitons à venir nous parler. Il a gardé sa forte personnalité et reste ferme dans ses convictions !

Psychographie avec Monsieur B.

« On m'a conduit ici, à côté de vous. J'ai l'impression de rêver une nouvelle fois, on me demande de parler de ce moment que j'ai vécu : le bilan de ma vie sur terre. J'attends toujours mon retour là-bas ! Pourquoi dois-je vous parler encore une fois du bilan de mon existence ? Bon… Eh bien, si vous insistez !

Je suis devant cet écran, dans un autre temps, un autre espace-temps.

Je suis entouré mais je ne connais pas tout le monde, sauf un ancien professeur qui me sourit. Je me souviens de lui, nous avions étudié ensemble dans le passé, il m'avait beaucoup aidé à comprendre les lois de l'alchimie.

Je suis avec un être aussi qui dit être mon guide, il s'appelle Angie. Je suis surpris de voir l'éclat de sa bonté, de son amour pour moi, alors que je ne le connais pas.

Je suis sur le point d'étudier les événements de ma vie. Je suis bien, mais en même temps perturbé, c'est difficile à expliquer. Je sais que je dois passer par cette étape pour avancer. J'ai cru comprendre qu'ici, cela fonctionnait ainsi. Je suis un être intelligent, je comprends vite et j'analyse bien. On va sûrement voir ma réussite sur terre et j'en suis fier ! J'aurai peut-être de belles récompenses ?

Je suis heureux de ne plus souffrir, je pense à mes derniers moments.

Je me vois allongé sur un lit, je suis à l'hôpital.

Je pense que je ne suis pas le seul dans cette situation, après tout. Je n'ai aucune raison de m'inquiéter, le médecin va bien finir par trouver le traitement adéquat à mon problème de santé. Je suis souvent fatigué ces derniers temps, essoufflé, mais il faut dire que je travaille beaucoup. Il faut bien réussir à signer de nouveaux contrats !

Je n'ai pas beaucoup dormi et je sens le sommeil me gagner. Je fais un drôle de rêve.

Je me revois petit, avec maman. Elle me tient la main, elle était belle, maman. Je suis heureux de la retrouver, elle s'avance vers moi, me tend les bras, m'enlace, me sourit, puis elle disparaît. Je me réveille, je sors de ce beau rêve. Je regarde par la fenêtre de la chambre de l'hôpital, il fait nuit, j'aperçois la lumière des réverbères.

Une douleur fulgurante me perce la poitrine, j'ai mal, mais cela va sûrement passer, je pense aux propos du médecin : “Vous devriez ralentir la cadence de travail, Monsieur B. !” Je suis sorti de cet entretien en pensant : “Ah, les médecins, tous les mêmes ! Des vacances, comment veulent-ils que je prenne des vacances ?”

J'ai mal, la douleur s'intensifie, j'appuie sur le bouton. Mais, que m'arrive-t-il ?

C'est trop tard, je me vois quitter mon corps, je vois les infirmières qui se précipitent pour me faire un massage cardiaque, puis avec un défibrillateur. Le tracé est plat…

Je crois comprendre que je suis mort. Je suis mort tout seul ! Mais pourquoi cela continue-t-il ? Je suis mort et je vois mon cadavre !

C'est donc vrai, la vie, elle, continue…

Je ne sais pas combien de temps a passé ensuite avant de me retrouver devant les séquences de ma vie. Je me revois, je suis spectateur de ces derniers moments. Je ressens, aussi. Puissance dix mille ! Je capte toutes les pensées ! C'est incroyable !

Une autre scène s'impose à moi : Je suis à mon bureau, maintenant, j'ai deux secrétaires, je suis un homme important… Je suis propriétaire de plusieurs maisons et immeubles, j'ai réussi et j'en suis fier. J'ai cinquante-sept ans, je n'ai pas fondé de famille. Je n'avais pas le temps, j'avais trop de travail. Je suis devenu très riche, moi qui étais d'une famille modeste ; c'est une sacrée revanche sur la vie.

Je suis un homme riche.

Je suis un homme seul.

Je suis patron de plusieurs employés.

Je suis souvent sur mon ordinateur à vérifier mes comptes, j'investis aussi en Bourse.

Je me vois derrière mon bureau.

Je vois tous mes biens. J'ai réussi. Je suis dans cette scène où je vois du haut de ma tour les autres immeubles que je domine. Quelle fierté.

On me dit : “Qu'as-tu donc fait de ta vie ?”

Je réponds : “J'ai réussi, non ? Regardez tout ce que je possède.” “À quoi cela te sert-il, maintenant ?”

C'est alors que je réalise que je ne peux plus en jouir car je ne suis plus sur terre.

J'ai bien compris cela quand je suis mort, je suis allé voir la domestique, elle ne m'entendait pas, je croyais qu'elle était sourde !

Je pensais à un endroit, j'y étais, c'était aussi facile que cela. J'ai rendu visite à ma femme. Oui, je suis marié, mais séparé. Comme je l'ai déjà dit, je n'ai pas fondé de famille. On me montre ma femme qui pleure, je la reconnais bien. Ce jour-là, elle décide de me quitter car elle se disait ne pas être aimée. Elle avait tout pourtant, une belle maison, une belle garde-robe, deux voitures, une limousine et une décapotable, et cela n'a pas suffi. Elle est partie en me disant que je n'avais rien compris à la vie.

Mais je suis un homme d'affaires, moi ! Je connais bien les villes de Paris, Rome, New York, je parle couramment l'anglais, je suis un businessman, comme on dit.

Une voix intérieure m'interroge : "Qu'as-tu donc fait pour les autres ?" Est-ce la voix de ma conscience ?

Je réponds : "Quelle drôle de question ! J'ai travaillé dur et j'ai donné du travail aux autres." Je me retrouve soudainement spectateur d'une scène qui s'est déroulée dans le passé, à de nombreuses reprises.

Un homme d'un certain âge se met à pleurer devant moi dans mon bureau !

Je viens de le licencier. Il ne sert à rien. Il n'est pas productif, il est tout à fait normal que je le congédie. Je m'entends lui dire : "Passez à la comptabilité, on vous donnera votre solde de tout compte." Il me supplie de le garder, je lui réponds : "Non !"

Il dit avoir des enfants à nourrir. Et alors, ce n'est pas mon problème !

Je sais au fond de moi-même que je peux le garder, mais il a eu des problèmes de santé, et il est surtout contre-productif. Je préfère le remplacer par une personne jeune et dynamique. Le rendement avant tout ! Cela fait partie de la routine de ma vie, j'embauche, je débauche, je dois vous dire que c'est ainsi quand vous avez plusieurs sociétés. Une voix intérieure très forte me dit : “Regarde.”

Je suis surpris, je vois cet homme que je viens de congédier rentrer chez lui. Il parle avec sa femme qui pleure et qui dit : “Après toutes ces années, te faire mettre à la porte ainsi !” On me fait ressentir leur souffrance, je suis à leur place, je comprends.

Mais il le fallait bien. Je devais voir mes intérêts.

On me montre une autre scène où je vois un homme se jeter d’un pont. Lui aussi, je l’avais licencié. Je me sens très mal, mais est-ce de ma faute ? Alors, qu’est-ce que j’ai fait pour les autres ? Eh bien, je leur ai donné du travail !

On me dit que je ne comprends pas et qu’il me faudra revenir sur terre.

Je suis d’accord, je choisirai d’être un homme encore plus riche la prochaine fois.

J’étais obligé de venir vous raconter cela et c’est avec fierté que je vous parle de mon parcours. Prenez exemple !

Salutations,
Monsieur B. »

L’attachement aux biens matériels

Alain Joseph : Je suis surpris par le témoignage de Monsieur B. Cet homme a passé toute son existence sur terre à tout sacrifier, consacrant toute son énergie à sa grande réussite matérielle. Il a vécu en dehors de toute considération spirituelle, dans une totale amoralité. Il n’a aucune compassion vis-à-vis de ses employés, qui ne sont à ses yeux que des instruments pour mieux asseoir sa réussite matérielle. Il n’a pas compris que l’on ne se grandit pas en marchant sur les autres. Être de plus en plus riche, dût-il pour cela tout sacrifier : famille, honneur, morale. Il est très lucide quant à sa condition de défunt. Il revoit les événements marquants de sa vie qui devraient l'aider à prendre conscience de ce qu'il a raté dans son parcours sur terre, mais il reste enferré dans la conviction qu'il a réussi sa vie par l'accumulation de toujours plus de biens, grâce, pense-t-il, à lui et lui seul. Il est aveuglé par son orgueil, sa vanité et son absence de charité vis-à-vis de son prochain. Il est imbu de sa personne et s'abreuve de l'admiration qu'il porte à lui-même (sa dernière phrase en est l'illustration : « C'est avec fierté que je vous parle de mon parcours, prenez exemple ! ») D'autre part, Monsieur B. ne comprend pas les questions de son guide, qui essaie de provoquer chez lui des prises de conscience. Il reste figé dans ses certitudes, persuadé d'avoir fait du bien en donnant du travail aux autres. Tourné essentiellement vers l'aspect matériel de la vie, il dit être heureux de revenir sur terre pour être encore plus riche !

Gabriel : Monsieur B. est attaché profondément au matériel, dans son ambition, sa cupidité, son orgueil, son égoïsme, sa vanité. Il vit dans l'illusion de pouvoir une nouvelle fois posséder la richesse, obsédé par les possessions terrestres. Il ne réalise pas les difficultés qu'il va rencontrer dans sa prochaine incarnation, pour atteindre les vertus de la générosité, de la charité et surtout de l'humilité… On demandera toujours à l'homme riche ce qu'il a fait de sa fortune. A-t-il été charitable ou a-t-il usé de celle-ci pour assouvir ses propres besoins ?

Je voudrais aujourd'hui te présenter M. le comte de M. Cet esprit est aussi très fortement attaché à la matérialité et ne veut en aucun cas perdre son statut social ni quitter ses terres !

« Je suis propriétaire terrien. Je suis un noble et l'on me craint.

Je possède un château et plusieurs dépendances.

Je suis un châtelain respecté et je descends d'une longue lignée de nobles. Je descends du roi Louis XIV. On me demande de venir vous parler…

Plaît-il ? Vous parler de ce que fut ma vie sur terre ?

Je porte une veste et un pantalon de chasse, je parcours mes terres pour faire la visite de mes gens. Je réclame le loyer dû à chaque début de décade.

Je suis un homme rusé, méchant et qui fait peur. Je dois me faire obéir.

Je chasse les paysans si leur conduite m'insupporte.

Je veille sur mes fermages.

Ce qui m'importe, c'est de recevoir les deniers de mes terres, malgré les cris, les pleurs, les coups de fusils. Je n'hésite pas à demander beaucoup à mes serviteurs.

Je me tiens droit sur ma monture, je chasse à courre et j'y invite seulement les gens de ma condition.

Je suis d'un sang noble, celui d'un descendant du roi coule dans mes veines.

Je suis, me direz-vous, dans la qualité de la suffisance. Je tiens ces droits de mes ancêtres. Ce nigaud de paysan m'a placé une balle dans la tempe droite.

Je suis à terre, dans la cour de l'une de mes dépendances, mort.

Il avait été longtemps question de chasser cet homme.

J'ai été contraint et forcé d'abdiquer devant ma Dame qui ne voulait pas culpabiliser de voir cette famille de paysans à la rue, sans logis. Je suis mort, mais je suis encore là, en vie.

Je me nourris des énergies de ceux qui m'entourent car je ne quitterai jamais mes terres ! On me demande de venir à vous et je ne sais que vous dire.

Je ne peux pas avancer, car je ne veux en aucun cas perdre mes privilèges !

Je n'ai pas le désir de faire le point sur ce que fut ma vie auparavant.

Victime de ce paysan, je le harcèle ; il ne tire ainsi aucun plaisir de ses méfaits. Ces terres me viennent de mes ancêtres, gagnées durement par des combats aux colonies. On me dit que le château n'est plus dans la beauté de son passé, que les terres ont été cédées et que le temps a simplement laissé la trace d'une vie pleine de richesses, désignant les privilèges accordés aux nobles.

Vous autres, qu'avez-vous compris ? Nous ne sommes pas égaux.

Je suis au regret de ne pas vous satisfaire en cédant à cette remise en question !

Je sais qu'il me faudra un jour gagner la lumière, mais je refuse pour l'instant. Les générations à suivre ont besoin de mon influence. Elles semblent conquises dit-on par le modernisme, mais elles doivent retrouver la dignité de leur rang. Je suis attaché à ma condition et à mes terres, plaît-il.

Je vous salue, Monsieur ! »

L'esprit s'en va, puis revient :

« Je suis venu vous dire ma condition. On me demande de le faire, afin de comprendre ma situation, qui est celle d'un esprit errant attaché à sa condition.

Je sais que vous souhaitez que j'aille vers la lumière, mais je me dois d'être honnête, je n'ai pas trouvé un homme de Dieu à qui confesser mes péchés.

Je suis croyant, nous avons une chapelle au château.

Je suis plongé dans l'incompréhension de ma vie et dans la continuelle envie de me venger de ce paysan qui m'a enlevé le plaisir de goûter aux sensations que me procurait mon corps. Il a dû subir l'influence de mes pensées toute sa vie.

Je sais que c'est un délit aux yeux de Dieu.

Je suis le comte de M. »

L'orgueil

Alain Joseph : Cher Gabriel, je suis encore surpris de constater l'orgueil de cet esprit qui se sent supérieur aux autres. Il ne veut pas quitter sa situation, de peur de perdre ses privilèges, qu'il croit toujours posséder ! Il vit dans une fausse réalité, dans un plan vibratoire proche de la terre. Pour rester sur ce plan, il dit vampiriser les énergies des vivants. Il avoue obséder son agresseur en l'influençant de ses pensées, par esprit de vengeance. La colère que l'on ressent en début de dialogue semble s'adoucir quand il réalise le mal qu'il a fait. Est-ce le début d'un repentir vis-à-vis de Dieu ? Je devine clairement l'aide que vous lui avez apportée en l'autorisant à venir me parler.

Gabriel : Ces dialogues conduisent progressivement l'esprit à ouvrir les yeux sur la réalité de sa situation dans le monde spirituel. C'est le début d'un repentir qui l'amènera à vouloir racheter ses fautes et à progresser vers une nouvelle incarnation.

Je souhaite à présent vous parler de l'imperfection de l'orgueil. L'homme orgueilleux a le sentiment profond d'être supérieur aux autres en raison de sa position sociale, culturelle ou familiale. Il en tire les avantages et se positionne comme un être à part, différent des autres. Il pense être supérieur et n'avoir de comptes à rendre à personne. Dans ses comportements, il met en avant deux autres de ses défauts : l'égoïsme et l'égocentrisme.

L'orgueil, l'égoïsme et l'égocentrisme sont étroitement liés les uns aux autres et prennent leur source dans un amour immodéré de soi-même.

Manipulé et séduit par l'influence de la matière, l'homme orgueilleux concentre ses efforts à vouloir toujours posséder davantage d'argent, de pouvoir, de plaisir pour lui-même. Il tombe souvent dans les abus des passions de la vie terrestre. Il ne fait pas de travail d'introspection et ne se pose pas de question sur le véritable but de l'existence sur terre. Il pense que ses possessions lui viennent d'un héritage, de ses ancêtres, ou du mérite de ses efforts personnels, mais nullement de Dieu. Sa supériorité n'est que le fruit de sa propre analyse. Il considère les épreuves de la vie comme le fait du hasard et non comme des signes l'incitant à changer de comportement.

La cause de son orgueil vient souvent de ce qu'il croit qu'il n'y a personne au-dessus de lui. Il n'accepte aucun conseil, lui seul a raison et détient la vérité. Il peut se fâcher, se mettre en colère et afficher un profond mépris pour ceux qui ne pensent pas comme lui. Pour que l'homme orgueilleux cesse de se croire supérieur, il lui faudra se rendre compte qu'il est l'égal de ses semblables, même si son incarnation le favorise sur certains points.

La loi de la réincarnation finira par l'aider à comprendre qu'il est passé par différents stades d'évolution inférieurs à la position qu'il occupe. Pour avancer spirituellement, il devra bannir ce défaut. L'homme orgueilleux à différents degrés rencontre souvent des difficultés dans l'amour. Il ne se sent pas digne d'en recevoir, donc d'en donner, et rencontre des difficultés à se laisser porter dans une relation sincère et authentique. Mais l'amour parfois fait des miracles. Dieu place sur sa route des êtres pour l'aider à prendre conscience de ses imperfections.

La première étape vers un changement est toujours la prise de conscience du défaut qui l'habite. La deuxième consiste à essayer d'en discerner les manifestations dans ses comportements quotidiens et la troisième étape est de réussir à les maîtriser. Il faut du temps pour que l'homme ne tombe pas dans le piège de l'orgueil, qui est le contraire de l'humilité. Pour ce faire, il devra mener à bien un véritable combat en devenant humble, charitable et bienveillant envers son prochain. Il verra alors petit à petit disparaître ce défaut en acceptant, dans différentes vies, les brimades, les humiliations des autres, et fera ainsi taire ses pulsions. Dans la compréhension des imperfections des autres, il fera preuve de tolérance, d'indulgence envers son prochain. Ce combat est d'autant plus difficile pour l'homme lorsqu'il traverse des épreuves.

Le sens à donner à nos épreuves

Gabriel : Lors de chaque réincarnation sur la terre, l'âme doit traverser un certain nombre d'épreuves pour avancer sur le chemin de l'évolution spirituelle. On doit essayer d'en comprendre le sens.

Une partie de ses épreuves dépend d'un plan de vie déterminé en avance, pour atteindre des objectifs bien précis, dans le sens d'une amélioration intellectuelle, morale et spirituelle. Nous avons évoqué précédemment la loi de la réincarnation, par laquelle l'homme trouve une explication logique à toutes les inégalités de ce monde terrestre et comprend qu'il ne peut achever son évolution en une seule vie. Pour comprendre le sens de ces épreuves, il est important de ne pas oublier d'étudier la loi de causalité, également appelée « loi de cause à effet ». Cette loi divine enseigne à l'homme qu'il reçoit en retour les effets des actes qu'il a pu poser, soit dans le passé de sa vie présente, soit de ses précédentes incarnations. Ces dernières se produisent avec la même intensité de cœur, de force et d'intention (dans le bien ou dans le mal) que l'acte qui en est la cause.

Les épreuves ou les récompenses qu'il doit connaître ne sont donc ni plus ni moins que le fruit du libre arbitre.

Comme le démontrent ces différentes psychographies, l'âme, dans son évolution, commet souvent des erreurs en enfreignant plus ou moins volontairement les différentes lois de Dieu. Elle se créée ainsi des dettes karmiques qu'il lui faudra réparer à un moment ou à un autre de son parcours.

La demande de pardon faite à Dieu

Alain Joseph : Demander pardon à Dieu ne suffit-il pas ?

Gabriel : L'homme enfreint les lois de Dieu et blesse ainsi sa conscience d'un nombre incalculable de péchés. Il demande à Dieu de lui pardonner ses fautes, souvent en allant prier à l'église, afin de soulager son âme de ses afflictions. Il se confesse et pense être pardonné mais cela ne l'empêche nullement de recommencer les mêmes erreurs ! Si Dieu pardonnait les fautes de ses enfants sur simple demande, à quel moment l'homme réaliserait-il les conséquences de ses mauvaises actions ?

La loi de cause à effet permet à l'homme de comprendre la souffrance morale ou physique qu'il a lui-même infligée à autrui dans le passé. Parvenu à un certain niveau d'avancement spirituel, l'esprit acquiert la conviction de la réelle importance de s'améliorer dans son monde, afin de mériter, un jour, une place auprès du Créateur. Il souhaite alors ardemment régler les dettes qu'il a contractées. Il sait désormais qu'il ne suffit plus de demander pardon pour se faire excuser. Il se souvient de son insouciance, de son ignorance, du mal fait à ses semblables, et le regrette dans une souffrance morale.

Dans le moment de l'élaboration du plan de vie, l'esprit dispose de son libre arbitre. Il aura ainsi la possibilité de choisir, avec l'aide de son guide, une vie plus ou moins chargée en épreuves difficiles afin de se libérer plus rapidement des dettes qui entravent son évolution. En effet, quand les conséquences de celles-ci sont trop lourdes à porter, Dieu, infiniment juste et bon, donne à son enfant le droit d'étaler et de réparer ses erreurs sur plusieurs incarnations. Ce choix s'orientera vers la réparation des offenses faites aux autres, afin de vivre ce qu'il leur a fait subir par le passé, dans une forme d'expiation. Demander pardon à Dieu ne suffit donc pas à se libérer de ses fautes ou de son passé…

Alain Joseph : Dans le monde spirituel, l'esprit conserve sa personnalité, sa manière de penser et aussi ses intentions pas toujours louables. Bernard, comme vous allez le voir dans l'échange qui va suivre, est l'un de ceux qui refusent de se remettre en question, obsédé par la haine, la vengeance, le désir de continuer à nuire.

LE DIALOGUE DEVIENT UNE CONVERSATION À TROIS

L'esprit se présente à nous sans même nous dire son prénom. Il me fait écrire ceci : « Je suis en colère, je veux me venger de tous ceux qui m'ont fait du mal ! »

Alain Joseph : Bonjour, est-ce que vous savez que vous êtes mort ?

Réponse : Oui, je crois, enfin je ne comprends pas pourquoi on me demande de venir ici ! Je peux voir cet homme qui écrit, on dirait qu'il m'entend et capte mes pensées.

Guide : Je suis Gabriel, je vous demande de parler à Alain Joseph, qui est médium. Nous allons vous aider à lui transmettre votre témoignage, si vous voulez bien. Qu'avez-vous à nous dire ?

Réponse : Je suis en peine de comprendre pourquoi je dois venir ici ! Pourquoi dois-je témoigner ? J'ai autre chose à faire, je dois surveiller les miens ; je veux faire payer mes enfants ! Eh oui, ne vous étonnez pas, je parle de mes deux enfants !

Alain Joseph : Comment dois-je vous appeler ?

Réponse : Je m'appelle Bernard, vous n'avez pas besoin d'en savoir davantage.

Alain Joseph : Peu importe, Bernard, si vous ne donnez pas votre nom de famille. Puis-je vous demander pourquoi vous êtes en conflit avec vos enfants ? Pourquoi cette colère ? De quoi désirez-vous vous venger ?

La colère et la vengeance,
psychographie avec Bernard

« *Bernard* : Ils m'ont précipité dans la mort, désirant ma fortune. Je me vois encore me débattre contre les actions qu'ils voulaient entreprendre pour développer nos sociétés. Je me suis disputé violemment avec mon fils aîné à maintes reprises. Je l'ai souvent traité d'incapable. Je l'ai humilié et rabaissé dans ce qu'il voulait entreprendre. J'ai toujours considéré que son cadet était plus capable que lui. Je suis en colère, je le vois assis derrière mon propre bureau, à ma place.

Alain Joseph : Pourquoi cette colère en vous ? Elle ne devrait plus exister, vous n'êtes plus de ce monde, la colère n'a plus de raison d'être !

Bernard : Oh que si ! La colère me sert à me venger. Je suis de toute façon d'un tempérament colérique. Je suis un homme d'affaire qui doit se faire respecter de sa famille. Je dois donc agir avec dureté et tempérament. C'est vrai, je les ai frappés quand ils étaient petits afin qu'ils m'obéissent. Cela a marché un certain temps.

J'étais un homme violent avec ma femme aussi, surtout au début de notre mariage. Elle s'est soumise à mes désirs.

Je suis un homme infidèle. Je n'ai pas honte de l'avouer. J'aime les plaisirs des sens. J'aime séduire et fréquenter celles qui me donnent du plaisir.

Je suis en colère, je ne peux assouvir mes besoins, maintenant. Je suis près d'eux, je vois mes enfants.

Je revois le moment de ma mort.

Ils sont heureux et moi pas. Je suis mort d'une maladie du cœur, un infarctus du myocarde. Le stress, toujours le stress ! Ils ont tout fait pour me pousser à bout avec l'intention que mon cœur lâche. Que voulez-vous que je vous dise de plus ?

Alain Joseph : Continuez, s'il vous plaît. Pensez-vous qu'il soit utile de rester en colère ? Avez-vous réfléchi sur ce que la colère peut vous apporter dans le monde où vous êtes ?

Bernard : Mais je le vois, mon fils, cet incapable, diriger à ma place. Comment voulez-vous que je ne sois pas en colère ? Il dilapide l'argent dans de mauvais investissements. De plus, il est en conflit permanent avec son frère. Oh ces deux-là ! Ils se détestent. Il est vrai que j'attise un peu la haine qui existe entre eux. Je les influence, à tour de rôle, pour qu'ils fassent des erreurs, créant davantage de conflits. Je les ai vus un jour se battre et leur mère se cacher le visage dans ses mains.

Alain Joseph : Êtes-vous heureux de faire cela ?

Bernard : Non ! Je ne suis pas heureux de faire cela, mais ils ont tout ce qu'ils méritent. La discorde, la haine, ils finiront par se détruire, je ris, je ris.

Alain Joseph : Savez-vous que vous retardez votre évolution spirituelle en agissant ainsi et que le mal que vous leur faites se retournera contre vous ? Vous serez obligé un jour ou l'autre de réparer.

Bernard : Cela m'est égal, je veux qu'ils paient !

Gabriel : Alain Joseph, nous pouvons ensemble dire à Bernard qu'il se crée en agissant de la sorte une future incarnation difficile. Il sait qu'il fait du mal.

Alain Joseph : Bernard, il vous faut pardonner à vos enfants. Vous devez essayer de réaliser comment vous en êtes arrivé là. Il est temps de réagir. Allez-vous continuer à influencer vos fils dans de mauvaises orientations et susciter entre les deux frères davantage de ressentiment et de haine ? Vous devez comprendre les liens qui vous unissent à votre famille.

Bernard : Je sais, et alors ? Pour l'instant je suis ici, j'aime les voir pleurer et souffrir. Vous m'aidez à comprendre que je suis un esprit errant en colère. Je verrai après. Vous ne pouvez pas me faire changer d'avis. »

L'esprit de Bernard m'interpelle dans sa volonté à ne pas vouloir entendre ce que nous lui disons. Il n'y a ni demande de pardon, ni remords, ni repentir. La haine, la colère habitent cet esprit qui n'a que la vengeance pour obsession. Il semble impossible à travers cet échange de l'aider à prendre conscience du mal qu'il fait à sa famille de sang, et du mal qu'il se fait à lui-même. Il n'entrevoit nullement l'avenir ni l'espoir. Il choisit d'influencer ses fils à faire de mauvais choix dans le but de les faire souffrir.

Cet esprit devient de ce fait un esprit « obsesseur ». Si ses enfants portent en eux les mêmes caractéristiques, c'est-à-dire la même manière d'agir et de penser, l'obsesseur pourra atteindre ses objectifs dans le mal car ils seront alors dans la même vibration.

En revanche, si ses enfants ont évolué dans l'amour et le pardon, l'esprit de Bernard ne pourra pas agir et atteindre son but.

La haine est un sentiment profondément négatif qui peut s'extérioriser ou non par un profond dégoût, une hostilité empreinte de colère, de ressentiment et quelquefois de violence envers l'autre.

Celui qui a le cœur rempli de haine prend la voie de l'intolérance, du manque de respect, de l'injustice et donc la voie contraire de l'amour.

Conséquences de la colère et de la vengeance dans le monde spirituel

Alain Joseph : Quelles en sont les conséquences dans le monde spirituel ?

Gabriel : La haine, la cruauté, la vengeance sont des sentiments très négatifs qui alourdissent les vibrations du périsprit de l'esprit. Du fait de leurs actes commis sur terre, ces esprits, dans l'obscurité de leurs pensées, se regroupent par affinités au sein du monde spirituel. Certains d'entre eux, heureux de provoquer le mal, tournent encore autour d'autres esprits plus faibles qui ont eux aussi commis, à un autre niveau, des actes relevant des mêmes imperfections, et les influencent par leurs pensées afin qu'ils s'éloignent du bien. Ceux-ci se reconnaissent dans leur corps spirituel par des difformités plus ou moins disgracieuses. Alain Joseph, pour avoir déjà vu certains d'entre eux, tu as pu observer ces caractéristiques particulières. Ces imperfections sont semblables à des infirmités qui les empêchent d'évoluer vers Dieu.

Le manque d'évolution de ces esprits les conduira à vivre des expériences difficiles dans leurs futures incarnations, à l'occasion desquelles ils recevront en retour les effets négatifs de leurs pensées et de leurs actes, et ce jusqu'à ce qu'ils prennent conscience que l'aversion et l'hostilité qu'ils éprouvent à l'encontre de leurs semblables sont contraires à la loi de l'amour du prochain. L'homme doit éliminer toute la violence qu'il a en son cœur en faisant un travail de rénovation intérieure. Ce travail est indispensable à sa progression.

Alain Joseph : La colère peut être une émotion naturelle quand elle est passagère et arrêtée dans son élan, lorsqu'une personne sur le chemin de l'évolution se rend compte qu'elle peut blesser l'autre. Les bons esprits nous invitent toujours à ne pas faire de mal à nos semblables. Cette impulsion disparaît chez l'homme de bien qui a réussi à maîtriser ses émotions en trouvant la compassion pour ceux qui ne peuvent y résister.

Gabriel : Il est permis d'exprimer ses émotions, mais avec bienveillance, même si l'autre a tort. Si l'être humain n'élimine pas cette imperfection de ses comportements, il l'emporte avec lui dans le monde spirituel.

Alain Joseph : Cette énergie négative que je ressens dans certains contacts médiumniques à incorporation me pousse à mimer des gestes de violence. Je peux ainsi lever une main ou frapper du poing sur une table comme le faisait de son vivant l'esprit qui communique avec moi.

Gabriel : Oui, il est certain que l'esprit conserve son tempérament et sa personnalité. On va d'ailleurs pouvoir une nouvelle fois le constater dans l'échange qui va suivre. Nous allons faire la connaissance d'Annette et de Marthe-Simone, qui éprouvent toutes les deux un sentiment d'isolement.

*

Bernard a mis un terme à notre échange. Annette agira de même, mais elle le fera pour une raison différente.

Psychographie avec Annette

« *Annette* : Bonjour, je suis Annette, bonjour à vous tous présents, je viens à vous, j'ai besoin de parler, merci de m'accepter. Je ne comprends pas pourquoi je suis bloquée, ici, dans ce monde. Certains sont heureux, je le vois. Pourquoi pas moi ? Pourquoi pas moi ?

Gabriel : Pouvez-vous nous parler un peu de vous, Annette ?

Annette : Je suis ici depuis 1999, je suis une maman malheureuse. Mes enfants m'ont délaissée et abandonnée cela fait bien longtemps.

J'ai entendu cet esprit, Bernard, parler. Il est en colère, Moi je ne suis pas en colère. Je suis malheureuse, je suis une victime de la méchanceté et de l'indifférence des autres. Je suis seule. Toute ma vie, j'ai été seule ! Je suis une femme triste. Je ne fais pas d'efforts pour aller vers les autres, je suis dans la peur. J'ai des enfants mais ils ne venaient pas me voir.

Ils me reprochent de ne pas les avoir aimés, mais délaissés quand ils étaient petits. Il est vrai que j'ai préféré être avec les hommes, prendre soin de moi, ma coquetterie !

J'aimais être bien mise, j'aimais me faire belle pour les hommes.

J'ai travaillé, aussi, beaucoup, j'étais secrétaire dans un ministère à Paris, où je côtoyais plusieurs ministres. Mon cancer a commencé en 1998.

Je ne suis pas heureuse, j'ai fait d'énormes bêtises.

Je suis seule. Où sont tous les hommes que j'ai rencontrés et à qui j'ai donné tant d'amour ? Même ici dans ce monde, je ne les vois pas !

Je ne rencontre aucune personne que je connais, tous des inconnus qui attendent. On sait qu'on doit attendre, mais attendre quoi ?

On ne sait pas. Hier c'est comme aujourd'hui et aujourd'hui sera comme demain. J'attends de rencontrer quelqu'un que je connaisse mais je tourne en rond. Aidez-moi ! Que dois-je faire ?

Alain Joseph : Annette, merci de votre venue ; il faut peut-être essayer de comprendre votre vie passée sur terre. Et pour la comprendre et évoluer dans le monde spirituel, demander à votre guide de vous montrer le chemin. Quels sont les liens antérieurs qui vous unissent à vos enfants ? Avez-vous le sentiment d'avoir réussi dans votre rôle de maman ? dans celui de femme ?

Annette : Je sais que j'ai perdu mes enfants depuis longtemps, mais j'ai fait tellement pour eux. Je n'ai reçu en retour que de la haine, de la méchanceté puis au fil du temps de l'indifférence. Alors à mon tour je suis devenue indifférente. Ma petite Marlène était adorable. Petite, sur mes genoux, je lui faisais des tresses. Elle était ma poupée d'amour. Je suis victime de la haine de mes enfants. Ce sont eux les responsables. Ils m'ont abandonnée ! Je vous quitte, c'est assez pour aujourd'hui !

Alain Joseph : Ne partez pas ! Quand vous étiez jeune maman, que s'est-il passé ?

Annette : Mon mari est parti, il nous a abandonnés. Toute ma vie, je n'ai vécu que l'abandon. C'est injuste, je suis une victime. Alors je me suis intéressée aux hommes qui me donnaient un peu d'amour. Les enfants, je les confiais à une nounou. Ainsi, le soir ils n'étaient pas seuls. Je sortais pour mon travail aussi. J'étais la secrétaire particulière de Monsieur mon patron, avec qui j'ai eu une liaison secrète qui a duré des années, jusqu'à l'adolescence de mes enfants.

Alain Joseph : N'estimez-vous pas avoir pensé en priorité à votre bien-être ?

Annette : Vous voulez sous-entendre que j'ai été égoïste ? Égoïste ! Oui, enfin peut-être. Alors je n'ai que ce que je mérite ! Je ne peux pas continuer, c'est trop dur ! »

*

Sur ces quelques mots, le crayon s'arrête, l'esprit d'Annette disparaît. Comme le démontre la fin précipitée de la psychographie, Annette éprouve des difficultés à faire face à une réalité trop pesante. Elle semble toujours dans une peine morale, refuse de voir la réalité de ses actions passées, se considère comme une victime. Elle a souffert d'un manque d'amour toute sa vie et a commis des erreurs dans ses choix. Elle exprime une forme de souffrance dans cette solitude qu'elle retrouve dans le monde spirituel où elle est « entourée d'inconnus ».

Marthe-Simone, dans l'échange qui va suivre, semble elle aussi ne pas avoir la possibilité d'échanger avec les personnes qui ont partagé sa vie. Elle revit une partie de sa vie passée.

« *L'esprit* : Je vous en supplie, aidez-moi à comprendre pourquoi je suis là !

Alain Joseph : Bonjour, puis-je connaître votre prénom ?

Réponse : Je suis Marthe-Simone.

Alain Joseph : Pouvez-vous nous décrire votre apparence et nous parler de votre vie ?

Marthe-Simone : J'ai l'apparence d'une vieille dame, enfin, je suis obsédée par la période de la retraite. Ma vieillesse a été tranquille, ma foi. J'ai été une dame toute simple, j'ai vécu une vie tranquille, faite de labeur. Nous avions amassé assez d'argent pour vivre paisiblement pour notre retraite, avec Auguste qui, lui, n'avait pas une très bonne santé. Il est d'ailleurs parti avant moi. Je reste toujours vigilante quant à mes pensées et mes propos ! Aujourd'hui, je suis dans un monde où je ne ressens ni souffrance ni joie, comme sur terre. J'espérais retrouver ma jeunesse et vivre une vie au Paradis. J'étais croyante. J'allais à la messe. Ah, c'est vrai, j'aimais voir mes copines, j'y allais pour parler. Oui, le reste du temps, j'étais seule devant ma télé ; les mots croisés, *Les Feux de l'amour.* Ah, j'aimais ce feuilleton qui me faisait rêver à une autre vie, rêver à l'Amour avec un grand A – ce que je n'ai pas vécu sur terre !

J'aimais mon mari tranquillement, sans passion.

Mme Conan vient de perdre son mari, elle aussi. Je me revois parler avec Odette à son enterrement.

Mais comment va-t-elle faire aujourd'hui sans son mari, qui faisait tout pour elle ? Elle a de l'argent.

Est-ce qu'elle va donner sa part à ses enfants ? Va-t-elle être obligée de vendre sa maison ? Ah, de toute façon, elle a toujours été dans le dédain et dans l'orgueil. Elle s'est toujours sentie mieux que les autres, elle ! Eh bien là, la vie ne l'a pas épargnée. Elle sera moins fière maintenant !

Hein, Odette ? Qu'en penses-tu ? Oui, mais laissons-la tranquille, la pauvre !

Eh bien, tu te rends compte, elle a déjà trouvé un autre bonhomme. Son mari, ça ne fait pas un an qu'elle l'a enterré, mais tu te rends compte ?

Oh, si je la croise, je ne lui dirai pas bonjour, elle me fait honte. Avoir une copine comme cela… Je n'en veux pas.

J'habitais une petite maison dans un bourg à côté de l'église. De ma fenêtre, j'aimais regarder les gens passer, comme les visiteurs de ma voisine, avec qui j'ai eu des rapports tendus à cause de ses chats. Je n'aime pas ces bestioles ! Ils font du bruit, la nuit on les entend ! Je suis où ici ?

Qui est ce monsieur qui écrit et qui me parle ?

On m'a demandé de venir, et pourquoi ? Dois-je raconter ma vie ?

Les autres n'ont pas besoin de savoir… Oh, celui-là, c'est un fainéant ! Il n'a qu'à aller travailler. Je parle du fils de la voisine, je ne comprends pas pourquoi elle le garde avec elle, à la maison. Moi, je l'aurais mis à la porte. À son âge…

Me voilà sur ma tombe, maintenant. Petit rappel pour me dire que je suis morte et enterrée ! Ah je vois des gens fleurir les tombes, moi je n'aimais pas trop ça, aller au cimetière, cela me déprimait !

Alain Joseph : Merci pour ce long bavardage, Marthe-Simone. Puis-je vous demander quel sens vous avez donné à votre vie sur terre ? Avez-vous pensé un peu aux autres ?

Marthe-Simone : Mon Dieu, non, pourquoi ? J'ai préparé à manger à mon mari, toute sa vie, et je me suis occupée de la maison. Ah, j'ai bien tenu ma maison. Tout était propre avec moi. J'ai fait du bien à mon mari, n'est-ce pas suffisant ? Demandez-lui s'il a à se plaindre. Ah, je suis souvent dans ma maison, et au cimetière, maintenant, avec vous.

Je demande à Dieu de pouvoir m'occuper de ma maison et de voir mes copines mais on dirait qu'il ne m'entend pas…

Alain Joseph : Les voyez-vous ?

Marthe-Simone : Non ! Je ne les vois pas.

Alain Joseph : Chère madame, auriez-vous pu faire quelque chose pour les autres ?

Marthe-Simone : Pardon ? Ah, je comprends, vous voulez me faire dire que j'ai vécu dans l'égoïsme ? Dans l'oisiveté, peut-être, aussi ?

Alain Joseph : Je ne me permettrais pas de vous juger ! J'essaie juste de vous aider un peu à comprendre vos comportements, le sens que vous avez donné à votre vie et le regard que vous avez pu poser sur les autres.

Marthe-Simone : Oh ! Vous me ramenez à mon bavardage incessant. J'ai peut-être dit un peu de mal des autres ? C'est peut-être vrai, mais ce n'était pas méchant ! Juste pour parler des choses de la vie.

Gabriel : Nous vous proposons de réfléchir à tout cela. À moins que vous n'ayez quelque chose à ajouter ?

Marthe-Simone : Ah ! Je vais demander pardon au Seigneur, et à Marie, que j'avais l'habitude de prier. Je suis allée deux fois à Lourdes et j'ai mis des cierges. Merci à vous. Je vais faire des prières, demander pardon, et comment faire pour réparer mes erreurs ? Après, je pourrai voir mes copines ? Je me sens mieux d'avoir parlé avec vous ! Car ici les gens ne sont pas causants ! Je me demande ce que je fais là.

Allez, je m'en vais prier. Je vois la lumière. Je veux comprendre. Je vais aider maintenant et faire ce que je peux. Merci du fond du cœur.

Marthe-Simone L. G. »

Critiques et calomnies

Gabriel : Nous allons prier pour Marthe-Simone, afin qu'elle comprenne les répercussions que la critique, la médisance et le jugement peuvent avoir sur les autres.

Alain Joseph : Cette psychographie pourrait faire sourire certains d'entre vous, mais n'est-ce pas là un bon exemple de l'un des comportements de l'être humain ? L'esprit de Marthe-Simone semble difficilement comprendre sa médisance, qui est naturelle chez elle. Elle n'a pas pour but de faire du mal mais on y décèle un brin de jalousie et d'ennui. Pour combler sa vie, elle s'occupe des autres en émettant un jugement sans se soucier des conséquences, avec un grand manque d'indulgence, de charité et d'amour. Dans le monde spirituel, elle souhaiterait revoir ses amies afin de pouvoir encore parler avec elle. Mais elle ne les voit pas ! Est-ce une punition, ou doit-elle vivre ce passage tant qu'elle ne prendra pas conscience de ses imperfections ? Il semblerait qu'elle connaisse à la fin de notre échange un éclaircissement soudain de ses idées, face au jugement qu'elle portait sur les autres.

Il est écrit, dans l'Évangile selon saint Matthieu, chapitre 7, versets 3-5 : « *Pourquoi vois-tu la paille qui est dans l'œil de ton frère, et n'aperçois-tu pas la poutre qui est dans ton œil ? Ou comment peux-tu dire à ton frère : laisse-moi ôter la paille de ton œil, toi qui as une poutre dans le tien ? Hypocrite, ôte premièrement la poutre de ton œil, et alors tu verras comment ôter la paille de l'œil de ton frère.* »

Gabriel : Les hommes passent leur temps à critiquer les autres, de manière naturelle, par habitude, sans se préoccuper du mal que cela pourrait occasionner.

La jalousie, l'orgueil, la vanité, l'intolérance ou la bêtise sont autant de sentiments qui conduisent à la destruction de l'autre ou de son image.

La critique empreinte de méchanceté ou de cruauté, exprimée tant par la parole que par la pensée, ne s'efface pas ! Contrairement à ce que vous pourriez croire, elle atteint bien souvent son destinataire car la pensée et la parole sont des énergies créatrices.

En inversant les rôles, le calomniateur serait-il heureux d'être le sujet de médisances ? Croyez-le, tout être humain qui agit ainsi recevra, un jour ou l'autre, le retour de la même expérience. Le médisant finira ainsi par comprendre que lorsqu'il porte atteinte à l'intégrité de son prochain, en le blessant, il se fait du mal à lui-même. Dans le jugement et la critique, il n'y a ni amour, ni charité.

*

Intuitivement, je savais que les esprits d'Annette et de Bernard allaient une nouvelle fois intervenir ; j'espérais du fond du cœur que l'une puisse reprendre son histoire là où elle l'avait laissée et que l'autre cesse de vouloir se venger.

Deux jours, plus tard, cette intuition se confirma.

Psychographie avec Annette (suite)

« *Annette* : Je suis Annette, puis-je revenir parler ? Nous avions commencé à dialoguer. Je l'avoue, je n'ai pas eu le courage de continuer, c'était trop difficile pour moi. Je suis une femme égoïste. Je l'ai compris depuis notre conversation. J'ai laissé dans l'enfance mes enfants livrés à eux-mêmes, et ils m'ont bien rejetée quand ils étaient adultes. Je comprends que c'est le juste retour des choses. Je ne peux revenir sur le passé, c'est trop tard.

Je veux sortir de cette situation, ici, où je suis seule, tellement seule, intimement persuadée que cela vient de mes comportements égoïstes sur terre.

Je me suis retrouvée un jour toute seule. Les hommes n'en voulaient qu'à la beauté de mon corps. Cela est bien éphémère. Quand je me suis rendu compte de mon insuccès, c'était déjà trop tard avec mes enfants ; ils m'avaient rejetée. Ma fierté, mon orgueil m'ont empêchée de demander pardon.

J'ai terminé cette vie sur terre dans la solitude. Ici dans le monde spirituel, comme vous l'appelez, je n'ai retrouvé personne que je connaisse.

Je sais que je dois maintenant m'améliorer. Grâce à vous je le vois plus clairement.

Alain Joseph : Étiez-vous croyante ? Pensiez-vous à Dieu ?

Annette : Non, je n'étais pas croyante. Dieu pour moi n'existait pas. Je ne l'ai pas rencontré ici. Je sais que certains d'entre nous sont dans une très belle lumière et sont dans un bien-être total.

Alain Joseph : Dieu est miséricordieux, il pardonnera vos erreurs, peut-être pouvez-vous commencer déjà à penser à cela ? Vous pouvez aussi demander l'aide de votre guide, qui est sûrement à côté de vous. Essayez de changer vos pensées, ayez la foi !

Annette : Oui, je comprends. Je regrette. J'avais oublié mon ange gardien, mais il existe vraiment ! Quand j'étais petite, je parlais aux anges. Oui, je peux lui demander de l'aide.

Alain Joseph et Gabriel : Nous sommes aussi là pour vous aider. Demandons ensemble à votre guide de venir.

Annette : Oui, je le vois, maintenant ! Je vais pouvoir avancer. Je demande pardon, du plus profond de mon être, à Dieu, à mes enfants qui j'espère, un jour, me pardonneront. Oh, je vois venir à moi maman et papa, ils m'attendent. Enfin, merci, mon Dieu, merci.

Je vais maintenant pouvoir comprendre mes vies passées et demander au Créateur d'avoir l'opportunité d'être dans une nouvelle incarnation, une bonne maman et, qui sait, peut-être, avec un peu de chance, avec mes enfants. J'avoue avoir été une femme un peu volage en quête d'amour. Mais le vrai était à côté de moi et je ne l'ai pas vu. C'était l'amour de mes enfants.

Je sais que nous comprendrons plus tard le sens du lien qui nous unit.

Merci Alain Joseph, merci Gabriel. »

*

Je suis heureux de voir Annette sortir du rôle de la victime, prendre ses responsabilités, regretter, car elle semble dégagée de ses anciennes pensées. À peine ai-je reposé le stylo que l'esprit de Bernard se manifeste.

Psychographie avec Bernard (suite)

« *Bernard* : Cher monsieur ! Oui vous, qui écrivez… Je suis toujours là. Je viens d'entendre cette femme Annette parler avec vous. Moi aussi, ai-je droit au bonheur ? Je suis un esprit qui a du caractère, vous savez. Mais je me rends compte que je peine à revivre les mêmes tourments !

Alain Joseph : Il faut, je le crois, Bernard, essayer de changer votre manière de penser, d'oublier la colère et la haine qui vous rongent, d'oublier aussi l'idée de vous venger. Vous pouvez obtenir l'aide de votre guide spirituel si vous formulez cette demande avec sincérité et du fond de votre cœur. Demandez, je le répète, à votre guide de vous aider. Nous avons tous une personne qui a le pouvoir de nous aider quand Dieu le permet.

Bernard : Ah !

Gabriel : Voyez-vous Bernard, je suis l'un des guides d'Alain Joseph. Je vous invite à penser à votre guide, car vous en avez un vous aussi. Demandez-lui de vous aider à comprendre votre parcours ! Vous seul pouvez le faire. Vous sembliez commencer à regretter cette situation ?

Bernard : Regretter, demander pardon… Eh bien, si c'est nécessaire, j'accepte.

Gabriel : Vous n'êtes visiblement pas prêt à pardonner, à vous éloigner de ce ressentiment, à essayer de comprendre. Or, il faut que vous le vouliez profondément.

Bernard : Je ne suis pas prêt, alors je vais attendre un peu.

Alain Joseph : Peut-être pouvez-vous demander à votre guide de vous montrer une vie passée pour savoir si vous connaissiez alors vos enfants ? Qui étaient-ils pour vous ? Et qui étiez-vous pour eux ? Cela vous aiderait peut-être à saisir la nature de vos relations avec eux…

Bernard : Je peux ?

[*Note d'Alain Joseph* : Et c'est comme si, tout à coup, tout devenait plus clair pour lui…]

Bernard : Oh, oh, je comprends ! Moi aussi dans le passé, je leur ai fait encore plus de mal.

Alain Joseph : Vous avez la possibilité de leur pardonner dès maintenant, de laisser tomber votre colère, de comprendre que la douleur n'est pas plus souhaitable pour vous que pour votre prochain.

Bernard : Je vais demander pardon à Dieu et réparer mes erreurs. J'ai bien d'autres défauts qu'il me faut apprendre à dominer !

Merci à vous. »

Le repentir

À notre plus grande joie, Annette et Bernard prennent conscience de leurs imperfections et de la présence de leur guide dans le monde spirituel, prêt à les aider, à éclairer leur chemin.

Ces nouveaux discernements ont débloqué une situation stagnante dans l'autre monde qui aurait peut-être encore duré longtemps.

La conclusion que nous pouvons tirer de ces échanges est de reconnaître ses erreurs et d'avoir la volonté sincère et profonde de les réparer.

Gabriel : Je voudrais maintenant vous présenter Pierre, Hélène-Marie et Jérôme.

Psychographie avec Pierre

« Bonjour, je crois que je peux commencer par ce mot. J'étais un homme heureux sur terre et je le suis encore aujourd'hui. Ce bonheur était simple, car je suis juste un simple pêcheur. J'ai aimé voguer sur les flots.

J'ai terminé ma vie sans beaucoup de ressources, mais j'étais généreux, je donnais souvent le fruit de ma pêche aux voisins ou aux nécessiteux. J'ai vécu seul avec maman. J'étais ce qu'on appelle un vieux garçon. J'ai été marqué par la mort de mon père, disparu en mer.

Maman a porté le deuil toute sa vie. Elle était pieuse et allait régulièrement à l'église. Je n'y suis jamais allé avec elle, j'ai mis de côté la religion.

J'ai toujours eu du mal à croire en Dieu.

Je disais, comme beaucoup d'autres : “Ah, s'il y avait un Bon Dieu, il n'y aurait pas toute cette misère.” Je suis un homme simple, un esprit simple, je n'ai pas beaucoup de connaissances.

Je suis aussi un esprit heureux ! Je comprends ma vie sur terre et j'espère revenir pour acquérir cette fois davantage de connaissances.

Je n'ai jamais aimé l'école, je sais lire et écrire, c'est tout !

J'ai quitté cette terre en ayant fait du bien autour de moi, c'était naturel pour moi ! Je me suis occupé de ma mère, qui est morte à la maison. Je lui ai fermé les yeux, j'ai suivi ses dernières volontés. Elle est allée à l'église puis a été enterrée à côté. Je dois vous dire que j'ai alors eu cette étincelle d'espoir de la retrouver un jour, ma maman.

Je me suis mis à prier, à prier très fort pour elle !

Je suis mort de vieillesse, le cœur usé par la fatigue et le travail. Je me suis laissé aller aussi. Je ne mangeais pas tous les jours, c'est un peu mon tort.

Je suis heureux d'avoir retrouvé Marie – c'est ma maman.

Elle est venue m'accueillir, nous sommes ensemble avec mon père. J'ai été un homme très limité dans la connaissance ; je le redis encore une fois.

Mais j'ai toujours été dans le bien, c'est ce qui compte ici. Je vous souhaite à tous de prendre conscience de faire le bien dans une conduite droite, même si vous doutez de l'existence de Dieu ! »

Je suis touché par cette psychographie avec Pierre, par la sincérité et la profondeur des mots qu'il emploie. Il avoue savoir juste lire et écrire et avoir toujours fait le bien autour de lui. Il ne possède pas la foi d'un homme religieux mais semble s'être mieux comporté dans sa vie qu'un certain nombre de croyants.

Il a fait le bien pour le bien et sans espérer avoir une place au « Paradis ». Il montre qu'il a atteint un certain niveau d'évolution… et paraît avoir bien appris de ses vies antérieures.

Naturellement et simplement, il semble appliquer les lois divines de façon spontanée, sans se poser de questions. Dieu n'en demande peut-être pas beaucoup plus… ?

Deux nouveaux esprits se présentent ensuite à nous.

Une femme obsédée par l'athéisme de ses enfants,

psychographie avec Hélène-Marie

« *L'esprit* : Je suis Hélène-Marie.

Alain Joseph : Bonjour Hélène-Marie, souhaitez-vous parler avec nous, de quelque sujet qui vous préoccupe ?

Hélène-Marie : Oh oui ! Merci ! Je veux parler à mes enfants.

Alain Joseph : Vous ne pouvez pas leur parler, Hélène-Marie, ils ne sont pas là.

Hélène-Marie : Oui mais je dois vous le dire. Je pense à vous, mes chers enfants, c'est votre maman. La maman de Patrick et de Nathalie. Je suis heureuse de venir vous parler, monsieur Bellet. Je suis, comme on dit, un esprit errant autour de mes enfants ! Je suis autour d'eux car j'aimerais tant qu'ils comprennent ! C'est mon plus grand désespoir. Ils sont tous les deux athéistes et ils souffrent en pensant à moi, certains de ne pouvoir jamais me revoir.

J'étais croyante, je l'ai toujours été, non seulement religieusement mais spirituellement. J'ai pris conscience à l'âge de quarante ans de l'importance de m'améliorer. J'avais du tempérament, du caractère, on peut dire un sacré caractère. Je voulais tout contrôler dans ma vie et dans celle de mes enfants. Je changeais facilement d'humeur, passant de la colère à l'exaspération, des pleurs à la tristesse, et même à la mélancolie quand j'étais seule. Je leur ai tout donné à mes enfants. Je suis en peine de les voir ne pas croire en Dieu et ne donner aucune éducation religieuse ni spirituelle à leurs enfants.

Avec l'âge, j'ai appris à m'améliorer, à ne plus me laisser emporter par mes changements d'humeur, qui faisaient du mal à mon entourage, plus particulièrement à Michel, mon mari, même s'il avait fini, avec indulgence, par en prendre son parti. J'ai tout fait pour ma famille et je suis heureuse de cela. J'ai aussi aidé mes amis quand ils étaient dans le besoin. Je souhaiterais, par cet échange, faire comprendre à mes enfants la nécessité de se connaître, et de pouvoir ainsi s'améliorer. L'importance aussi d'être tolérant envers les autres, de faire le bien, et d'être dans la compassion. Je suis Hélène-Marie G. Parfois on m'appelait Marie-Hélène, mais mon véritable prénom était Hélène-Marie.

Je suis sûre de mon amour pour Dieu. Je sais qu'il me faudra m'améliorer dans la connaissance. J'ai peu lu, je me suis limitée à m'occuper des miens. Ce qui est une bonne chose, mais la connaissance est indispensable à notre évolution. Elle s'acquiert en bonne partie sur terre. Dieu nous demande de faire des efforts pour faire un travail sur nous-mêmes. Cela demande de l'autodiscipline et beaucoup d'efforts.

J'ai le droit de veiller sur mes enfants. Nathalie a été hospitalisée, je suis allée la voir à son chevet. Elle dormait paisiblement, et se réveilla avec le sentiment d'avoir rêvé de moi. J'étais venue, effectivement, mais au réveil, elle a mis cela sur le compte de son imagination. Je suis dans l'attente d'une révélation et je formule le souhait qu'elle croise sur son chemin une personne qui puisse l'interpeller sur le sens de la vie sur terre et sur la réalité du monde des esprits. Je le demande.

Je suis bavarde, je vais devoir vous laisser… D'autres attendent leur tour de pouvoir parler à travers Alain Joseph. Ce gentil monsieur aimerait faire encore plus, mais chaque être humain évolue à son rythme.

Je fais un "bisou-nours" à mes enfants de la part de leur maman, s'ils venaient à lire ce témoignage. Un petit clin d'œil, un peu comme une bouteille jetée à la mer. Voilà ce que j'ai à dire, en espérant que cela vous convienne. »

Alain Joseph : Je vous remercie, Hélène-Marie, de votre venue. Il est temps de lâcher prise et de laisser vos enfants poursuivre leur chemin. Il vous appartient aussi de suivre le vôtre dans le monde spirituel. Ayez foi en Dieu et en sa capacité de mettre en place les expériences nécessaires à vos enfants afin qu'ils puissent se tourner vers la spiritualité. Soyez en paix ! Poursuivez votre chemin. Continuez à étudier comme vous souhaiteriez que vos enfants le fassent sur cette terre. Oui, je le confirme, il est important de comprendre que l'acquisition de la connaissance doit se faire au plus tôt, c'est-à-dire ici-bas !

*

Gabriel nous annonce ensuite la venue de Jérôme.

Un message pour les jeunes,
psychographie avec Jérôme

« *Alain Joseph* : Jérôme, je vous remercie de votre venue, que désirez-vous nous dire ?

Jérôme : Oh ! Je désire transmettre un message aux jeunes, et aussi, si vous voulez bien, à ma petite maman. Je la vois, elle se promène sur cette plage, l'arpentant de long en large. Un jour la mer est calme et le soleil brille, un autre la mer est déchaînée et le vent souffle. À toutes les saisons, qui défilent, maman se promène sur la plage, regardant la mer au loin. Elle pense à moi, ma petite maman… Je suis à côté de toi dans ces moments-là. Je te demande d'arrêter de pleurer. Moi, je suis heureux, en paix. Je reviens dans chacune de tes pensées, et l'une d'elles t'obsède : "Pourquoi, mais pourquoi es-tu parti si jeune, mon fils ? Si Dieu existe, pourquoi a-t-il permis cela ?"

Maman, je te dis que c'est un accident. Ce jour-là, la mer est devenue agitée, la planche s'est retournée contre moi avec la force d'une vague. Elle a frappé violemment ma tête, j'ai perdu connaissance et c'est ainsi que la mer m'a emporté. J'ai quitté ainsi la terre, emporté par le courant. On n'a jamais retrouvé mon corps.

C'est ainsi que ma maman vient devant l'océan ; elle pleure parfois, elle veut que je rentre à la maison, s'imaginant qu'un bateau m'a recueilli et que je suis quelque part, vivant. Il est temps, maman, de faire ton deuil. Ici dans le monde des esprits, je suis heureux et entouré d'adolescents qui sont partis d'une manière brutale, par accident, noyade, chute… Nous savons tous que ces circonstances étaient prévues dans notre chemin de vie. Je suis un garçon tranquille et je n'ai jamais usé ni d'alcool, ni de drogue. Je suis blond aux yeux clairs, j'étais beau, je le suis toujours. Je le répète, je suis un esprit heureux mais je regrette mon ignorance.

Je suis en quête de compréhension et de connaissance. J'ai, malgré mon jeune âge, une certaine culture générale car j'aimais lire, mais je ne me suis jamais posé de questions sur le sens de la vie sur terre, donc sur les religions ou le spirituel. Aujourd'hui, dans ma condition d'esprit, je peux assister à certaines conférences que vous autres donnez.

Je suis aussi attiré par un plan supérieur au mien où tout est bonheur. Mais ni ma condition ni mon évolution ne me permettent d'y accéder. C'est ce que mon guide m'a expliqué. Les vibrations de mon corps spirituel ne sont pas compatibles avec les énergies de ce plan. Mais je suis très heureux de voir les bons esprits, emplis d'amour et de bonté et de compassion, venir nous enseigner les bonnes conduites morales et les connaissances nécessaires à notre évolution, à nous les pauvres d'esprit. L'évolution morale va avec l'évolution intellectuelle, même si nous ne pouvons en une seule vie nous améliorer sur les deux fronts. Je vous le dis : l'Amour, c'est ce qui doit nous guider ! Il faut apprendre à aimer son prochain comme soi-même.

Ici l'inverse existe aussi, certains d'entre nous avaient la connaissance intellectuelle mais ne l'ont pas mise en application. On m'a bien expliqué que c'était plus grave que d'être dans l'ignorance. Rien ne se fait sans l'autorisation du guide, nous ne sommes dans nos premiers pas jamais livrés à nous-mêmes. Je suis heureux d'être venu faire un petit coucou.

À vous les jeunes qui lirez ces quelques lignes, je vous adresse ce conseil : réfléchissez au sens de votre vie sur terre et à la spiritualité. Même si vous connaissez des difficultés, même si vous pensez que la vie n'a aucun sens, ne baissez pas les bras, ne tombez pas dans le piège des addictions. Votre vie au contraire a un sens. Vous pouvez vous faire aider par votre guide, par la prière également. Avant, la prière, je ne connaissais pas. J'apprends ici, avec la pensée tout est amplifié ! Priez notre Dieu avec l'amour. Tout est indescriptiblement beau, ici.

Je n'ai pas fait de mal, j'ai été un peu égoïste avec mes parents, mais à mes plus grands regrets, je n'ai surtout rien appris. Lire, c'est important !

Dans cette psychographie avec Alain Joseph, j'ai été autorisé à te glisser quelques mots, maman. Je t'aime.

Alain Joseph : Merci à toi, Jérôme, au nom de tous les jeunes qui liront ces quelques lignes.

Jérôme : Merci à vous tous, c'était trop cool. »

Gabriel : Remercions Pierre, Hélène-Marie et Jérôme pour leurs messages ! Ils vous invitent tout simplement à vous améliorer dans l'étude de la connaissance que vous devez acquérir en vue de votre évolution, et à chasser petit à petit votre ignorance. Celle-ci peut causer beaucoup de mal à l'homme, elle peut lui porter préjudice en le conduisant à prendre de mauvaises décisions. Que ce soit dans un sens moral, intellectuel, ou spirituel, le manque de savoir et de connaissance le retarde dans son évolution et affaiblit ses chances de réussite. Devenu esprit, son manque d'éducation quant à sa nature et sa destinée le fera poursuivre son chemin dans la même ignorance.

Alain Joseph : Dans les contacts médiumniques, je remarque que certains esprits expriment leurs regrets d'avoir, par paresse, négligé l'étude et de s'être contentés de vivre dans l'oisiveté sans essayer de comprendre le sens de leur vie sur terre. Ils se retrouvent dans les regrets et le constat d'une vie mal employée.

L'ignorance,
psychographie avec Josy

Gabriel : Nous allons comprendre aussi que certains esprits possédant la connaissance peuvent être dans différents regrets. Voulez-vous avoir la gentillesse de nous parler de vos expériences et des leçons que vous en tirez ?

Alain Joseph : L'esprit commence à me faire écrire, sans même se présenter.

« *L'esprit* : Moi, j'ai rien fait ! Je ne suis pas vraiment heureuse. J'aurais pu faire davantage. J'aurais pu distraire des malades, j'aurais pu faire de la lecture, rendre visite à des personnes qui sont seules et âgées. Je suis dans une peine morale. J'avais l'instruction, je n'étais pas dans l'ignorance. Je n'ai pourtant rien fait, par paresse, par lâcheté de voir la souffrance d'autrui. Je suis pourtant allée chez les religieuses, j'ai reçu une éducation chrétienne. J'ai appris, oh oui, j'ai appris, mais j'ai pas agi.

Je suis en peine, aujourd'hui.

Car lorsque l'on a la connaissance, on n'a aucune excuse au regard de Dieu.

Je ne suis pas une mauvaise personne mais je ne suis pas en paix. Je suis venue vous dire, aujourd'hui : "Agissez, vous qui savez !" »

Gabriel : Certains hommes sur terre ne font pas de mal, mais ne font pas de bien non plus. Ils ne veulent en aucun cas faire l'effort de s'engager dans une cause, par paresse ou par indifférence. Ils ont pourtant parfois le sentiment d'être inutiles, de vivre une vie triste et monotone. La période de la retraite devrait être pour un bon nombre d'entre eux une période propice pour prodiguer leur aide à ceux qui en ont besoin. Et ainsi redonner un sens à leur vie, à condition bien sûr qu'ils le veuillent et s'arment de courage et de volonté pour faire le bien, car il n'est jamais facile de rompre les habitudes de sa vie. Josy dit avoir beaucoup appris et être dans les regrets de ne pas avoir agi.

Les regrets d'esprits possédant la connaissance,
psychographie avec François

« Un nouvel esprit se manifeste et me fait écrire :

Je suis un homme de Dieu. Je ne suis pas autorisé à en dire davantage.

Moi, j'avais la connaissance, j'ai étudié différentes religions et les Évangiles.

Je n'ai pas utilisé cette instruction pour faire le bien. Bien au contraire, bien au contraire !

Je méprisais ceux qui n'avaient pas la connaissance, ni la compréhension. J'étais pourtant en prière, le matin, le midi et le soir. J'assistais aux offices. Je pensais à Dieu.

Cela n'a pas eu à ses yeux de réelle importance car, à côté de cela, je refusais d'aider. J'étais occupé à apprendre et j'ai méprisé mon prochain, surtout les pauvres d'esprit.

Je suis aujourd'hui en peine, dans le tourment de ne pas avoir partagé ma connaissance et de ne pas avoir été un bon père !

Chacun possède en lui ses péchés qui ne sont pardonnés que lorsque l'on cherche à s'amender, à se racheter. C'est écrit dans les livres. Les religions l'indiquent bien !

Je suis au regret de ne pas avoir réussi dans le ministère de mes offrandes. Offrandes, cadeaux à Dieu pour sa bonté, sa générosité, sa bienveillance. »

Gabriel : Je vous invite à réfléchir sur les différentes vertus que doit posséder un homme de bien. Je suis maintenant heureux, Alain Joseph, de te présenter à différents esprits qui possèdent une certaine connaissance intellectuelle, morale et spirituelle. Ces bons esprits sont des instructeurs dans le monde spirituel. Il peut aussi bien s'agir d'anciens professeurs dans le monde physique que de personnes qui ont, de leur vivant, fait preuve d'une totale dévotion envers leur prochain.

Un exemple de dévouement,
psychographie avec Jacqueline

« Je viens vous dire ô combien je suis heureuse ici, dans ce monde. Je ne l'ai pas été sur terre.

Cette dernière vie terrestre n'a pas été très longue pour moi. Une partie de mon existence, je l'ai vécue dans l'inconscience du mal et du bien !

Je dis dans l'ignorance de l'importance de faire le bien.

Je remercie les guides, et Dieu, de nous donner la possibilité de faire du bien.

Je suis née dans une famille bourgeoise, dans le confort d'une maternité, entourée de beaucoup d'amour.

J'ai été une enfant désirée.

J'ai grandi avec un petit frère.

Nous avions une nurse qui s'occupait de nous.

Mes parents travaillaient tous les deux, enclins à beaucoup d'ambition, dans une quête du matériel, ils ont voulu accroître leur fortune pour atteindre une classe sociale supérieure.

Voilà le milieu dans lequel j'ai grandi !

On m'apprenait les bonnes façons de se tenir à table, droite avec élégance. Nous avions mon frère et moi un précepteur à domicile.

J'étais appelée à devenir une femme modèle, épouse d'un homme et bien sûr d'une position élevée dans la société.

Ma mère avait, à l'adolescence, déjà commencé à me chercher des prétendants. Je suis dans cette famille pour accomplir mon destin.

C'est-à-dire leur faire prendre conscience, par mon exemple, de ne pas rester dans le confort de cette condition. Mon âme était dans une prison dorée. Je me suis éloignée progressivement de mes parents.

Je voulais apprendre, apprendre, les livres m'attiraient et je passais des heures à lire dans ma chambre. J'étais devenue une jeune femme élégante, mais complètement vide à l'intérieur. J'avais un chauffeur qui me conduisait en ville où j'apercevais la misère sur les trottoirs, des gens mendiaient.

La première fois, la vision de cet homme mendiant sur le trottoir m'a fait détourner le regard, car cela m'était insupportable.

J'oublie de vous préciser que nous étions en guerre. Les bombes ! La sirène retentit, c'est une alerte, il faut se réfugier dans la cave de la maison.

La famille descend. Je suis apeurée, nous avons avec nous des masques à gaz. Je suis jeune. La vie aurait dû être belle pour moi, je suis entourée de mes parents et j'ai la chance d'avoir mon père toujours à la maison. Il a usé de son influence pour ne pas être mobilisé. Voilà les pensées du moment.

Un autre jour, je suis à nouveau en ville. J'aperçois une église. Je n'étais jamais allée dans une église, pour voir Dieu ! Je ne sais pas s'il existe ou pas à ce moment-là, nous ne parlons jamais de religion, à la maison.

Je m'approche de l'édifice à travers les décombres de la rue. Je vois autour de moi des gens qui cherchent leurs biens, parfois même leur maison. Je suis surprise, dans ce quartier tout est presque détruit, sauf justement l'église. Je me sens attirée vers elle, j'ouvre la porte et juste à ce moment-là, je vois cette lumière magnifique sur l'autel et le tabernacle, le soleil vient d'apparaître et de les éclairer de ses rayons.

J'aperçois dans l'église plusieurs personnes présentes, pour la majorité des blessés, ou des réfugiés. J'entends des lamentations, la souffrance m'angoisse, je n'ai pas l'habitude, ni de la misère, ni de voir des gens dans la douleur. Je vois une femme qui se penche vers une vieille dame qui souffre de la jambe. Elle essuie son front couvert de perles de sueur avec la manche de sa blouse blanche. Elle semble si fatiguée ! Mes pensées se bousculent, je chasse la peur, je suis attirée, je m'empresse de lui demander si elle a besoin d'aide. Je n'ai à vrai dire pas attendu sa réponse. Je me retrouve à bander un genou, à donner de l'eau à boire, à éponger le front de ceux qui ont de la fièvre, à balayer le sol, je ne m'aperçois pas du temps qui passe.

Moment de pause avec cette infirmière, derrière une couverture tendue sur un fil, qui nous sert de séparation pour avoir un peu d'intimité et de repos.

Je m'appelle Jacqueline et j'ai à peine vingt-deux ans. Je suis devenue une infirmière !

J'ai appris sur le tas. J'ai pris conscience, en côtoyant la souffrance, de l'importance d'aider les blessés et les gens malheureux. Je me sentais incapable, j'avais peur de mal faire ; aidée de deux infirmières plus âgées, j'ai appris à être une infirmière dévouée. Je me suis heurtée à ma famille, qui m'a interdit de m'abaisser à être une femme de cette condition. J'ai quitté le domicile de mes parents pour aider ceux qui avaient besoin de mon aide. Nous avons dû déménager plusieurs fois sous le danger constant des bombes. J'ai fait la connaissance d'une religieuse avec qui j'ai appris la prière.

Puis, un jour, tout a explosé ! Le toit s'est écroulé, j'ai été blessée à la tête, j'ai perdu connaissance, je suis restée dans le coma. On n'a rien pu faire pour moi. Je suis morte le 16 juin 1942, sans pouvoir dire au revoir à mes parents. Ma vie a été courte mais à la fois longue et bien riche, oh oui, riche en amour !

J'ai été accueillie ici directement dans un amour indescriptible ! J'ai retrouvé ma grand-mère et mon guide, qui sont venus à ma rencontre. Ils m'ont expliqué que j'avais fait le bien et surtout le bon choix.

J'aurais pu me contenter d'avoir une vie paisible auprès de ma famille. J'étais venue sur terre pour aider, mais j'avais la possibilité de choisir entre le confort que m'offraient mes parents ou les difficultés. J'ai choisi une vie courte, mais dans le don de moi-même aux autres. Ce témoignage est permis pour vous aider à comprendre le bien qu'il faut faire autour de soi.

Je me suis présentée à ce médium en uniforme avant que la psychographie ne commence, afin qu'il comprenne qui j'étais. Il m'a tout de suite visualisée.

Je lui souris, il est inutile de me poser des questions, n'est-ce pas ?

Je suis une infirmière heureuse, en paix. Je vous adresse toutes pensées d'amour. »

Alain Joseph : Merci, Jacqueline, pour votre apparition et ce beau témoignage de votre vie. Un bel exemple de bonté et de dévouement aux autres !

Gabriel : N'est-ce pas le moment de comprendre la notion de libre arbitre ?

Prenons l'exemple de Jacqueline, qui avait le choix soit de vivre paisiblement dans le confort de sa vie familiale, soit de se consacrer aux autres et de se heurter à une quantité d'obstacles difficiles à vivre, dont l'horreur de la guerre. Malgré ses préventions à côtoyer la misère humaine, Jacqueline choisit de dépasser ses difficultés pour aider les autres. Elle choisit le chemin le plus difficile. C'est sa décision.

On ne peut qu'admirer le courage de cette âme incarnée qui a dû dépasser ses propres peurs et souffrances pour venir en aide aux plus démunis.

Le libre arbitre est l'aptitude que l'homme possède à penser et à agir de par sa propre volonté. Dieu, par amour, lui a donné la possibilité de choisir et c'est ainsi que son libre arbitre agit sans cesse sur ses propres pensées, ses actions et ses comportements.

S'il est vrai que, dans son plan d'incarnation, une partie des événements de sa vie est prévue, la majorité de ceux-ci relèvent de son libre arbitre. Sa responsabilité est engagée dans chaque choix effectué dans le bien mais aussi dans le mal.

Je sollicite votre bienveillance, à comprendre aussi le comportement de vos frères handicapés qui n'ont pas la possibilité d'exprimer leur libre arbitre, car celui-ci est limité par le corps physique. Ceux d'entre vous qui pensent que le destin est tracé d'avance sont dans l'erreur. Sachez en effet que vous créez vous-même une partie de vos expériences et prenez librement les décisions dont vous devrez répondre le moment venu.

L'importance d'aimer et d'accepter son prochain,

psychographie avec Jean

« *L'esprit écrit* : Merci à vous de m'accueillir dans ce moment de partage !

Je suis heureux de vous dire que je suis dans la joie et l'amour de Dieu !

Il est heureux de penser au Seigneur, chaque jour nous sommes en communion avec lui quand nous clamons ses louanges et ses bienfaits.

Je suis épanoui dans ce monde où tout est amour.

Je suis un être doux, simple, intelligent comme un guide. J'aspire, dans le monde spirituel, à aider ceux qui ne sont pas dans la lumière mais dans le labyrinthe de leurs pensées obscures.

Je suis toujours prêt à rendre visite aux malheureux quand, dans des moments de lucidité, ils appellent Dieu et sa miséricorde. Mais parfois, n'obtenant pas de réponse à leur demande, ils s'insurgent contre le Créateur, prolongeant ainsi leur situation inconfortable. L'esprit de bonté est dans chaque être humain, mais l'amour qu'il porte en lui doit être amplifié et dépassé. Surpassez vos limites, jusqu'à être dans la privation, pour les autres. Ainsi vous ferez plaisir à Dieu. L'esprit de vérité descendra sur chacun d'entre vous, il n'y aura alors pas de secret car nous sommes tous reconnaissables par nos péchés, plus ou moins importants dans la lumière ou l'obscurité que nous dégageons. Ici, nous nous regroupons par affinités, par désir de progresser, d'évoluer dans la perfection de nos connaissances intellectuelles, dans la compréhension de nos défauts moraux.

Nous sommes capables de comprendre avec davantage de facilité que sur terre et heureux de préparer le futur rôle de notre prochaine incarnation.

Cela nous donnera la possibilité de vaincre nos imperfections. Dieu nous permet de nous améliorer et, de par notre libre arbitre, d'avancer ou de stagner sur le chemin qui mène à lui.

Ce qu'il vous est difficile de comprendre sur terre, c'est l'importance d'aimer l'autre même avec ses défauts et aussi avec ses différences. »

Mort dans les camps,
psychographie avec Marcel

À peine l'esprit de Jean venait-il de finir de me transmettre son message, que ma main se mit à écrire : « Marcel, je suis Marcel… »

N'ayant plus d'énergie pour poursuivre, je dus me résoudre à en rester là pour ce jour.

Le lendemain, j'invoquai cet esprit, en l'appelant par son prénom : « Marcel, êtes-vous présent ? »

La réponse ne se fit pas attendre.

« *L'esprit* : Oui je suis là ! Marcel, appelé plus couramment "Pierrot" par ses amis. Je suis heureux de pouvoir communiquer avec le monde terrestre, plus particulièrement avec vous, Alain Joseph, pour qui j'ai une profonde sympathie. Vous avez une certaine connaissance du bien qu'il nous faut faire, donc un certain niveau d'évolution et, de par nos vies privées, nous avons un certain nombre de points en commun, aussi ai-je l'autorisation aujourd'hui de venir vous parler de l'homosexualité, en réponse à certaines demandes que vous avez reçues dans le passé.

Comment est-elle perçue dans l'évolution de l'esprit ? Je vous parlerai simplement de mon expérience, pour laisser ensuite parler votre guide Gabriel et d'autres esprits aussi éclairés.

Nous sommes tous des êtres créés par l'énergie de Dieu qui est amour. L'être humain, avec ses qualités et ses défauts, est à différents niveaux d'avancement sur le chemin de l'évolution spirituelle, comme vous l'avez déjà compris.

Je suis né en 1925. Il faut comprendre qu'à mon époque l'homosexualité était comparée à une déviation psychique où se mélangeaient aux yeux des gens la perversion et l'immoralité.

La société alors était loin de penser que deux personnes du même sexe pouvaient s'aimer. L'amour, lorsqu'il est revêtu de ses plus belles qualités comme la fidélité, le respect de l'autre et de son bien-être, est l'expression la plus noble aussi bien entre hommes et femmes, que dans l'union de deux hommes, ou de deux femmes ; j'insiste sur les combinaisons possibles que l'amour peut engendrer, au risque de déplaire à certains.

Je suis heureux de vous parler de mon expérience et viens à vous dans l'espoir de faire évoluer les consciences. Je suis né dans une famille relativement aisée ; mon père travaillait à la construction des automobiles, à un poste élevé et ma mère tenait une petite boutique au centre du Marais, un quartier de Paris. Nous vivions heureux. J'étais un enfant calme et discipliné, j'aimais la lecture, la poésie et le piano, et aussi la danse. Oui, c'était toujours sujet à critiques ; comme disait mes parents : "Un garçon ne fait pas de danse, c'est réservé aux filles." Mais cela ne m'empêchait pas de danser dans ma chambre. Je croisais parfois le regard dur de mon père, qui fronçait les sourcils en me demandant d'arrêter ce qu'il qualifiait de "bêtises" !

Nous vivions pourtant tranquillement, dans le bonheur familial, jusqu'à l'arrivée des Allemands à Paris. Je terminais mon année scolaire. Je me souviens, je rentrais ce jour-là de l'école quand je les ai vus pour la première fois. C'était, c'était impressionnant. Je me suis précipité à la maison car je savais l'inquiétude de ma mère, qui avait hésité à partir, attendant le retour de mon père, parti se battre sur la ligne Maginot.

Je suis ce Marcel qui, dans la cour de récréation, aimait faire rire ses copains. Parfois on me surnommait “Pierrot le clown”. J'ai par la suite gardé pour les copains ce surnom de Pierrot.

En classe, j'étais attiré par un garçon – oh, que cela ne vous surprenne pas, cette attirance pour moi était toute naturelle. Je ne comprenais pas qu'un garçon ne puisse afficher ses sentiments envers un autre garçon. J'avais, plus jeune, posé la question à maman, qui avait semblé s'en offusquer.

Les Allemands étaient présents dans Paris.

Je commençais en secret à aimer Toni, sans avoir rien en retour. Ah ce bel Italien qui avait une grande peur des Allemands !

Ce n'est que bien plus tard que j'ai rencontré Charles. Nous aimions, lui et moi, nous réfugier dans une petite chambre de bonne, sous les toits, où nous évoquions pendant des heures la poésie de Proust, les théories de Freud sur le caractère humain et de Stendhal sur l'amour. Nous allions parfois dans un café, retrouver d'autres copains qui avaient les mêmes inclinaisons que nous. Nous nous rencontrions en secret et vivions dans la peur d'être découverts.

L'alcool nous aidait parfois à nous désinhiber, et nous aimions alors rire en nous traitant les uns et les autres de “folles”, terme qui fut attribué plus tard aux homosexuels.

Je revois les images de notre arrestation, ce soir-là. Je n'ai pas oublié. Elles sont comme inscrites au plus profond de mon esprit. Je revois la terreur visible sur nos visages, quand nous avons été surpris dans ce café où nous pensions être en sécurité. Nous aurions pu l'être, sans la dénonciation d'un de nos voisins qui avait croisé notre chemin, alors que Charles et moi-même montions les escaliers menant à la chambre de bonne. Il avait surpris un baiser. J'avais pu lire sur son visage le dégoût et la haine que nous lui inspirions. J'étais rouge de honte et de culpabilité d'avoir été surpris. J'avais aussi ressenti l'angoisse que cet homme nous dénonce, comme si l'on m'avertissait d'un danger imminent. Si j'avais su écouter un peu plus mon intuition, comprendre que mon guide spirituel était présent ce jour-là à mes côtés et me faisait ressentir le danger pour que je m'en éloigne ! Mais je n'aurais pas pris en compte de toute façon son aide inespérée et ô combien incomprise.

Je vous avoue avoir été croyant toute ma vie, être allé à l'église, mais avoir toujours été dans l'incompréhension des discours tenus par certains prêtres bannissant l'homosexualité comme la plus complète des aberrations mentales. Entendant dire, dans les sermons, “ceux qui ont le vice en eux iront en enfer sans pardon possible”.

De ce fait, j'ai arrêté d'être présent aux offices dominicaux auxquels j'avais l'habitude d'assister avec mes parents.

Nous avons été malmenés dans un premier temps par la police française qui, usant de son autorité et de ses menaces, nous força à avouer notre appartenance au parti communiste et notre homosexualité.

L'un des nôtres était soupçonné d'appartenir à la résistance quand on trouva dans la poche intérieure de sa veste en cuir un tract bolchevique, ce qui nous valut une arrestation pour ces motifs. Nous avons été interrogés un à un par un membre de la Gestapo, avant d'être enfermés dans la puanteur des cachots où régnaient la misère, la faim, le froid, les tortures, la maladie, qui font de l'homme un animal traqué et avili dans des souffrances physiques et morales inimaginables. Nous avons été déportés rapidement dans un camp, habillés d'un costume rayé. Nous étions condamnés. J'ai vu mes compagnons faiblir, être battus par les gardiens, insultés et ridiculisés par les Allemands, je les ai vus partir un à un dans la mort.

Je me suis mis à prier. Je n'ai jamais perdu espoir que Dieu nous accepte tels que nous étions, avec, comme disait le curé, "le vice dans la peau". Je suis mort du typhus, sur ma paillasse.

Un matin, deux hommes sont venus chercher mon cadavre. Je n'ai jamais revu les miens ni pu leur dire au revoir.

Perdu dans mes pensées, j'imaginais que ce que nous vivions était une punition pour notre homosexualité. Certains d'entre nous portaient des triangles roses et étaient considérés comme des pestiférés. Tout au long de ma vie, j'ai gardé en moi profondément la honte et la peur d'être puni dans l'autre monde, si toutefois il y avait un après.... C'était ma manière de voir les choses. Beaucoup de mes camarades pensaient que Dieu n'existait pas et que c'était pure fumisterie !

Le réveil dans ce nouveau monde a été difficile, un long moment de trouble ou de brouillard où je m'étais égaré, suivant mes croyances et pensées les plus sombres. Je me suis progressivement habitué à ce nouvel univers qui m'attendait. J'ai pu retrouver très vite mon camarade de cellule et nous avons compris que Dieu ne nous punissait pas pour ce que nous étions, à partir du moment où l'amour qui nous liait était sincère et que nos comportements nous amenaient vers la droiture, là où chaque être humain doit être. Il nous a fallu travailler pour comprendre notre vie sur terre.

J'avais quitté le monde terrestre dans l'horreur de la guerre, sans haine, sans rancune vis-à-vis de mes bourreaux. Ne faut-il pas une certaine grandeur d'âme pour ne pas vouloir ressentir et garder en soi les vibrations de ces sentiments négatifs ? J'étais dans la culpabilité et dans la flagellation de ma propre personne, et non dans une haine dirigée vers les autres. Je me suis fait du mal à moi-même, beaucoup de mal. Voilà ma triste expérience.

Ici, je suis reconnu pour être un bon esprit, tout en ayant encore beaucoup de travail à accomplir. Il est vrai que je n'ai pas une once de méchanceté et de violence en moi-même. Je ne l'ai jamais été de mon vivant. J'ai choisi ici d'aider les homosexuels à comprendre le sens de l'amour, avec ses véritables qualités, et qui doit rester au-dessus des vices et passions que la chair incite à assouvir.

J'avais la passion de l'écriture, je l'ai toujours :

"Mon tendre amour,
je ne t'ai pas oublié,
il a fallu du temps avant que je ne comprenne
que j'étais accepté.
Dieu nous a aidés
à marcher vers lui,
nous demande de nous aimer,
et d'accepter de travailler
à l'élaboration d'un monde meilleur,
afin que chacun d'entre nous
comprenne l'importance de s'aimer
et de s'accepter tels que nous sommes,
malgré nos différences.
À vous, les homosexuels,
je dis : soyez droits, en harmonie avec votre conscience.
Ne croyez pas aller brûler dans les flammes de l'enfer !
Suivez votre chemin dans l'acceptation
de votre être le plus profond."

Votre Pierrot qui vous aime. »

Alain Joseph : Merci Marcel pour ce témoignage bouleversant, auquel on ne peut rester insensible. Gabriel, aurais-tu la gentillesse de me parler de l'homosexualité ?

Alors que je pose cette question à mon guide, j'aperçois à côté de la porte d'entrée l'esprit d'une femme qui me regarde. Cela n'a duré qu'un instant, mais déjà le crayon se met à écrire.

Une visite surprise,
psychographie avec Ornella

« Ornella ! C'est moi, Ornella ! Alain Joseph, je viens d'apparaître à côté de votre porte d'entrée.

Je suis heureuse, Alain Joseph, de venir une nouvelle fois à votre rencontre.

Il y a quelques mois, au cours d'une réunion, nous avons plusieurs fois conversé, grâce à vos facultés médiumniques. Aujourd'hui, on m'autorise par le biais de l'écriture à venir vous parler de l'homosexualité. Je suis heureuse de venir à travers vous "défendre notre cause", si je puis m'exprimer ainsi. L'homosexualité est une affinité liée à l'esprit et vient souvent de la dernière vie passée sur terre.

J'avais un caractère masculin dans un corps de femme, avec un fort tempérament que j'ai d'ailleurs, comme vous le savez, gardé ici. Dans ce monde qui m'émerveille chaque jour, je suis entourée de gens que j'aimais sur terre. J'ai été malheureuse de quitter ma compagne et de la laisser seule. Elle vit au jour le jour, mais grâce à vos dons médiumniques et à nos échanges, elle survit en attendant le moment de venir me rejoindre.

Oh, Alain Joseph ! Vous posez la question : "Comment l'homosexualité est-elle perçue ?"

Il n'y a pas de jugement des autres, ici.

Si l'homosexualité a servi à grandir, par exemple à pardonner les offenses de ceux qui nous ont rejetés, à supporter l'abandon et l'incompréhension dans l'amour, tu peux alors considérer que l'homosexualité t'a aidé à progresser. Je suis pour ma part plus ennuyée par certaines dépendances qui ont entravé ma progression, comme l'alcool, et par les comportements incorrects qui en ont découlé.

J'étais une artiste, un peu exubérante ! Aussi j'aimais que chaque jour soit différent.

Il n'y a donc pas de punition ici pour les homosexuels qui ont fait le choix de cette différence pour progresser. Il est évident que cette condition est aussi un outil de compréhension que nous devons maîtriser, afin de ne pas tomber dans certaines addictions et le piège des vicissitudes de la vie.

Je suis ici dans l'étude, à réviser mes comportements, à comprendre mes choix, mes acquis, mes faiblesses ; je suis libre malgré tout !

J'ai parfois le sentiment d'être toujours à vos côtés, et d'autres fois à des années-lumière ! Je suis en Italie, en France, dans la réalité de mes souvenirs et dans l'accompagnement d'autres homosexuels, artistes pour la plupart, qui sont un peu perdus. Ici, il y a une entraide. C'est si différent de ce qui se passe sur terre, où souvent c'est chacun pour soi [*sic*]. J'ai été heureuse et j'ai eu la chance d'avoir une compagne. Je n'ai pas terminé ma vie seule, comme beaucoup d'entre nous.

Je suis heureuse mais, il faut le dire, j'aurais pu mieux faire. Dis à Yveline, ma compagne, qu'elle arrête donc de se demander si on sera ensemble. Je souris : oui bien sûr !

À vous, les homosexuels qui avez peur, n'oubliez pas que Dieu est amour.

Il ne punit pas l'homosexualité.

Nous sommes tous ses enfants.

Nous sommes comme les autres et pas différents, ici nous échangeons sur la réussite ou l'échec que l'homosexualité a pu créer dans la vie de chacun.

Petit message à ma compagne : *"Non importa amore amore amore !"*

Je tiens une rose à la main que je sens, ensuite je te la donne, *amore mio*.

Grazie mille,
Ornella. »

Cette psychographie m'invite à prendre contact au plus tôt avec Yveline, l'amie d'Ornella. Elle identifie formellement son amie, à travers les propos que je lui transmets. Elle me confirme aussi le fait qu'elle ne cesse, ces derniers temps, de se demander si elles se retrouveront un jour. Tous les jours, Yveline tend une rose vers Ornella, exactement comme celle-ci l'a décrit dans son message. Pour elle, c'est la signature de sa compagne.

L'homosexualité n'est pas une maladie

Gabriel : Nous remercions Ornella pour cette intervention, sur laquelle je vais revenir maintenant.

Prenez conscience que l'homosexualité n'est pas une maladie ! Elle provient de la nature de l'esprit et de ses choix d'incarnation. Il n'existe pas de sexualité dans notre monde. Les esprits sont asexués.

Au fil des incarnations, les esprits choisissent un certain nombre de vies en tant qu'homme et en tant que femme. Les unes étant prédominantes dans l'action ou la passivité, dans la dureté ou la sensibilité. Tous les êtres humains ont en eux une partie masculine ou féminine plus ou moins développée. Chacune d'entre elles doit évoluer pour trouver l'équilibre, toujours en vue de progresser vers l'amour inconditionnel.

Un esprit qui était une femme dans une précédente incarnation, ayant fait le choix, pour des raisons liées aux nécessités de son évolution, de se réincarner dans un corps d'homme, peut en effet garder profondément ancrée en son inconscient une attirance pour les hommes. Les causes de l'homosexualité ne sont en rien les effets d'une maladie, je le répète, mais un choix d'incarnation.

Le guide propose à l'esprit, dans le moment de l'incarnation, de changer de sexe pour gagner par exemple en volonté d'agir, en force, en caractère quand il s'agit d'être un homme, ou en sensibilité quand il s'agit d'être une femme. Mais l'esprit s'obstine parfois au fil des incarnations à vouloir garder les mêmes attirances, les mêmes penchants, toujours pour le même sexe. Il fera de toute façon l'expérience des deux corps : masculin et féminin.

Il existe de nombreuses raisons à l'homosexualité. L'esprit peut aussi choisir cette différence comme une difficulté dans l'incarnation. De par ce choix, avec ses parents, il peut faire l'expérience du rejet, de l'abandon, et de ce fait devoir augmenter sa capacité à pardonner. De la même manière, les parents cheminant dans leur incarnation devront apprendre à accepter leur enfant, tel qu'il est, afin de développer en eux la capacité d'aimer, d'être tolérant, et de comprendre l'identité de leur progéniture. Cette expérience aura pour résultat une avancée spirituelle ou un échec.

Cette situation est karmique et bien souvent nous retrouvons, dans ces familles, des esprits qui ont des « liens antipathiques » liés à des vies passées, par lesquels les uns et les autres doivent, pour ajouter à leurs acquis, apprendre à cultiver l'amour inconditionnel. Les parents ont pour objectif d'aimer leurs enfants et d'accepter leur choix d'incarnation. Les enfants, dans le respect dû à leurs parents, doivent comprendre leur souffrance voire leur déception. D'une autre manière, ils auraient pu dans leur choix d'incarnation décider d'avoir un enfant handicapé à tel ou tel degré, ou tout simplement différent des autres, et de l'aimer ou de le rejeter. Cela aurait les mêmes conséquences. Ces expériences sont souvent riches en enseignement pour l'esprit.

L'esprit d'un homosexuel a aussi un but à atteindre : lutter contre sa dépendance à la sexualité. La pluralité des relations, l'insatisfaction, l'instabilité sont des vices amenant à des épreuves qu'il faut apprendre à dominer. L'attachement au sexe débridé est une addiction à vaincre, et, je le précise, pour toute forme de sexualité, qu'elle soit homosexuelle, bisexuelle ou hétérosexuelle. L'amour qui existe entre deux êtres du même sexe est une réelle énergie qui les porte dans la beauté des sentiments quand ceux-ci se forment dans le respect de l'autre, dans le soutien de tous les jours, où l'amour est réellement présent.

À la suite d'une longue succession d'incarnations, le corps spirituel est épuré de toutes ces imperfections, avec ses caractéristiques féminines et masculines. Recopie et analyse, Alain Joseph !

La surprise d'une autre psychographie

Alors que je pensais à cette analyse faite sur l'homosexualité, une autre pensée vint à mon esprit : dans cette explication, l'homosexualité était-elle un choix d'incarnation ? Ou pouvait-elle être imposée ? La réponse, par un autre guide, ne se fit pas attendre.

« *Josuah* : L'homosexualité peut être aussi imposée à l'esprit pour son évolution. Elle va entraîner des difficultés qui l'amèneront à évoluer dans la moralité. L'esprit, dans une vie passée, a pu commettre des délits, haïr ceux qui avaient cette tendance, ou user de violence envers les homosexuels, se créant ainsi des dettes karmiques importantes.

Souvenez-vous qu'un bourreau sera un jour ou l'autre une victime. Cette possibilité existe au moment où l'esprit connaîtra, en se réincarnant homosexuel, un certain nombre d'épreuves, dont celle en priorité de ne pouvoir s'accepter lui-même car il aura conservé, dans les mémoires de son périsprit, les animosités de ses vies passées.

L'homosexualité peut donc être imposée, et ceci à différents niveaux. La loi de cause à effet impose le retour du mal causé antérieurement. Aussi l'esprit qui était dans le jugement de cette différence fera-t-il à son tour l'expérience de l'intolérance, de la cruauté, du rejet, et donc du jugement et de la condamnation des autres. L'homosexualité peut être imposée à l'esprit pour lui faire expier ses fautes passées, mais aussi dans le but de lui donner la possibilité d'évoluer vers davantage de tolérance, d'acceptation, de non-jugement, et donc d'amour. »

Alain Joseph : Je souhaiterais relever la phrase de l'esprit de Jean dans sa psychographie, un peu plus en avant dans cet ouvrage : « Ce qu'il vous est difficile de comprendre sur terre, c'est l'importance d'aimer l'autre, même avec ses défauts, et aussi avec ses différences. »

N'oublions pas ce que nous a dit Jésus-Christ (Évangile selon saint Matthieu, 22:34-40) : *« Les pharisiens, ayant appris qu'il avait réduit au silence les sadducéens, se rassemblèrent, et l'un d'eux, docteur de la loi, lui fit cette question, pour l'éprouver : Maître, quel est le plus grand commandement de la loi ? Jésus lui répondit : Tu aimeras le Seigneur, ton Dieu, de tout ton cœur, de toute ton âme, et de toute ta pensée. C'est le premier et le plus grand commandement. Et voici le second, qui lui est semblable : Tu aimeras ton prochain comme toi-même. De ces deux commandements dépendent toute la loi et les prophètes. »*

Le plus grand message que Jésus a voulu nous transmettre, lors de sa venue dans ce monde, est d'aimer de tout notre cœur : aimer notre Dieu, et aussi nos frères, comme nous-mêmes.

Combien de vies nous faudra-t-il vivre afin de réaliser que le but essentiel de nos passages sur terre est de pouvoir développer, à chaque occasion qui nous est offerte, notre capacité à comprendre l'autre, à l'écouter, à le conseiller, à panser ses blessures, à lui faire tout simplement ce que nous aimerions qu'on nous fasse à nous-même ?

Voilà comment pourrait se caractériser l'amour dans sa plus belle expression. L'esprit de Jean, dans cette psychographie, nous explique qu'il vit dans les vibrations d'un amour total et incommensurable. Il est naturel pour lui d'aider ses frères dans le monde des esprits. Il nous rappelle, à nous incarnés, nos difficultés à aimer l'autre et à l'accepter tel qu'il est. Il nous appartient, dans l'évolution spirituelle, de grandir et de développer les différentes caractéristiques de l'amour, avec davantage de bonté et compassion, de tolérance, d'altruisme et de dévotion, de charité et d'indulgence, afin de pouvoir un jour aimer sans condition.

Le véritable amour est celui qui ne met pas de conditions à ses sentiments et qui aime sans rien attendre en retour. Il peut aussi, comme vous allez le comprendre dans ces deux psychographies, se révéler au cours d'une épreuve.

Gabriel : Je suis heureux aujourd'hui de vous présenter Marie-Françoise et Michel.

La révélation de la maladie et de la foi,
psychographie avec Marie-Françoise

« Je m'appelle Marie-Françoise.

Je suis heureuse de venir vous parler.

J'ai atteint un certain niveau de sagesse, et pourtant, j'ai été jeune et j'ai fait beaucoup de bêtises !

J'étais une jeune femme impétueuse, orgueilleuse, vaniteuse.

Je suis devenue pieuse, humble et charitable, à la suite d'une grave maladie.

Quand on m'annonça la tuberculose, j'ai cru que j'allais mourir, car à cette époque cette maladie était mortelle.

C'est dans un sanatorium en montagne que ma santé s'améliora, alors que je traversais une période de forte fièvre, dépassant les 40 degrés. Je distinguai à mes côtés l'esprit d'une femme qui me regardait avec bienveillance.

La religieuse présente à mon chevet m'entendit murmurer, en plein délire, ces mêmes mots : “Ô mon Dieu, merci, je ne recommencerai plus. Je vous le promets, j'aiderai. Si vous me laissez en vie, oui !”

Je suis devenue une femme guidée par l'amour de la charité.

Je pris l'habitude de rendre visite aux plus démunis, aux pauvres de ma paroisse.

Je faisais partie d'une association de secours catholique, et je rendais visite à des familles nombreuses qui avaient peu de moyens pour se nourrir.

Je connaissais beaucoup de monde, j'organisais des collectes de chaussures, de vêtements, d'argent, de nourriture.

Je me revois frapper à une porte. Il est tard, la nuit tombe, mais je sais qu'à cette heure toute la famille est réunie autour de la table.

C'est l'heure du souper. Le père travaille comme ouvrier journalier dans une ferme, il rentre des champs, épuisé. Je frappe à la porte, tenant dans ma main un panier rempli de victuailles dans lequel se trouve un grand jambon de Bayonne, enveloppé dans un torchon. Il y a aussi quelques œufs, du fromage, un peu de viande et de la farine. La porte s'ouvre, les enfants crient de joie à ma vue. Je vois la mère debout à côté de l'âtre préparer le souper. Elle essuie ses mains sur son tablier avant de me saluer, son visage s'illumine d'un sourire venant éclairer la fin de cette journée.

Le père se lève, insistant pour me céder sa chaise.

La chaleur de leur accueil envahit mon cœur, je lutte contre quelques larmes quand je vois la misère qui m'entoure. Je sais que, grâce à ce panier, ils seront un moment rassasiés. Je ne peux supporter cette misère qui me rend malheureuse. L'amour m'apaise à chaque visite. Rentrée dans mon humble demeure, j'enlève les épingles qui retiennent mon chapeau, jusqu'au moment du coucher, je prie Dieu de me donner la force de continuer.

Je n'ai jamais vécu dans la richesse. Dieu a toujours pourvu à mes besoins et j'ai donné ce que j'avais en ma possession. C'est ainsi que progressivement j'ai acquis un peu plus de bonté et de sagesse.

Je suis un esprit libre, heureux.

Dieu m'a récompensée de mes bienfaits.

Aujourd'hui, je veille sur les plus "déshérités", les influençant par mes pensées quant aux bons chemins à prendre, lorsque cela m'est permis. »

Alain Joseph : Nous remercions Marie-Françoise de son témoignage, il met en avant sa transformation dans l'épreuve de la maladie, et révèle la présence de son guide. Elle se met au service de son prochain, grandit en bonté et en sagesse. Cette psychographie nous démontre qu'une épreuve peut nous amener à un grand changement intérieur vers l'amour.

L'esprit de Michel nous aide à comprendre le cheminement lié à sa transformation.

Une grande leçon d'humilité,
psychographie avec Michel

« J'étais un homme orgueilleux, vaniteux, cupide, ambitieux, et mon seul désir était de devenir puissant et riche.

C'est ainsi qu'à l'âge de vingt-huit ans j'ai commencé une carrière de magistrat, pour finir par obtenir quelques années plus tard un poste élevé dans la magistrature.

J'avais des capacités intellectuelles, assimilant facilement les différents codes, ce qui me valut une ascension rapide. Je gagnai le respect de mes confrères. Lorsque j'étais invité à des réceptions, beaucoup d'hommes s'adressaient à moi, affichant leur respect et me saluant en inclinant la tête. J'ai acquis le pouvoir de décision, de donner des directives à des personnes sous mes ordres. J'avais de hautes responsabilités. Jusqu'au jour où j'ai abusé de ce pouvoir…

Cette prise de conscience me fit courber l'échine, quand je dus admettre l'emprisonnement injustifié d'un délinquant juvénile. J'avais outrepassé mon pouvoir de décision, m'appuyant sur un article du code pénal sans tenir compte des règles de la procédure habituelle. J'éprouvais de l'aversion vis-à-vis de ce délinquant, qui avait comparu devant moi à maintes reprises pour différents délits. L'avocat démontra que l'instruction avait été bâclée et demanda un complément d'enquête. Ce fut pour moi une épreuve terrible car elle mettait en doute mes compétences à instruire. Je l'ai reçu de plein fouet, en mon cœur, et cela a blessé mon orgueil. Car un élément que je n'avais pas pris en compte démontrait son innocence.

La culpabilité a pris progressivement possession de mon âme. Je croisais dans les couloirs du palais mes collègues qui chuchotaient mon erreur. Je me suis senti humilié. Ma réputation allait s'écrouler. Moi qui n'avais jamais failli aux règles… Je me suis alors tourné vers Dieu ; j'avais toujours eu le sentiment qu'il existait. Je ne fréquentais pas pour autant les églises, je priais en cachette, d'une manière égoïste, pour demander une faveur. Je ne voulais pas montrer mes faiblesses.

C'est un soir, en rentrant du travail, que mes forces me lâchèrent. Accablé par les blessures de mon orgueil et la culpabilité, je me suis mis à boire plusieurs verres. Je me suis écroulé en pleurs, levant les yeux au ciel. J'ai demandé à Dieu : “Pourquoi autant d'humiliation ? Pourquoi moi ?”

La justice des hommes n'est pas celle de Dieu, ce qui est impuni par les hommes ne le sera pas par Dieu. L'interprétation fondamentale des doutes qui m'assaillaient s'appuyait sur les différents codes de la justice des hommes. Ce soir-là, le profond malaise se dissipa alors que je pleurais sur moi-même ; une forme de quiétude s'installa, dans l'évidence d'un nouveau choix à faire. Je pris la décision de quitter le poste que j'occupais et de devenir un avocat, de défendre plus particulièrement la cause des plus défavorisés.

Cette expérience venait de me faire tomber de mon piédestal, elle m'apprenait ce que l'orgueil pouvait engendrer comme souffrance dans certaines situations. Je suis devenu très consciencieux, droit, honnête, charitable, et surtout humble, ayant chassé l'orgueil que j'avais en moi. Je remercie Dieu pour cette grande leçon d'humilité. Dans le monde spirituel, je suis un esprit qui s'intéresse toujours à la justice, mais dans l'étude des différentes lois divines. »

Alain Joseph : Cette psychographie qui s'est conclue par la transformation de Michel est un autre exemple de prise de conscience. Celui-ci a subi tant d'humiliations qu'il se trouve blessé dans son orgueil et poussé à se remettre en question. C'est pour lui une véritable leçon d'humilité, dont il tiendra compte lors de son changement d'orientation.

Ces deux témoignages de Marie-Françoise et Michel nous démontrent que nous avons tous le libre arbitre de réfléchir ou non à ce que la vie nous apporte, dans la diversité de ses expériences. Il nous faut parfois comprendre cela comme des révélations ou des signes. L'important est d'appliquer la sagesse, afin de ne pas tomber dans l'erreur.

Gabriel : Laissons à présent les guides Josuah et Mathieu vous parler de l'importance de leur mission, et de la nécessité pour vous de trouver la paix, la quiétude intérieure et la sagesse.

La sagesse,

psychographie avec le guide Josuah

« Je suis un esprit qui a atteint un certain degré de sagesse. Je vous le dis en toute humilité.

J'ai atteint la paix, la sérénité et la quiétude intérieure.

C'est à travers ce message que j'aimerais vous transmettre un peu de moi-même.

J'avais traversé de longues épreuves et, petit à petit, ma conscience s'est éveillée, dans la compréhension de la spiritualité. Je désirais savoir et comprendre le sens de la vie. Il est difficile, le chemin de l'apprentissage de l'incarnation terrestre, où l'être humain souvent se sent perdu, hésitant entre spiritualité, religion et athéisme.

Sachez que la quête de l'amour doit être une quête intérieure avant tout. L'homme peut chercher à acquérir la connaissance mais, s'il n'a pas la sagesse de l'appliquer pour lui-même, il n'évolue pas.

J'ai fréquenté les églises et différents groupes d'études de la spiritualité.

Je me suis intéressé à la théologie et à ce que les différentes religions avaient en commun, la quête de Dieu, unique, éternel, tout-puissant, souverainement bon et juste, pour comprendre que chacun est attiré par la religion ou la doctrine qui lui convient.

L'homme a besoin d'être guidé et de trouver la voie qui mène à la sagesse. Cela ne peut se faire sans un travail sur lui-même.

J'ai commencé par apprendre à gérer mes pensées, en allant chercher toute la volonté enfouie en moi-même, afin de me battre contre celles qui me déstabilisaient et créaient en moi des émotions et des sentiments négatifs.

J'ai appris à faire confiance à Dieu et à me laisser porter par les événements que je devais vivre. J'ai petit à petit trouvé dans la prière et la méditation la force d'accepter les épreuves terrestres, pour finir par comprendre leur sens spirituel.

Tout au long de ma vie, j'ai fait un long travail sur moi-même, afin de lutter contre mes imperfections, et c'est alors que, progressivement, j'ai trouvé la paix.

Réflexion, tempérance, méditation sont les voies de la sagesse. C'est dans ces conditions que vous pouvez créer dans votre vie, et prendre de bonnes décisions. Les bonnes pensées conduisent aux bonnes actions. Celles-ci doivent toujours être tournées vers l'amour de soi et vers l'amour des autres.

Il est important d'apprendre à ne pas juger son prochain, à être indulgent. Car vous avez aussi vos propres imperfections. Même si quelqu'un vous blesse, fait preuve de méchanceté, de colère, de cruauté, dites-vous que c'est un esprit peu avancé sur le chemin de l'évolution spirituelle et que vous aussi êtes passé par cette étape. Soyez indulgent, bon et généreux, faites preuve de compassion, de bienveillance face à ceux qui n'ont pas encore compris l'essentiel. Ne réagissez pas aux attaques de l'autre, ni à ses vibrations qui sont négatives. Écoutez la voix de la sagesse intérieure et celle de votre conscience, où sont inscrites les lois de Dieu. S'éveiller à la sagesse, c'est ne plus penser ni agir avec légèreté et insouciance.

Vous autres, les esprits incarnés, avez tendance à ne pas vous améliorer et à reproduire les mêmes schémas, les mêmes attitudes égoïstes qui vous valent beaucoup de tracas et de souffrance, car il y a toujours un retour dans l'expérience.

Être dans la sagesse, c'est appliquer la loi de l'amour chaque jour qui passe, en éliminant vos imperfections ; c'est être en harmonie avec votre conscience, avec l'aide de Dieu.

Faire preuve de sagesse, c'est aussi apprendre à vous aimer vous-même, afin de pouvoir aimer les autres. Apprendre à être charitable envers vous-même, afin de pouvoir l'être envers les autres. Apprendre à vous pardonner à vous-même, afin de pouvoir pardonner aux autres.

Apprenez à accorder votre pardon et votre bienveillance à vos ennemis, priez pour eux en ayant de bons sentiments dans le cœur. Ils ne savent pas qu'en faisant du mal aux autres ils se font du mal à eux-mêmes.

Ceci est un message de sagesse.

C'est une répétition de ce que vous savez déjà.

C'est en votre connaissance.

La sagesse est la voie qui mène à l'évolution. »

Apprendre à se connaître

« Ne t'en va pas au-dehors, rentre en toi-même ; au cœur de la créature habite la vérité. » (Saint Augustin)

Apprendre à se connaître soi-même afin de pouvoir comprendre ses qualités et ses défauts constitue l'une des prémices de la réalisation d'un grand pas vers les prises de conscience qui conduisent à la sagesse.

Vos expériences de vie, vous plaçant tantôt en position de force ou de faiblesse, vous amènent à vous interroger sur l'attitude à avoir dans de nombreuses situations. Comment allez-vous réagir ? Il est évidemment fondamental de comprendre avant tout l'essence du bien et du mal pour choisir la direction que l'on va prendre.

La première question à se poser avant d'agir est la suivante : Est-ce que l'acte que je vais poser est susceptible de créer chez mon prochain un mal-être, une contrariété, une souffrance morale ou physique, ou au contraire un bien-être, un apaisement, une aide, de l'amour ?

La deuxième question à se poser est : Est-ce que, si j'étais à la place de l'autre, j'aimerais qu'on me fasse ce que je m'apprête à faire ? Il est important de vous rappeler que vous ne devez pas faire aux autres ce que vous n'aimeriez pas que l'on vous fasse.

De cette façon, vous arriverez à respecter les lois de l'amour. Tour à tour placé par la vie dans des situations opposées, vous interpréterez plusieurs rôles. L'homme averti dans le domaine de la spiritualité ne tombera pas dans le piège de l'égoïsme ou de tout ce qui peut représenter le mal.

Gabriel : Je vous présente l'esprit de Mathieu, guide instructeur.

Guide instructeur,
psychographie avec Mathieu

« Je suis Mathieu, un esprit guide instructeur.

J'ai atteint un niveau de sagesse et de compréhension dans l'amour qui me permet aujourd'hui d'instruire ceux qui étaient centrés sur eux-mêmes dans l'égoïsme et l'amour des biens matériels. Je suis appelé à me déplacer jusqu'aux niveaux vibratoires proches de la terre, parfois accompagné par mes élèves, afin de leur montrer les dégâts que peuvent occasionner l'égoïsme, l'orgueil, la cupidité ou la vanité dans les attitudes de l'esprit incarné.

C'est un tableau vivant sur lequel il nous est facile de lire, dans vos pensées, et de voir, dans vos corps spirituels, les déséquilibres déjà inscrits et occasionnés par votre mode de fonctionnement. Vos vibrations s'alourdissent dans l'attachement à la matière, elles s'épurent dans la quête de la spiritualité, dans des prises de conscience suivies de changements, d'améliorations.

Nous organisons aussi des réunions d'études dans le monde spirituel, et assistons aussi à certaines de vos réunions à vous.

Ici, je suis un guide instructeur, un peu comme le maître d'une école dans laquelle chaque esprit possède le libre arbitre d'écouter les mots de la sagesse et de la connaissance ou, à l'inverse, de décider de ne pas être dans l'étude. L'ignorance entraîne la stagnation de l'esprit, qui prendra tôt ou tard conscience de la nécessité de l'étude, à l'occasion d'une nouvelle incarnation.

Ici se réunissent les esprits des parents qui ont failli à leur devoir ; ils échangent afin de comprendre leur comportement et ne pas faillir une nouvelle fois.

Ici se réunissent les hommes qui ont fait preuve d'égoïsme et d'orgueil ; comprenant ces défauts, ils expriment leurs regrets, et cherchent à évoluer.

Ici se réunissent ceux qui ont attaché de l'importance à l'alcool, au sexe, au plaisir charnel et à toutes les addictions. Celles-ci ayant eu des répercussions sur leur état physique et dans leur vie, le sentiment de culpabilité les entraîne vers une souffrance morale que chacun essaie de gérer à sa façon, avec l'aide des guides.

Ici, certains sont malades et perturbés par leurs schémas de pensées et ne cessent de voir leurs méfaits. Un travail de libération est nécessaire. C'est à ce moment que les guides médecins peuvent intervenir et les guider dans nos "hôpitaux", où les "passes magnétiques" aident au bon rétablissement et ramènent l'équilibre où se trouve le "chaos". »

Alain Joseph : Je remercie Josuah et Mathieu de ces messages, qui sont des rappels importants à intégrer pour notre évolution.

Gabriel : Je souhaite te confirmer, Alain Joseph, la présence à tes côtés du guide Josuah, qui s'était présenté à toi dans ta chambre d'hôtel, une nuit, après une conférence médiumnique.

Josuah se présente

« Je profite de ce moment de pause pour me présenter à toi une nouvelle fois. Je m'appelle Josuah, nous avons déjà conversé et je te confirme mon rôle de guide à tes côtés, avec tes autres protecteurs, Gabriel, Carole, Martine.

Je suis dans le monde spirituel depuis des milliers d'années, j'ai terminé mon parcours, mais il me reste encore du chemin à faire dans un autre monde plus évolué que la terre, où le niveau vibratoire est bien plus élevé et où règnent l'amour et la compréhension.

Ce monde doit encore évoluer dans la connaissance scientifique et intellectuelle. Mais son degré d'évolution morale permet des communications par la pensée. La parole y est inutile.

Les êtres habitant cette planète sont dans l'amour, la sagesse. Ils attendent une nouvelle évolution et veulent comprendre les lois qui régissent l'univers.

Je suis pour l'instant en attente d'une mission dans ce monde, mais avant cela, je dois te suivre dans cet ouvrage et ton travail encore un long moment.

Vous autres, les êtres humains, êtes loin du niveau de cette planète. Vous avez encore un long chemin à faire dans la compréhension des lois divines.

Une étude est nécessaire, mais la plupart d'entre vous privilégient le matériel et non le spirituel. Pour beaucoup, l'égoïsme guide vos pas ! Il est temps de réagir et de faire un travail sur vous-mêmes. Celui-ci est nécessaire à votre évolution.

Cet ouvrage est un guide qui doit vous mener à comprendre le sens de votre vie et, dans la réflexion, la tempérance, vous aider à éliminer vos imperfections.

Chassez l'égoïsme pour être dans l'amour !

Étudiez, chaque jour qui passe, en demandant l'aide de votre guide ou de Dieu, afin d'être meilleur le lendemain.

Mon rôle de guide est d'assister ceux qui cherchent à évoluer, ceux qui sont perdus.

Je suis contraint de descendre en vibration pour être à vos côtés.

Nous, les guides, le faisons par amour.

Nos influences sont celles de l'amour, de l'inspiration, afin que vous puissiez vous améliorer et prendre la bonne route. Ce n'est pas facile !

Nos pensées ne sont pas entendues, ou bien elles sont prises pour un effet de l'imagination.

Il est facile de distinguer une pensée qui vous vient de votre subconscient d'une pensée que nous vous inspirons. Les contradictions démontrent notre présence.

Vous avez toujours, en n'importe quelle circonstance, le libre arbitre de choisir.

Vous devez comprendre les influences spirituelles qui vous entourent.

Faites, je le répète, attention à vos pensées, comprenez la loi des fluides et affinités.

Sans le savoir, vous entretenez des échanges avec des esprits, attirés par vos pensées plus ou moins bonnes. Chacune de vos pensées, quand elles sont constantes, attire des esprits en affinité avec elle.

Je le répète, élevez vos pensées dans la méditation et la prière, afin de demander protection et aide, vers les bonnes décisions. Toujours dans le sens de l'amour de votre prochain, en agissant par la réflexion et la tempérance, deux outils qui doivent vous aider à avancer. Soyez heureux, nous sommes là ! Vous, les êtres humains qui comprenez et appliquez le détachement des biens terrestres, nous vous aiderons à avancer. »

Alain Joseph : Merci, Josuah, de ta présence, je suis heureux de cet accompagnement.

*

L'esprit de Josuah avait fait son apparition au milieu de la nuit, alors que je ne trouvais pas le sommeil. Son message avait été clair : « Je viendrai plus tard à toi, t'aider à soutenir ceux qui te liront ou croiseront ton chemin, à comprendre l'importance du travail sur soi-même. »

Sur ces quelques mots, il m'avait laissé dans une longue interrogation, car j'avais déjà trois guides qui m'aidaient à travailler. J'ai fini par comprendre qu'un médium peut être soudain assisté par un nouveau guide au cours de son existence.

GABRIEL NOUS PARLE DES INFLUENCES SPIRITUELLES

Gabriel : Josuah évoque les influences spirituelles, il est très important d'en connaître pour vous la véritable nature. Le monde terrestre est peuplé d'êtres humains, donc d'esprits incarnés, mais aussi d'une foule de « désincarnés » qui, pour différentes raisons, errent dans l'attente ou non d'une nouvelle incarnation. Ils peuvent être retenus à vos côtés parce qu'ils sont attachés à leurs biens matériels, par leurs addictions, par la souffrance des proches restés sur terre, par l'incompréhension de leur situation. Ils stagnent dans une errance dont la longueur peut être indéfinissable, variable selon leur volonté de se remettre en question.

Leurs états d'âme, comme vous l'avez compris à travers ces différentes psychographies, sont heureux ou malheureux, en résonance avec leurs agissements passés, dans le bien ou dans le mal qu'ils ont accomplis. Ces esprits comptent un nombre incalculable de degrés d'évolution, il serait trop difficile de les classer ; aussi, pour résumer, nous pourrions les différencier en quatre classes :

Les esprits d'une nature à vouloir faire le bien, ce sont les « bons esprits ».

Ceux ayant un penchant à vouloir faire le mal, ce sont les mauvais esprits ou, dans un terme plus compassionnel, car ce sont nos frères et nos sœurs, je les appelle, les « esprits imparfaits ».

Toujours dans la notion du mal, nous observons aussi les esprits d'une nature « légère » et totalement « insouciante ».

Pour finir, certains esprits se distinguent aussi par le fait qu'ils ne vont ni vers le bien, ni vers le mal, c'est ce que j'appelle les « esprits neutres ».

Les esprits mauvais, légers et neutres sont des esprits qui se distinguent par leurs imperfections. Comme tu as pu le constater, Alain Joseph, dans tes échanges médiumniques avec le monde des esprits, ceux-ci sont facilement reconnaissables par leurs propos... Un médium doit toujours faire preuve de discernement face au contenu du message qu'il reçoit, et il doit pour cela étudier aussi le caractère et l'intention de l'esprit qui intervient. Je dois préciser que dans l'analyse précédente je n'ai pas inclus les esprits très évolués et d'une hiérarchie supérieure aux bons esprits.

L'homme est donc entouré par d'innombrables esprits, familiers ou inconnus, qui viennent lui rendre visite. Ceux-ci peuvent épier ses pensées et ses comportements. Ils ressentent très facilement les vibrations que l'homme dégage et s'en imprègnent. Ils peuvent ainsi avoir, comme vous allez le comprendre, une influence positive ou négative selon leur nature.

Le guide Josuah, dans son précédent message, vous parle des influences spirituelles et vous encourage à faire attention à la nature de vos pensées et à vos comportements. Ces esprits qui vous entourent vont chercher des êtres humains avec lesquels ils auront des liens de sympathie. Ne cherchez-vous pas vous mêmes, sur terre, à être entourés de personnes avec lesquelles vous êtes en amitié et avez des points en commun ?

Dans les paragraphes à suivre, nous distinguerons trois classes d'esprits : les bons esprits, les esprits mauvais et les esprits légers.

Les bons esprits : l'être humain a toujours à ses côtés un être qui a atteint un haut degré de perfectionnement dans la sagesse, la connaissance, et de ce fait dispose des capacités à savoir ce qui est bon pour lui. Vous l'appelez bien souvent votre « guide », ou « ange gardien ». Il vous connaît depuis le monde de l'astral, vous avez choisi avec lui, je vous le rappelle, votre plan de vie. Il connaît vos pensées, vos états d'âme, vos faiblesses, vos qualités, les points sur lesquels vous devez vous améliorer. Vous pouvez l'invoquer, lui parler, le remercier de sa présence à vos côtés.

Vous avez aussi d'autres bons esprits autour de vous, qui ont pu faire partie de votre famille, un grand-père ou une grand-mère, ou même des arrière-grands-parents que vous avez pu connaître dans cette vie ou non, mais très certainement quand vous étiez dans le monde spirituel. Ces êtres sont des « guides familiaux ». Ils demandent à Dieu la permission de vous suivre dans votre parcours terrestre, par amour pour vous. Vous pouvez aussi les remercier de leur présence à vos côtés.

Alain Joseph : Quelle est leur influence ?

L'influence des bons esprits

Gabriel : Vos chers disparus peuvent parfois vous être d'une aide efficace, influençant une personne pour qu'elle se trouve sur votre chemin afin de vous assister ; mais à la condition que cela soit permis, car ils ne peuvent changer les événements prédéterminés de votre plan de vie. Les contacts médiumniques démontrent leur présence à nos côtés. Ils peuvent donc aussi, parfois, vous insuffler par le biais de la télépathie une idée, une pensée qui vous conduira à une réflexion, puis à un acte, toujours pour votre bien. Ils jouent enfin un rôle de protecteurs dans le monde spirituel, en éloignant les mauvais esprits. Votre guide spirituel a un rôle similaire, mais il dispose d'une plus grande capacité de protection. La lumière qu'il dégage fait aussitôt fuir les mauvais esprits, dès que sa présence se fait ressentir ; il vous influence toujours par ses bons conseils, ses bonnes idées. Mais combien d'entre vous sont à l'écoute de leur guide spirituel ? Lui demandent de l'aide ? Savent entendre ses conseils ? Le mental de l'homme fonctionne sans arrêt, des milliers de pensées assaillent son esprit, souvent il n'entend pas la voix de sa conscience, par laquelle son guide essaie de lui faire entendre raison.

Lorsque vous pensez à un sujet qui vous préoccupe, vous pouvez, en y réfléchissant, avoir une opinion bien arrêtée quant à la décision que vous devez prendre. Si à maintes reprises vous vous posez la même question, et qu'une pensée contraire vous vient à l'idée, il peut s'agir de l'influence d'un de ces bons esprits. Les guides familiaux ou les guides spirituels ne peuvent agir à votre place, et vous avez toujours le libre arbitre de les écouter ou pas. Suivez votre intuition, écoutez la petite voix qui est en vous. Si elle vous influence dans le sens de la charité, de l'amour, du pardon, du bien… vous pouvez être sûr d'être en contact avec un bon esprit.

Cherchez à vous améliorer, à éliminer vos défauts, à devenir un homme de bien, à positiver, à élever ainsi vos vibrations dans la joie, la prière, la méditation, vous serez alors bien entouré.

N'oubliez jamais la loi des affinités. Sur terre, on dit aussi : « Qui se ressemble s'assemble. »

Les esprits mauvais sont ceux qui sont en bas de l'échelle de l'évolution spirituelle. Ils aspirent à faire le mal. Ils ont fait preuve durant leur parcours terrestre de cruauté, d'égoïsme au plus haut niveau, et ont agi dans la seule intention de protéger leur bien-être et leur survie, n'hésitant jamais à faire souffrir les autres et à se réjouir de leurs méfaits. Ce sont les assassins, les criminels, les êtres qui s'expriment dans la violence et dans le mal à différents degrés. Ils vivent le moment présent dans l'ignorance ou le refus de l'existence de Dieu et de ses lois.

Les psychographies du comte de M., de Marc ou de Bernard sont des exemples qui le démontrent.

Gabriel : Cher Alain Joseph, dans ta médiumnité, n'as-tu pas plusieurs fois ressenti, au niveau de ton plexus, les vibrations négatives des esprits de cet ordre ? Perdus dans les miasmes de leur souffrance, ces esprits imparfaits sont malheureux et désirent voir les êtres humains dans la même situation. Ils se regroupent dans la compréhension de la même douleur et par le même désir de nuire, en s'associant à des pensées de haine, de vengeance, de destruction au service du mal.

Un médium peut dans un travail de libération et d'échange amener un esprit de cet ordre à se repentir et à changer d'état de conscience.

Alain Joseph : Ces esprits imparfaits ont-ils la capacité d'influencer un être humain ?

Gabriel : Oui, bien sûr ! La plupart des êtres humains reçoivent une influence en rapport avec leur milieu. Les esprits mauvais fréquentent les milieux terrestres où règnent la violence, la haine, le meurtre. Dans un besoin de ces mauvaises vibrations, ils influencent les humains par leur pensée à commettre des crimes en tout genre, afin de pouvoir se nourrir de l'énergie des actes posés dans le mal. Certains hommes n'ont aucun scrupule à commettre des délits au plus haut point répréhensibles pour satisfaire leur orgueil dans le pouvoir et la domination. Ces esprits qui les entourent sont non seulement heureux d'éprouver du plaisir à revivre indirectement leurs crimes, mais également à voir leurs victimes s'alourdir de dettes karmiques.

Les esprits de cet ordre peuvent aussi entretenir de vieilles rancunes de vies passées et décider de se venger, sous la forme de différentes obsessions sur des êtres incarnés avec lesquels ils étaient en conflit, rendant ainsi leur victime soumise à leurs pensées et à leurs désirs.

Cependant, je vous rappelle que cette influence occulte ne peut se conclure que si l'homme a les mêmes penchants pour le mal dans ses pensées et dans ses comportements. Le rapport vibratoire doit être en harmonie afin qu'il puisse y avoir une syntonie.

L'influence des esprits légers

Les esprits légers sont ceux qui n'ont pas encore pris conscience qu'il fallait trouver le chemin menant à Dieu. Ils ont le temps et n'ont guère envie de faire de travail d'introspection. Ils considèrent la vie sur terre d'une manière légère et frivole. Ils sont heureux de pouvoir provoquer chez les êtres humains des peurs, des interrogations, des tracasseries en tout genre.

Souviens-toi, Alain Joseph, de cet esprit qui, lorsque tu étais en vacances, te prévint en ricanant que l'on allait essayer de te voler ta carte bleue. Pense aussi aux coups portés dans les meubles et dans les portes, qui visaient juste à te déstabiliser.

Tu as déjà eu l'occasion de l'expliquer, les esprits ne résolvent pas les problèmes et ne répondent pas à des questions d'argent, ni d'ordre matériel. Sauf les esprits légers et frivoles, qui adorent influencer certains médiums pour les induire en erreur, se moquant ainsi de la crédulité de leur consultant.

Tout médium sérieux qui entre en contact, sans les voir, avec ce genre d'esprits, doit savoir faire preuve de discernement, car ils peuvent essayer de se faire passer pour d'illustres personnages de l'histoire humaine, ou pour des saints, des êtres de lumière.

Ils adorent créer des tensions, des contrariétés entre les êtres incarnés et peuvent les déstabiliser en leur faisant peur, par exemple. Ils le font d'ailleurs bien souvent pour s'amuser, sans prendre en compte le fait que ces peurs peuvent provoquer beaucoup de mal.

Les esprits légers, très attachés à la terre, souhaitent continuer à vivre comme ils le faisaient du temps de leur vivant. Rappelle-toi, Alain Joseph, la matérialisation sur photo de l'esprit d'un homme apparaissant à l'une des fenêtres de ton appartement alors que tu organisais une soirée. Encore habillé d'une veste, d'une chemise, d'une cravate, il adopte la belle allure qu'il avait l'habitude de prendre. Cet esprit, se croyant encore de ce monde, souhaitait participer à ta soirée.

Les esprits légers s'obstinent à entourer les êtres humains de leur présence car ils sont encore très attachés à tout ce que la terre pouvait leur offrir comme biens matériels, mais aussi à tout ce que leur corps physique avait pour habitude de leur offrir comme sensations.

Alain Joseph : Quelles sont leurs influences ?

Gabriel : Les esprits de cet ordre sont encore dans leur addiction terrestre et influencent les humains qui possèdent les mêmes affinités. Leur désir d'éprouver les différentes sensations que le corps physique offrait est plus fort que la compréhension de leur situation réelle. Un esprit qui avait un fâcheux penchant pour la cigarette, par une habitude profondément ancrée, va errer jusqu'à ce qu'il trouve un ou plusieurs fumeurs auxquels s'attacher pour se nourrir des vibrations que la sensation de fumer lui procure. Il pourra aussi, par ses pensées, influencer le fumeur à fumer davantage, devenant ainsi un esprit obsesseur. Si l'homme possède en lui le même défaut, il sera tenté d'accroître grandement sa consommation. Ce n'est que lorsque cet esprit obsesseur prendra conscience qu'il ne peut plus jouir des sensations éprouvées du temps de son vivant qu'il finira par laisser tranquille sa victime. C'est ce qu'on appelle un phénomène de vampirisation ! Il arrive fréquemment que l'homme se crée des dépendances à la nourriture, à l'alcool, au tabac, au sexe ou à la drogue. Il croit à tort que, lorsque viendra la mort, il en sera libéré. Devenu esprit, il éprouvera la souffrance de ne pouvoir assouvir ses besoins, et se retrouvera à fréquenter à son tour les êtres humains possédant les mêmes addictions !

Un autre point essentiel est celui des répercussions des excès sur le corps physique. Dans un manque total de respect envers lui-même, l'homme, dans ses habitudes, ne prend pas toujours soin de son corps. Par ce comportement, il s'attire de graves problèmes de santé qui peuvent causer sa mort.

Dans le monde spirituel, un homme qui toute sa vie aura été dépendant de l'alcool, par exemple, sera considéré comme étant à l'origine de sa désincarnation. Il sera rendu responsable de cet acte, assimilé à un suicide, et devra en assumer pleinement les conséquences.

Alain Joseph : Comment faire pour ne pas être sous leur influence ?

Pour éviter de se retrouver sous influence

Gabriel : Apprendre à se connaître soi-même est important pour réussir à éliminer ces défauts qui attirent les esprits possédant les mêmes imperfections. Nous avons parlé précédemment des addictions de l'homme et des influences spirituelles du même ordre qu'elles peuvent susciter. Pour mettre fin à celles-ci, il suffit de ne plus être dépendant de ces besoins. L'être humain exprime également différents sentiments et émotions, comme la colère, la méchanceté, la violence, mais aussi ressent de la tristesse, de la mélancolie, de la déprime. Quand celles-ci durent, elles créent un déséquilibre en lui, et rabaissent ses vibrations. En persistant dans cette négativité, il attire à lui les esprits qui sont malheureux et dans la même vibration. Il leur ouvre alors la porte toute grande, leur permettant ainsi par leur pensée d'influencer l'homme vers davantage de négativité, de peine, de souffrance.

Ils appuient toujours sur les points qui font mal, sur vos faiblesses et sur vos peurs. Je vous invite à en prendre conscience et à réagir en conséquence. Votre libre arbitre joue une fois de plus un rôle important dans la volonté ou non de changer vos pensées, vos attitudes, vos comportements. Vous pouvez élever vos vibrations par les pensées positives en cherchant en vous la joie de vivre, mais aussi par la pensée, la prière ou la méditation, afin de trouver la paix intérieure.

Parfois, cette paix vous semble tellement inaccessible que vous renoncez à faire les efforts nécessaires pour l'atteindre. Réveillez vos consciences, redoublez d'efforts ! Ainsi les liens qui vous unissent à ces esprits finiront par disparaître. Imaginez qu'un esprit léger ou mauvais soit à vos côtés, éprouvant du plaisir à susciter chez vous davantage de mal-être. Si la situation dure, il se réjouit, mais si tout à coup vous changez d'état mental, en appelant vos guides, les bons esprits, en retrouvant la confiance en Dieu que vous aviez perdue, pourquoi cet esprit resterait-il à vos côtés ? Il se désintéressera de votre situation, et toutes les affinités et liens qui l'attachaient à vous seront alors rompus.

Nous, les guides, nous insistons sur l'importance de s'améliorer et de se connaître soi-même, dans un travail qu'il faut un jour ou l'autre commencer. Si l'homme avait dans son cœur toujours la bonté d'aider, de s'améliorer, d'appliquer la loi d'amour, il attirerait toujours à lui des bons esprits ! Voilà la meilleure protection contre les esprits imparfaits.

L'influence des esprits partis volontairement

Josuah : Il existe une autre influence négative, dont on parle très peu, car dans votre compréhension ce sujet est difficile à aborder. Il s'agit de l'influence possible de ceux qui ont choisi de quitter le monde terrestre par le suicide. Nous devons comprendre la situation difficile des êtres qui ont fait ce choix. Nous sommes nombreux ici, dans le monde spirituel, à vouloir apporter de l'aide à ceux qui se trouvent aux plans inférieurs et qui tournent sur eux-mêmes, dans un monde de pensée qui leur est propre. Certains d'entre eux pensaient être définitivement morts et ressentent de la colère de n'avoir pas réussi à mettre un terme à leur vie et à leur souffrance. D'autres expriment des sentiments négatifs qui les empêchent d'être dans l'acceptation, et sont au contraire dans la révolte. Le suicidé doit être dans un repentir sincère pour pouvoir aspirer à des conditions meilleures dans le monde spirituel.

Sa situation est très difficile, plus particulièrement encore quand il est empreint de colère, de haine. Les vibrations qu'il dégage alors sont très basses. Certains esprits ont mis un terme à leur vie terrestre dans l'idée de punir une personne, pour la faire souffrir. Il faut comprendre que ces esprits, dans leurs moments de lucidité, poursuivent ce même but dans le monde spirituel, et qu'il leur est parfois possible d'influencer la personne incarnée à laquelle ils pensent. Ils peuvent ainsi projeter sur elle, par volonté de vengeance, des idées suicidaires pour qu'elle vienne les rejoindre. Cela ne sera bien sûr pas possible car au regard de Dieu ils ont commis la plus grande des offenses.

Il existe différentes causes de suicides. Certaines d'entre elles bénéficient de circonstances atténuantes car chaque être a son histoire personnelle et des intentions différentes. En revanche, quand l'acte de suicide a eu pour but ultime le désir de vengeance, cela constitue une circonstance aggravante et vient à ce titre accroître la dette karmique.

*

À ce moment de la psychographie, mon guide me dit avoir un exemple bien concret de ce genre de situation. Il m'invite à prendre en psychographie un dialogue avec un esprit en très grande difficulté et qui reste enclin à de mauvaises intentions.

Psychographie avec un esprit vengeur

« L'esprit écrit :

Depuis ici, j'ai voulu me venger de ma femme en la culpabilisant.

Je savais qu'elle m'était infidèle.

Je suis ici autorisé à venir parler de mon désespoir.

Je me suis vengé. Ah ! Je l'ai bien fait souffrir.

Elle m'a trouvé ce jour-là pendu aux escaliers.

Je la revois crier d'effroi en découvrant mon corps face à la porte d'entrée.

Elle a laissé tomber tous ses paquets, puis cela a été le trou noir pour moi, les mêmes pensées sans fin, la même scène toujours et encore.

Je me mets une corde autour du cou, que je serre, je saute de la rambarde. Le coup a été sec et violent.

Je revois les tremblements de mes jambes et de mes pieds qui se balancent. La mort n'a pas été rapide.

J'ai vécu cette scène avec la souffrance liée à la destruction de mon corps physique puis, par la suite, j'ai ressenti une autre souffrance, liée à mon deuxième corps ; oui, je l'appelle comme cela, celui que l'on ne voit pas et qui est attaché au corps de chair. Je ne m'attarderai pas à vous en dire davantage, car la liste de mes regrets est trop longue. La culpabilité, les angoisses qui me rongent n'en finissent pas.

Pourquoi ai-je fait l'imbécile ? Pourquoi cette haine ?

La haine m'emporte dans les fins fonds de l'obscurité de mon âme, dans le froid de la vengeance, obsédé par l'injustice, dans la colère envers Dieu qui m'avait laissé vivre ! Obsédé par ma femme qui m'avait trahi plusieurs fois, je suis resté longtemps, longtemps dans la haine. J'ai influencé petit à petit ma femme en l'aidant à se détester, en lui parlant, en étant à côté d'elle, en lui disant qu'elle était responsable de ma mort. "Tu es une mauvaise femme, une salope, une traînée, une putain !" "Tu as la mort de ton mari sur la conscience. » « Tu n'as aucun droit de vivre sur cette terre !"

“Saute par la fenêtre du deuxième étage ! Allez, saute ! Allez !”

Je la voyais dans le lit avec son amant. Elle pensait parfois à moi, c’était alors facile de m’approcher d’elle, elle m’avait ouvert la porte et je recommençai. “Tu es une salope, une traînée, tu ne vaux rien du tout, tu n’as aucun sentiment pour l’homme avec lequel tu couches.” “Tu as commis le péché d’adultère, tu ne mérites pas de vivre. ” “Saute du deuxième étage !” »

Alors que l’impulsion du crayon se fait d’une manière continue, un profond malaise s’empare de moi devant cette terrible confidence. Je pose à voix haute la question : C’est vrai, tout ce que vous me racontez là ?

« *L’esprit* : Oui, bien sûr ! Je suis présent, là, à côté de vous, à vous faire écrire.

Avec l’autorisation de vos guides, présents à côté de vous, je dois vous parler de ce que j’ai fait. J’ai continué ainsi longtemps. Ma femme, progressivement, est tombée dans une dépression. Ce n’est pas pour autant que cela me soulageait, mais j’étais obsédé par l’idée de me venger. Elle a pensé en finir avec la vie. Les enfants n’habitaient plus à la maison.

Il était facile de l’obséder. Même dans son sommeil j’avais réussi à l’atteindre, par des cauchemars.

Je suis venu ainsi un jour au terme de ma vengeance. J’ai tellement insisté en lui servant les mêmes phrases qu’elle a fini par devenir une putain, multipliant les aventures pour assouvir un mal-être inconscient. Au bout du compte, elle a avalé des cachets.

Ah, enfin ! Elle était devenue une femme en colère, qui avait le désir de se venger des hommes qu’elle rencontrait pour l’argent et le plaisir.

Je suis doublement coupable d'être un suicidé et un meurtrier. Ici, je n'ai pas revu ma femme, elle est loin de moi. Peut-être un instant aurais-je voulu partager avec elle ma souffrance.

Je comprends, aujourd'hui.

Je vais devoir payer mes erreurs sur plusieurs vies de peine. Je ne peux lui pardonner, tout cela est de sa faute !

Je ne peux chasser ma colère. Je lui avais tout donné ! Pourquoi, pourquoi a-t-elle fait cela ?

L'idée de comprendre me vient, grâce à notre dialogue d'aujourd'hui.

J'aurais dû la quitter. Je n'aurais pas dû vouloir me venger et encore moins la pousser à se faire du mal à elle-même.

Je suis un être malsain, je ne mérite en rien la clémence de Dieu.

Oh, oui ! Je m'appelle Didier et je sais que je vais payer.

Ma femme s'appelle Marie. Je ne peux la voir, c'est interdit.

Je n'avais pas un fond méchant. La vie peut vous amener à faire des choses horribles sur terre et après. Ici, je suis devenu un esprit obsesseur !

Je suis un suicidé et un meurtrier !

Je suis là, je ne vous vois pas, simplement ces êtres qui me demandent de vous parler.

Je suis mort le 8 décembre 2002.

Didier. »

Je relève ici l'importance des dangers de l'obsession, quand l'esprit prend totalement possession de l'être incarné en l'influençant par ses pensées afin qu'il fasse ce qu'il veut. Didier explique avoir réussi à se venger de sa femme, et de deux manières.

Les projections mentales qu'il exerce sur elle la persuadent qu'elle est une dépravée et l'incitent à se donner la mort.

La loi des affinités fonctionne car Marie, par ses comportements, s'abaisse dans des vibrations de plus en plus basses, donnant ainsi l'opportunité à son mari d'une subjugation totale.

La négativité qui s'est dégagée de ce contact m'a laissé pantois. Je savais que nous allions aborder la question du suicide et je me demandais si, en psychographie, mes guides m'amèneraient à faire d'autres rencontres.

Le lendemain, je m'installai à mon bureau, me plaçant à la disposition de mes guides, quand trois esprits m'apparurent, trois jeunes que je connais pour avoir déjà servi d'intermédiaire dans des messages adressés à leurs parents.

Ceux-ci m'avaient au préalable déjà fait parvenir leurs témoignages écrits, pour que je les inclue dans le livre que j'étais en train d'écrire.

Gabriel, Gwen et Gaëlle sont trois jeunes qui ont pris la décision de quitter ce monde, et tous les trois de la même manière. Avant de partager avec vous les écrits de ces trois amis, qui ce jour-là avaient décidé d'utiliser ma médiumnité, je tiens à vous faire part d'une anecdote.

Après avoir terminé ce travail avec Gwen, Gabriel et Gaëlle et les avoir remerciés, je me suis demandé si leurs parents allaient accepter, pour une question de discrétion, que j'indique dans cet ouvrage leurs vrais prénoms.

Les esprits de Gabriel, Gwen et Gaëlle avaient en effet insisté sur l'importance de les citer, aussi leur dis-je, sur le ton de la plaisanterie : « J'hésite à appeler vos parents. Auriez-vous un moyen de faire en sorte qu'ils prennent contact avec moi ? »

Quelques heures plus tard, je relève mes courriels, et j'ai la surprise d'en voir apparaître deux : l'un de la maman de Gaëlle me rapportant un signe de sa fille, l'autre de la maman de Gwen qui proposait un complément de son témoignage pour mon livre !

J'étais agréablement surpris, cependant je n'avais pas de nouvelles de la maman de Gabriel. Je décidai alors de lui téléphoner le lendemain et, avant même que je n'ouvre la bouche, elle décroche en me disant : « Ah, monsieur Bellet ! Hier je n'ai pas arrêté de penser à vous, toute la journée et la nuit aussi. J'avais cette phrase en tête : "Appelle M. Bellet, appelle M. Bellet !" »

Quelle belle synchronicité ! Quelle belle preuve d'amour et d'amitié Gabriel, Gwen et Gaëlle nous apportaient là, en influençant leurs parents pour qu'ils viennent à moi.

Vous trouverez les témoignages de leurs parents à la fin du chapitre sur le suicide, mais avant cela, je vous invite à lire les deux psychographies de ces trois belles personnes.

Ce jour-là, Gabriel parla au nom des trois, il écrivit à travers moi :

Psychographie avec Gwen, Gaëlle et Gabriel, qui me fait écrire

« Je suis Gabriel, le fils de Noémie. Je suis venu plusieurs fois à vos conférences, la première fois en compagnie de Gwen, nous avons aussi rencontré Gaëlle.

Tous les trois, nous avions décidé, pour différentes raisons, de mettre un terme à notre vie sur terre, cela a été notre choix, un choix difficile car il allait apporter de la douleur à nos proches.

Mais la souffrance était pour nous trop insupportable. Le passage à l'acte, fait pour l'un sur un coup de tête et pour l'autre préparé sur plusieurs mois, était inévitable.

Dans le cercle vicieux de mes pensées, je faisais un jour un pas en avant, un autre jour un pas en arrière, retardant la décision que je voulais prendre.

C'est un choix difficile, je le répète.

Chaque jour nous croyions aller mieux.

Le lendemain, le rythme infernal de nos pensées nous tirait vers le bas.

Je parle aujourd'hui au nom de Gabriel, Gwen (Gwenolé) et Gaëlle.

Nous nous sommes retrouvés dans l'enfer de nos pensées, vivant sans cesse la même vision d'horreur : le saut dans le vide.

Aujourd'hui, je suis en situation d'apprendre avec mes amis, j'ai la possibilité d'évoluer rapidement, en prenant une nouvelle incarnation. Dieu nous a donné la vie sur terre, il ne faut pas la détruire.

Cela a tellement de conséquences que nous sommes honteux de ne pas avoir cherché en nous l'espérance d'un jour meilleur.

Nous nous introduisons dans vos vies quand cela est possible, en étant appelé par nos parents, en ayant reçu la lumière de leurs prières.

Oui, merci, Alain Joseph ! Votre accompagnement les a aidés, et nous a également aidés à progresser. "Venez ! On parle de vous sur terre, un médium est en contact avec vos mamans, vous avez l'autorisation de parler." Grâce à notre réflexion sur nous-mêmes, nous avons évolué dans un regret profond et sincère. Gaëlle a vite réagi, elle est impulsive ; Gwenolé un peu plus réservé et timide. Nous formons un trio inséparable.

Je suis Gabriel et j'insiste. Aux jeunes qui liront cet ouvrage, nous disons : "Ne commettez pas l'irréparable." Maman a fait le nécessaire afin que nul ne puisse une nouvelle fois sauter de ce pont. Combien d'esprits errent autour de ce lieu ? Combien de temps ont-ils enduré de voir leur corps ? Pourrons-nous enfin être tranquilles ?

Qu'en ce lieu nul ne puisse avoir la possibilité d'en finir avec la vie. Cela n'a pas été facile, pour maman, de frapper à chaque porte pour enfin réussir à obtenir assez de signatures et convaincre les autorités de dire "oui" aux travaux. La sensibilité, la souffrance de maman dans son deuil, ses pleurs incontrôlés ont gagné le cœur de beaucoup de personnes.

Elle est ma maman pour la vie entière. Comme la maman de Gwenolé et de Gaëlle le sont. Ce sont nos mamans qui nous aident par leurs prières.

Nos pères aussi, à différents degrés, chacun cache sa souffrance.

Gaëlle dit qu'elle accompagne son père quand il fait de la moto. Nous embrassons nos parents.

"Je suis celle qui dans son rêve avance vers sa maman dans la lumière, lui tendant les bras pour la serrer contre moi, contre mon cœur."

Il nous est juste permis de dire ces quelques mots. Sachez que nous nous soutenons les uns et les autres.

Gabriel, Gwen, Gaëlle. »

La psychographie ne s'arrête qu'un moment, alors que je la pensais terminée. L'impulsion du crayon m'invite à poursuivre. Ce dernier message de Gwen, Gabriel et Gaëlle est adressé aux jeunes :

« Nous avons un autre message : nous venons vous dire à vous, nos chers parents, tout l'amour que nous avons pour vous, mais aussi tous nos regrets. Nous savons que vous nous avez pardonnés.

Il n'en reste pas moins que chaque jour nous ressentons votre peine.

Nous avons le désir de réparer.

Nous sommes sortis d'une longue période de souffrance.

Il est grand, immense, le pays de l'amour, quand on a dans le cœur une demande de pardon sincère. Dieu nous écoute.

Merci à ceux qui, sur terre, ont prié pour nous.

Votre aide est immense.

Nous sommes sur la voie de la rédemption.

Nous venons à travers ce médium vous adresser un message à vous, les jeunes qui avez le blues, ne vous laissez pas emporter par la déprime, par le désespoir, regardez ce que la vie peut encore vous offrir, et alors que tout peut vous sembler sans espoir, dans la croyance et la foi en Dieu, vous verrez la lumière éclaircir votre chemin. Nous regrettons notre manque de confiance en Dieu. Nous sommes avec vous par la pensée, embrassons nos parents dans la prière de chaque jour.

Que nos départs servent à leur évolution.

Amour à jamais,
Gaëlle, Gabriel, Gwen. »

Alain Joseph : Merci Gaëlle, Gabriel, Gwen, pour ce beau message que vous adressez aux jeunes. « Ne commettez pas l'irréparable ! » Ce conseil est également valable pour les moins jeunes qui seraient tentés d'accomplir un tel acte.

IV

LE SUICIDE

Je souhaiterais, avant de commencer ce chapitre, adresser ma profonde sympathie à tous ceux qui ont perdu un être cher de cette manière.

Il n'y a aucun mot, aucune phrase qui pourrait adoucir la description de la violence d'un acte volontaire contre soi-même.

Je m'appuie sur mes échanges avec le monde spirituel pour vous parler de ce que nous disent les esprits au sujet du suicide et de ses conséquences.

Mon objectif est de vous aider à dépasser vos peurs et vos incertitudes, de vous redonner de l'espoir sans vous cacher les véritables répercussions de cet acte dans le monde spirituel.

COMPRENDRE LA RÉALITÉ DE CEUX QUI SOUFFRENT

L'intention suicidaire peut toucher les hommes à n'importe quel moment de leur vie.

Chez les jeunes gens en phase de construction identitaire, les difficultés rencontrées dans leur parcours scolaire, professionnel, affectif, sentimental ou familial peuvent être autant de sources d'instabilité ou d'insécurité qui viennent perturber leur insertion dans la société et les empêcher de trouver un sens à leur existence. Ce regard inquiet sur l'avenir est souvent présent quand les échecs scolaires se multiplient et que le dialogue avec les parents devient difficile, voire impossible. Tous ces obstacles les incitent à s'évader pour oublier une réalité qui, à leurs yeux, est déjà trop pesante. Ils ont alors tendance à se replier sur eux-mêmes ou à choisir de se réfugier dans la fête, la drogue, l'alcool, le tabac et d'autres addictions. Ils se créent ainsi une ou plusieurs dépendances qui les entraînent dans leurs propres illusions et ne font qu'accroître leurs problèmes... Certains d'entre eux vont tellement loin dans l'excès qu'ils se détruisent à petit feu et finissent par mourir.

D'autres se réveillent de leurs illusions et, refusant d'accepter la réalité de leur quotidien, s'enfoncent progressivement dans la dépression.

Les jeunes ne sont pas les seuls à être touchés par cette maladie sournoise qui peut s'inviter à tout moment, partir et revenir pour s'enraciner toujours plus profondément dans le mental.

À l'âge adulte, nombreux sont également les facteurs qui peuvent venir brutalement déstabiliser un équilibre de vie. La perte d'un être cher, d'un travail, une grave maladie ou les expériences de vie provoquant chez l'homme orgueilleux honte et déshonneur sont autant d'épreuves qui viennent fragiliser nos existences. Certains s'en relèveront, mais d'autres, plus fragiles, les trouveront insurmontables et basculeront dans la dépression.

Si l'être humain ne prend pas très tôt l'habitude de lutter contre ses pensées négatives, la souffrance occasionnée par la dépression peut, au fil du temps, s'accroître et provoquer des crises d'angoisse de plus en plus durables. Si l'entourage remarque cette détresse et réagit, un secours peut être apporté dans le dialogue, la compassion et la compréhension. La mise en place d'une thérapie, d'un travail sur soi peut aussi porter ses fruits et les aider à sortir de ce mauvais pas. Si cette thérapie est interrompue trop tôt, le mal de vivre a toutes les chances de réapparaître quelque temps plus tard. Tant que les problèmes n'ont pas été résolus, il faut rester vigilant.

Il est enfin de plus en plus fréquent que des personnes âgées, frappées par la solitude, victimes d'un sentiment d'inutilité ou se sentant enfermées dans un corps qui a vieilli, en arrivent elles aussi à vouloir précipiter la fin de leur vie terrestre.

À tous les âges, quand la vision de l'avenir devient limitée et que les épreuves sont tous les jours plus importantes, l'être humain finit par envisager le suicide comme l'unique solution à tous ses problèmes.

Comme vous l'avez compris dans le dialogue précédent, nous ne devons pas oublier que des esprits malveillants peuvent aussi influencer une personne pour qu'elle mette fin à ses jours, quand ils trouvent avec elle des affinités négatives. Tout dépendra de l'action du libre arbitre de cette personne.

Les influences et perturbations spirituelles existent vraiment…

POUVONS-NOUS JUGER CEUX QUI DÉCIDENT DE PARTIR ?

Il ne nous appartient pas de juger notre frère qui a fait ce choix. Même si, de notre point de vue d'être humain, nous pouvons éprouver de la compassion et comprendre la raison de ce geste, il n'en demeure pas moins répréhensible aux yeux de Dieu. Cet acte aura des conséquences dans le monde spirituel.

Comme le dit Gabriel dans les échanges précédents, l'ignorance est un fléau que nous devons combattre et l'enseignement est un antidote à ce mal.

Si l'homme connaissait le véritable but de son existence, la continuité de la vie après la mort et les conséquences du suicide, il ne mettrait pas fin à ses jours et réfléchirait à l'importance d'avoir la foi, la confiance et l'espérance en Dieu. Notre devoir est d'alerter toute personne manifestant des tendances et comportements autodestructeurs.

Gabriel nous a parlé à maintes reprises du sens à donner à nos épreuves terrestres, du rôle du libre arbitre dans nos vies et de la loi de cause à effet. L'homme ayant la connaissance de ces lois donne plus facilement un sens à sa vie. Il surmonte les épreuves et, quand il peine à les vivre, il sait que dans la méditation et la prière il trouvera la force qui lui manque. Avec persévérance et résignation, il acceptera aussi ce qu'il ne peut pas changer, car il a la conviction que toute épreuve a une raison d'être spirituelle.

LE PASSAGE DANS LE MONDE SPIRITUEL ET SES CONSÉQUENCES

Alain Joseph : Gabriel, peux-tu nous parler du suicide et de ses conséquences dans le monde spirituel ?

Gabriel : Le suicide est un sujet qu'il faut étudier, comprendre et analyser. Je m'adresse à vous, les incarnés qui avez été guidés vers ce livre et qui avez parfois des pensées suicidaires. Comprenez ! Oh, comprenez bien l'importance de ce que je vais vous expliquer ! Nous sommes nombreux dans le monde spirituel, parmi les bons esprits, à vous suivre et à tenter, par de multiples moyens, de vous faire comprendre l'importance « sacrée » de votre vie sur terre.

Vous devez comprendre les répercussions du suicide dans le monde spirituel. Certains esprits, après un temps indéfini d'incarnations terrestres, tentent encore de se libérer des lourds poids du passé.

Alain Joseph : Gabriel, tu nous as expliqué que lors d'une mort naturelle, le cordon éthérique reliant le périsprit au corps physique se rompait naturellement. Le corps spirituel ou périsprit se dégage alors du corps physique, étape par étape, et plus ou moins rapidement suivant l'attachement de l'esprit à la matière. En est-il de même lors d'un départ volontaire ?

Gabriel : Non, Alain Joseph, il en est tout autrement lorsque le départ est provoqué. Le temps de dégagement du périsprit au corps physique est dans ce cas beaucoup plus long et plus douloureux pour celui qui a mis fin à ses jours. La période de trouble qui suit durera plus longtemps.

Alain Joseph : Mes échanges avec les esprits des suicidés sont caractérisés par leur insistance à me décrire toujours la même scène, où ils reproduisent le geste fatal. Par la pensée, ils recréent dans le monde spirituel la réplique exacte du lieu de leur propre drame, le décrivant d'une manière très précise. Ils me font ressentir leur souffrance et me montrent l'atteinte plus ou moins violente qu'ils ont portée à leur corps spirituel. Ainsi, obsédés par l'acte qu'ils viennent de commettre, ils s'enferment pendant un certain temps dans une spirale négative.

Gabriel, puis-je te demander combien de temps dure cette obsession, comment et à quel moment ils en sortent ?

Les différentes prises de conscience des suicidés

Gabriel : Ils sortent de cet état lorsque les premières prises de conscience surviennent. Elles sont différentes pour chacun d'entre eux, et s'accompagnent souvent d'incompréhension et de révolte pour ceux qui pensaient être définitivement morts. Les autres ne sont pas tant étonnés par leur survie que par ces tourments qu'ils ne pensaient plus ressentir en se donnant la mort.

Ces moments de lucidité sont semblables à de brèves éclaircies terrestres pendant lesquelles ils ont le souvenir de ceux qu'ils ont laissés derrière eux. Ils se retrouvent à côté de leurs proches et ressentent l'insoutenable souffrance qu'ils ont provoquée. Ils font des signes, cherchent à démontrer leur présence, dans le but aussi d'obtenir de l'aide. La culpabilité les replonge dans les méandres de leurs pensées négatives. Le moment vient où ils finissent par percevoir la réalité de leur situation et prennent conscience de la futilité de leur geste.

Ces esprits ne sont pas tous au même niveau d'évolution et de compréhension. Certains d'entre eux sont profondément ancrés dans la désespérance et, comme nous l'avons vu dans cette rencontre et psychographie avec Didier, expriment avec colère et orgueil l'injustice qu'ils ressentent. Quelques-uns d'entre eux, aussi, conscients du long chemin d'épreuves qui les attend, refusent d'avancer. En se comportant de la sorte, ils ne font qu'aggraver leur situation. Ils retardent alors leur évolution en restant enfermés dans leur solitude, vivant les mêmes tourments dans un cercle de pensées sans fin. Ils croiront pour la plupart vivre « l'enfer pour l'éternité », jusqu'à ce qu'une personne bien intentionnée pense à eux et demande à Dieu, dans une prière, d'éclaircir leur chemin, et réussisse à provoquer une nouvelle prise de conscience.

Les esprits plus avancés comprennent plus rapidement la gravité de leur geste et se tournent vers leur Créateur. Seul un repentir sincère, dans une demande d'aide formulée à Dieu, attire à eux les esprits bienveillants habilités à les secourir. Quand la lumière des guides éclaire leur chemin et les enveloppe d'un amour inconditionnel, ils peuvent alors reprendre espoir et se détacher de la torpeur et de la négativité qu'ils traînent comme des fardeaux.

Alain Joseph : N'est-ce pas à cette étape de leur parcours que je les ressens, alors qu'ils sont moins en souffrance ?

Gabriel : Oui ! C'est à cette étape de leur cheminement que ces esprits sont dans des conditions plus favorables pour communiquer à travers toi, exprimant un mieux-être.

Cependant, les différentes révélations à suivre, faites par les guides, les amènent à vivre encore de nouvelles prises de conscience de plus en plus difficiles. Quand le moment du bilan de leur vie passée sur terre survient, l'esprit réalise alors l'offense faite à Dieu, qui lui avait pourtant donné l'opportunité d'évoluer en incarnant un nouveau corps physique. Il revit les séquences de sa vie entière, avec ce qu'il a fait de bien et de mal, jusqu'aux circonstances qui l'ont poussé à mettre fin à son parcours terrestre. Il voit également les événements qui étaient programmés dans son plan de vie et les conséquences de son départ dans la vie de ses proches.

C'est un moment pénible par lequel il doit passer avec l'assistance de ses guides. Il aura la possibilité d'étudier et de comprendre les situations qui ont provoqué sa chute, mettant en avant le manque de courage, de volonté, de persévérance, de foi dont il a fait preuve. Il se réunira avec d'autres suicidés, dans de longues périodes de stages nécessaires à la préparation de nouveaux plans de vie comprenant plusieurs réhabilitations.

Il faudra tout recommencer

Alain Joseph : Quelle est la réaction de l'esprit face à cette nouvelle ?

Gabriel : Dans le monde des esprits, vous gardez votre personnalité, avec vos qualités et vos faiblesses, comme je vous l'ai déjà expliqué. Celui qui a manqué de courage ou de volonté ne change pas dans le monde spirituel et peut encore reculer devant les efforts à fournir pour sortir d'une situation difficile. C'est encore un moment terrible pour l'esprit, qui comprend qu'il va obligatoirement devoir revenir sur terre.

Alain Joseph : Cela sous-entend-il de nombreuses réincarnations ?

Gabriel : Les guides lui expliquent qu'il devra passer par un long processus de réhabilitation, nécessitant de nombreuses incarnations terrestres faites d'épreuves. Dans ce processus de rachat, chaque vie devra être une réussite. Si ce n'est pas le cas, elle devra être vécue à nouveau.

Les déséquilibres énergétiques provoqués par le suicide sont innombrables, à différents points de vue. Lorsque l'homme porte atteinte à son corps physique, il use d'une violence extrême contre lui-même et provoque aussi, au même moment, un véritable traumatisme à son périsprit, lequel portera la trace de la blessure mortelle qu'il vient de s'infliger. Comme tu as pu le voir, Alain Joseph, cette blessure prend l'apparence d'une difformité dans le périsprit. Afin de poursuivre son évolution, il est indispensable pour l'esprit de retrouver l'apparence et la guérison de son corps spirituel. Mais pour cela, les dommages causés à son périsprit se transmettront obligatoirement dans l'incarnation d'un nouveau corps physique, ce qui se traduira par des problèmes physiques importants liés à l'acte par lequel l'homme s'est donné la mort.

Un noyé pourrait ainsi connaître des problèmes respiratoires dès la naissance ou une grave maladie aux poumons. Une mort par pendaison pourrait se traduire dans une nouvelle vie par un cancer incurable à la gorge ou par une importante et très handicapante déformation de la colonne vertébrale.

Il en est de même pour toutes les autres atteintes volontaires au corps physique, qu'elles aient été portées par le feu, la défenestration, un accident volontaire…

L'esprit devra donc intégrer un corps malade ou plus ou moins gravement handicapé. Emprisonné dans ce corps pendant toute une vie terrestre, celui qui est peu évolué spirituellement souffrira sans comprendre. En revanche, celui qui l'est aura l'intuition d'avoir dans une vie passée fait quelque chose de répréhensible.

Attention, il ne faut pas pour autant considérer que tous les handicapés sont d'anciens suicidés ! Certains d'entre eux ont simplement contracté de nombreuses dettes karmiques dans leur passé ou ont fait le choix de ce handicap pour évoluer plus rapidement.

Après cette vie passée sur terre, si le suicidé réincarné a fait des efforts, s'il a supporté avec résignation et acceptation ses conditions de vie, il retrouvera dans le monde des esprits la complète guérison de son périsprit.

Dans le monde spirituel, il fera une nouvelle fois le bilan de sa vie terrestre, reprenant conscience de la réalité du chemin qu'il doit accomplir en tant qu'ancien suicidé.

Ensuite, les guides lui expliquent qu'il va devoir revivre, dans sa prochaine incarnation, des expériences et situations identiques à celles qui l'ont poussé au suicide lors de sa vie passée.

Devant cette nouvelle, certains d'entre eux reculent à l'idée de subir les mêmes épreuves, mais immanquablement, pour progresser, ils devront passer par cette étape. L'esprit qui comprend l'importance de cette nouvelle incarnation étudie et reçoit toutes les informations de son ancienne vie afin de mieux connaître les raisons de ses faiblesses, de son manque de courage et de volonté. S'il a mis fin à ses jours à cause d'une longue période de chômage, il se retrouvera dans sa nouvelle vie sans travail. S'il a mis un terme à sa vie à cause de la maladie, il revivra la même maladie. S'il a agi à cause d'une déception amoureuse, il vivra la même déception.

Grâce à son libre arbitre et avec le sentiment que dans une vie passée il a commis un acte répréhensible, l'esprit incarné aura l'intuition qu'il doit surmonter ce passage difficile. C'est alors qu'il fera un grand pas vers sa rédemption.

De retour dans le monde spirituel, l'esprit fera de nouveau un bilan de sa vie et, s'il a réussi à surmonter l'épreuve qui jadis avait provoqué sa chute, il pourra alors se préparer à l'étape suivante. S'il n'a pas réussi, il devra recommencer.

L'esprit reviendra encore sur terre, mais cette fois pour commencer à réparer les torts causés aux personnes qui l'aimaient et qui ont souffert de son suicide. Il a en effet contracté à l'égard de ces dernières des dettes karmiques dont il doit s'acquitter. À cette étape, l'esprit aspire à réparer ses erreurs vis-à-vis des siens. Il garde toujours en mémoire la souffrance qu'il leur a occasionnée. Il lui faudra de nombreuses réincarnations afin de pouvoir cesser d'être le débiteur de ceux qu'il avait fait souffrir. Il choisira dans plusieurs plans de vies de renaître sur terre avec toutes ces personnes pour pouvoir leur apporter tout l'amour possible, sans forcément en recevoir en retour. Et peut-être même aimera-t-il à son tour une personne qui décidera de quitter la terre d'une manière volontaire. Il intégrera alors au plus profond de lui-même la souffrance liée au deuil, selon le principe de la loi de cause à effet.

Au bout d'un long périple de souffrance et d'épreuves, l'esprit d'un suicidé finira un jour par être réhabilité. S'il comprend le sens de ses existences, il saura que Dieu n'a jamais voulu le punir mais que tout homme qui enfreint ses lois en subit les conséquences. Il sait que, s'il prend les bonnes décisions dans la foi et le respect des lois divines, il fera un grand pas sur le chemin qui mène à Lui.

Alain Joseph : Gabriel, souhaites-tu ajouter quelque chose au sujet du suicide ?

Gabriel : L'homme se crée facilement des dépendances tout au long de son existence. De par ses excès (alcool, drogue, tabac, nourriture…), il porte atteinte à son intégrité physique. Dans le monde spirituel, et à plus forte raison s'il entraîne la mort, ce type de comportement est assimilé à un lent suicide !

En raccourcissant sa durée de vie de manière involontaire, l'homme ne respecte pas le corps physique que Dieu lui a donné et qu'il se doit de maintenir en forme aussi longtemps que possible. Par ailleurs, les addictions constituent également une souffrance pour le mental et l'esprit. Dans le monde spirituel, l'esprit peut en effet continuer à vouloir assouvir ses besoins et être ainsi retenu dans un plan proche de la terre. Cet attachement retarde alors son évolution.

Alain Joseph : Merci, Gabriel.

Que pouvons-nous faire pour eux ?

Ce qui est essentiel, c'est de cesser de vous poser la question : « Mais pourquoi a-t-il fait cela ? » Car ce faisant, vous entraînez l'esprit dans davantage de culpabilité et de remords. Dites-lui plutôt d'essayer d'accepter son geste, de demander pardon à Dieu, de le regretter sincèrement et d'accepter de recevoir l'aide des êtres de lumière. Dites-lui de sortir de sa torpeur et de regarder autour de lui, car il n'est pas seul et, enfin, d'être en paix et que vous lui pardonnez, car vous l'aimez. Il est important d'avoir à son égard des pensées d'amour.

Une autre chose importante à faire est de prier. Ce sont vos prières, dites avec le cœur, chaque jour qui passe, qui les aident à se libérer au plus tôt de la torpeur, de la colère et des pensées négatives. Elles les aident à prendre conscience de la nécessité de demander, dans un repentir sincère, l'aide de leur guide et celle de Dieu.

Imaginez-vous dans cette situation : vous vous trouvez perdu dans l'obscurité et vous ressentez soudainement une douce chaleur vous envahir et une lumière intense vous envelopper. Ce sont les prières de vos proches qui, à la grâce de Dieu, vous parviennent pour vous secourir et vous aider à sortir des méandres de vos pensées.

Dans les témoignages à suivre, vous comprendrez que c'est grâce aux prières de quelques mamans qu'un contact médiumnique dans la paix a été possible avec leur enfant.

CONTACTS MÉDIUMNIQUES AVEC LES SUICIDÉS

Les esprits des suicidés me font ressentir leur souffrance, à différentes intensités, par leur énergie qui m'incorpore au niveau du plexus.

Cette énergie me fait comprendre la manière dont l'esprit a quitté ce monde : par une pression sur le cou quand il s'agit d'un pendu, une pression sur le côté du crâne avec le bruit d'une déflagration quand il s'agit d'une blessure par balle, etc. Quand le contact cesse, la douleur disparaît.

La souffrance du suicidé est parfois tellement intense qu'elle fait obstacle à tout contact direct. Souvent, ce sont les esprits de la famille du suicidé qui me parlent de celui qui a mis fin à ses jours. Lorsque le contact en direct est possible mais que la douleur au niveau du plexus est difficilement supportable, les informations passent tant bien que mal. Cela dépend de l'état dans lequel se trouve l'esprit. Quand la communication se fait sans peine, cela correspond toujours à un progrès dans le monde spirituel. Comme l'explique Gabriel dans notre échange, au moment où l'esprit est accueilli par les guides, l'espoir renaît et le contact médiumnique s'en trouve alors facilité et plus agréable.

Mais l'instabilité émotionnelle est toujours très présente. Je ressens parfois des sensations contradictoires dans la variété des énergies qu'ils me transmettent.

Un contact médiumnique aide parfois l'esprit à y voir plus clair sur sa situation. L'énergie du médium le revitalise et le réveille d'un état quelquefois léthargique.

Afin d'illustrer mon travail avec les esprits des suicidés (en dehors de la psychographie), je souhaite partager avec vous les récits de plusieurs personnes qui témoignent des détails que leurs chers disparus ont pu donner à travers moi. Ces messages reçus en conférence ou en consultation sont autant de preuves de leur survie.

QUAND LA COMMUNICATION EST POSSIBLE

La maman de Gabriel témoigne

« J'ai rencontré Alain Joseph Bellet lors d'une conférence médiumnique, six mois après le suicide de mon fils Gabriel, le 9 août 2012 ; il venait d'avoir vingt et un ans.

Je suis venue à cette conférence sans en attendre quoi que ce soit. J'étais dans une telle souffrance que l'idée de rejoindre Gabriel dans la mort devenait le seul soulagement possible pour moi. J'ai bien sûr tenté de me faire aider par un psychiatre, qui m'a proposé des médicaments, antidépresseurs et autres. J'ai vite cessé de les prendre, me rendant compte que ce n'était pas la solution.

Lors de cette conférence à laquelle je m'étais rendue par curiosité, j'ai ressenti dans la salle quelque chose d'apaisant, comme une communion, au milieu des personnes qui, comme moi, étaient dans la douleur, toutes stupéfaites par la médiumnité de ce monsieur.

J'ai décidé de prendre rendez-vous avec M. Bellet.

Le jour même, j'ai choisi de ne lui donner aucune piste quant aux raisons qui m'amenaient à lui, et restai donc silencieuse devant lui. Je fus troublée par l'atmosphère paisible de son bureau.

M. Bellet mit alors immédiatement les mots sur des événements ou détails de ma vie que j'étais seule à connaître.

Le suicide de mon fils, tout d'abord ; puis, entre autres choses, il dit que l'esprit de Gabriel lui parle de ses meilleurs copains. Il va les nommer : Gaspard, Constantin, Alex, Quentin. Je suis incroyablement surprise, M. Bellet ne connaissait absolument rien de ma vie, ni de celle de mon fils. Gabriel va, à travers Alain Joseph Bellet, jusqu'à lui dessiner les plans du jardin que nous venons d'aménager ! Gabriel dit être enterré avec ses grands-parents paternels ; ce qui est tout à fait vrai.

Le jour de la consultation, je suis habillée d'un pull à manches longues, mes bras et poignets sont couverts. Soudain, Alain Joseph Bellet dit : "Vous avez fait un tatouage à votre poignet, me dit votre fils." "Oui, je confirme !" L'esprit de Gabriel parle d'une sœur qui a vécu aux États-Unis avant d'aller s'installer en Angleterre. Je suis très surprise encore, et époustouflée quand il me donne son prénom : "Hélène" ! Alain Joseph donnera tant de détails incroyables ce jour-là, dont le surnom, "Emmie", que me donnent trois enfants d'amis que je vois de temps en temps.

L'esprit de Gabriel me faisait comprendre qu'il entendait mes propos. Au cours d'une conférence, l'esprit de mon fils apparut à M. Bellet et lui dit : "Je suis fier de toi, maman, pour ce que tu as fait, les pétitions." Moi seule pouvais le comprendre, ayant fait des démarches pour que l'endroit où le suicide avait eu lieu soit protégé, afin que cela ne se reproduise pas avec une autre personne. Ce même jour, l'esprit de Gabriel s'est présenté en conférence avec l'esprit d'un autre garçon, lui aussi parti de la même manière. Nous avons sympathisé, sa maman et moi ; il va donner aussi son prénom : Gwen.

Grâce à toutes ces informations, tous ces détails bien précis, j'ai su qu'Alain Joseph Bellet était un intermédiaire avec une autre dimension. Il me donnait la possibilité de dépasser l'enfermement de souffrance dans lequel je m'étais murée.

Alain Joseph Bellet a encore reçu de mon fils Gabriel de nouveaux détails et de nouvelles preuves irréfutables. J'ai ressenti grâce à lui un profond sentiment d'apaisement.

Je peux affirmer que non seulement cela a été un grand soutien pour moi, mais même qu'il m'a sauvée du pire. Je le remercie de tout cœur. »

La maman de Gwen témoigne

« Il y a des dates dont on se souviendra tout le reste de sa vie : le 27 mars 2012, mon fils Gwenolé a décidé d'abandonner notre monde pour en rejoindre un autre qu'il espérait meilleur. Au tout début de la nuit, il a quitté la maison et a mis fin à ses jours en sautant d'un viaduc d'une hauteur de 45 mètres. Quoi de plus douloureux que la perte d'un enfant à qui j'ai donné la vie, que j'ai vu grandir, que j'ai aimé et chéri, cet enfant dont j'étais fière comme toutes les mamans qui adorent leurs enfants ? Comment poursuivre son chemin avec cette douleur qui ne vous quitte jamais, le manque de son enfant et cette absence qui pèse toujours plus, de jour en jour ? Son départ brutal a complètement bouleversé ma vie. Je ne pouvais me faire à l'idée d'être séparée pour toujours de mon fils.

En échangeant avec une amie, j'ai appris l'existence d'Alain Joseph Bellet. Après avoir lu ses livres, j'ai ensuite assisté à ses conférences, en espérant que mon fils puisse venir à lui. Ce vœu a été exaucé, car l'esprit de mon fils s'est présenté à plusieurs reprises, en nous demandant d'arrêter de pleurer. Il a donné de suite son prénom : Gwen. Quand sa vie s'est arrêtée brutalement sur cette terre, alors que nous avions espéré un bel avenir pour lui, combien de fois avons-nous prononcé cette phrase en famille : "Quel gâchis ! Toutes ces années d'études pour rien !" Gwen, au cours d'un message, fait allusion à cela : "T'inquiète pas, maman, je reprends les études. Je dois aussi apprendre, là où je suis !"

Je vais un jour recevoir un beau signe de mon fils, qui va me bouleverser. Au cours d'un contact médiumnique, Alain Joseph dit que mon fils répète le mot "chien" sans arrêt ! Nous ne comprenons pas ce que cela signifie car nous n'avons pas de chien. Le jour suivant la conférence, en rentrant du travail, par une belle journée ensoleillée, alors que je m'étais arrêtée sur un parking, que vois-je se dessiner sur mon pare-brise, côté conducteur et de façon instantanée ?

Un chien qui me regardait ! Je distinguais bien son museau, ses yeux et ses oreilles pendantes, alors qu'il n'y avait pas de buée sur les vitres de ma voiture, qui étaient baissées, car il faisait chaud. Ce dessin s'estompa peu à peu. Gwen venait me faire un signe, suite à la conférence de la veille. Il me prouvait de ce fait qu'il était bien à côté de moi.

Je suis revenue une nouvelle fois en conférence avec ma fille. Le médium est guidé par l'esprit de Gwen dans la salle. Il s'arrête face à ma fille et dit : "Sœur, c'est ma sœur ! Je la regarde sur son canapé écouter de la musique. Je te demande pardon. Tu sais, je te vois avec Tony." Incroyable, ma fille écoute de la musique sur son canapé et son copain s'appelle Tony ! Il va encore nous étonner, quand il dit être accompagné de son grand-père, et donne le nom du lieu où il a mis fin à ses jours : Lanvallay.

Je suis ensuite allée voir M. Bellet en rendez-vous privé à son domicile. Il est vrai qu'un entretien particulier est complet, pas d'interférences possibles avec d'autres esprits comme dans une salle où il y a autant de personnes et le double d'esprits, comme l'explique Alain Joseph.

Ce jour-là, il décrit exactement l'esprit de mon papa à côté de moi, et précise : "Il avait les yeux gris votre père. Les yeux de votre fils sont d'un bleu plus profond. » Gwen va alors transmettre cette phrase à travers le médium : « Maman, je t'aime, pardonne-moi, prie pour moi, aide-moi. Je suis venu, mais j'ai demandé la permission, cela ne se fait pas sans aide. Je n'aurais pas dû vous quitter, ce jour-là, j'étais mal dans ma peau, dans ma tête, dans mon corps !"

Alain Joseph Bellet va donner d'autres détails sur les conditions de son départ. C'était la nuit, il roulait vite, avec la musique très forte dans la voiture ; il s'essuyait les yeux, il pleurait. Le médium me dit être en présence de l'esprit d'une femme, sa grand-mère, qui l'aide beaucoup. Gwen dit qu'il a des moments de lucidité, il est parfois dans l'ombre, parfois dans le brouillard. Il souffre d'une grande culpabilité et demande pardon pour la peine causée. Il dit qu'il va évoluer et qu'un jour cela ira mieux. Dans des moments de lucidité, il voit sa chambre, où il y a de nombreuses guitares. C'est vrai, il avait lui-même appris, tout seul, car il était doué.

Le médium se dit en présence d'un autre esprit au cours d'une conférence : Gwen apparaît avec Gabriel, qui lui aussi est parti dans les mêmes circonstances, au même endroit ! Nous avons sympathisé, sa maman et moi, et nous sommes allées ensemble sur la tombe de Gwen porter une fleur. Ce jour-là, il y avait du crachin. Les esprits de nos fils respectifs, Gwen et

Gabriel, parleront de ce jour à Alain Joseph : “Nous vous avons vues aller sur la tombe de Gwen, porter une fleur, il pleuvait, un léger crachin !”

Quand je ne vais pas bien et qu’il me manque, je lui dis : “Aide-moi, Gwenolé, aide-moi.” Alain Joseph va dire, au cours d’un contact : “Quand vous n’allez pas bien, vous dites à votre fils de vous aider : ‘Aide-moi, aide-moi, Gwenolé.’”

Les esprits de Gwen et Gabriel viennent ensemble en conférence. Ils sont heureux de pouvoir communiquer, même si la souffrance est présente, s’ils sont dans le tourment, les remords ou la culpabilité.

Ils nous envoient des baisers et des cœurs. Ils se dégagent petit à petit, mais ils ont besoin d’aide et de prières pour aller mieux.

L’amour d’une maman qui prie peut obtenir la grâce d’une communication.

Nous sommes allées à l’église toutes les deux allumer des cierges pour nos fils. Ils ont d’ailleurs aussi décrit cette scène à M. Bellet. Quoiqu’ils nous manquent terriblement, nous leur avons pardonné, bien sûr, mais nous prions et demandons à Dieu de leur accorder sa mansuétude, de les aider à avancer dans la compréhension de leur acte, de leur chemin de vie, afin qu’ils gardent espoir d’une réhabilitation possible dans l’amour de Dieu miséricordieux.

Je voudrais dire que M. Bellet m’a beaucoup aidée dans le deuil que je traverse.

Quand mon fils vient à travers lui, cela me donne du courage et de l’espoir pour continuer mon chemin. Je les remercie tous les deux du fond du cœur. »

La maman de Gaëlle témoigne

Gaëlle est une jeune femme qui, elle aussi, a un jour décidé de quitter ce monde. Elle va m'apparaître plusieurs fois en conférence, comme si elle suivait ses parents, ainsi qu'au cours d'une longue conversation d'une heure, en privé. Ce jour-là, d'autres esprits de la famille feront leur apparition. Je remercie la maman de Gaëlle d'avoir voulu témoigner.

« Gaëlle apparaît pour la première fois à Alain Joseph Bellet lors d'une conférence médiumnique, devant plus de cent cinquante personnes. Alors que nous ne nous y attendions pas, Alain Joseph va dire : "Gaëlle est là."

Alain Joseph a une incorporation et un geste dans les cheveux et il dit : "Elle a les cheveux longs et fins avec une frange, elle dit qu'elle s'appelle Gaëlle." Cela nous surprend tout de suite, nous reconnaissons la description de notre fille car elle était ainsi coiffée. Il dit qu'elle lui fait ressentir une pression sur le lobe de l'oreille, elle fait allusion à une boucle d'oreille ! "Vous comprenez pourquoi ?", me demande-t-il. Oui, bien sûr, le matin même, je m'étais adressée à ma fille devant le miroir en lui disant : "Je mets ces boucles d'oreilles aujourd'hui, tu les aimais tant !" Je suis certaine que ma fille me fait alors un clin d'œil. Elle ajoute ensuite, à travers Alain Joseph : "Quand tu es devant ton miroir à te préparer, je te fais des caresses dans le cou mais ça ne marche pas !"

Gaëlle a du mal avec son physique. Elle l'évoque avec souffrance. La tête, le visage ont été traumatisés lors du décès. Elle demande à ce qu'on ne pense pas à elle comme cela, mais qu'on se souvienne d'elle quand elle était belle. Elle se tourne vers son papa et lui dit : “Papa, quand tu es sur ta moto, je suis avec toi, derrière toi, on se balade ensemble, tu roules vite ! Et tu t’arrêtes face à la mer pour prendre une bouffée d’oxygène, et je sais que tu penses à moi.”

Le médium ne peut savoir que mon mari est motard, et qu’il s’arrête souvent à un endroit précis au bord de la mer. La moto est pour lui aussi un moyen d’oublier le reste, dans les moments difficiles. Gaëlle parle de son frère, tout à coup, et dit à Alain Joseph qu’il était en couple avec une fille qui s’appelle “Caro”, diminutif de Carole ! Oui, en effet, c’est le prénom de l’ancienne petite amie de son frère ! Elle dit que son frère est fermé et ne croit en rien, elle aimerait tant qu’il soit là !

La consultation privée va être plus riche en détails, ce qui est normal. Nous ne sommes plus dans une grande salle, mais seuls avec lui. Seuls avec notre fille et d’autres esprits, qui vont nous faire un immense cadeau ce jour-là en apparaissant à Alain Joseph Bellet. Gaëlle n’a pas attendu très longtemps pour venir à nous lors de cette consultation. Elle fait un petit clin d’œil quand Alain Joseph dit : “Gaëlle vous a vus avec René, cela vous parle ?” Oh que oui, cela me parle, car le week-end précédant cette entrevue, nous étions avec René. Elle doit ressentir combien j’aime cet homme, mon parrain, dont nous venions de fêter les quatre-vingts ans.

Gaëlle dit qu’elle était présente, et qu’elle a vu “Titine, Valentine, sa filleule !”. Quel bonheur quand elle ajoute avoir été présente ce jour-là à l’église ! Nous sommes effectivement allés avec Valentine et la famille nous recueillir et brûler un cierge en sa mémoire. C’est magnifique ! Alain Joseph continue : “Elle me parle d’une photo et d’un pendentif !” Oui, après la réception, nous sommes allés chez ma sœur, et j’ai constaté qu’il y avait un cadre de Gaëlle, sur lequel elle a posé un pendentif avec le visage de Gaëlle ! Je suis émue.

Elle poursuit, nous étonnant de plus en plus : “Tatie, et son crâne dégarni à cause de la chimio !” Le détail est précis : “à cause de la chimio”. Oui, effectivement, Tatie a subi une chimiothérapie pour soigner un cancer du sein et a perdu des cheveux.

Gaëlle le sait, dit-elle, car elle entend sa tante lui demander son aide et son soutien. Elle est aujourd’hui en rémission.

Notre fille évoque le moment brutal et tragique de son départ, mais le balaye car elle ne veut plus y retourner, c’est du passé, on oublie, on avance. Suite à cela, elle dira qu’elle essaye d’aider les jeunes partis dans les mêmes circonstances. Certains, dit-elle, ne savent pas où ils sont, et ne comprennent pas qu’ils sont morts, et elle ajoute : “J’ai déjà dit cela !” Alain Joseph semble surpris – mais oui, je lui dis qu’elle nous l’a déjà dit, lors d’une conférence. Confirmation magnifique.

Elle rappelle ensuite un épisode concernant son frère. Alain Joseph dit qu’elle lui montre son frère le crâne rasé, à la montagne, dans la neige, en fête, son oreille est rouge et gelée ! Effectivement, c’est incroyable, lors d’un séjour au sport d’hiver entre copains, ils ont décidé de se raser le crâne, nous avons la photo qui le prouve.

Elle dit qu’elle voit son frère jouer de la batterie dans un garage et qu’il tape très fort.

C’est exact, nous confirmons qu’il a bien repris la batterie depuis quelques semaines. Elle dira : “Dites-lui papa, maman, j’en ai marre qu’il n’y croie pas et n’entende rien.” Nous comprenons, notre fils est fermé à la médiumnité et ne croit pas à une vie après la mort. Trop jeune ? Trop tôt ? Laissons faire. Gaëlle évoque l’histoire avec son dernier petit ami, qu’elle aimait au moment de son départ. Alain Joseph nous donnera le prénom exact de celui-ci !

Il dit ensuite : “Elle voulait faire sa vie avec lui, mais c’était trop tôt !” Effectivement, j’ai trouvé dans son journal intime quelques phrases où elle déclare que c’était l’homme de sa vie. Gaëlle montre à Alain Joseph une jolie jupe à fleurs qu’elle mettait pour être belle pour lui. Oui, je la revois quand elle la portait…

Alain Joseph se retourne vers son père dans la pièce car il la voit à ses côtés. Elle dit : “Tu travailles beaucoup, beaucoup, papa.” Mon mari confirme. Il est hyperactif et le travail est une échappatoire pour éviter de trop penser à ce qui fait mal.

Elle dira : “La vie, ce n’est pas que le travail, p’pa.”Ce diminutif de “papa” revient souvent dans les messages, Alain Joseph appuie sur le “p’pa”. Elle l’appelait souvent comme ça. Elle poursuit : “Sois joyeux.” (Je confirme que mon mari est souvent triste, et apparemment elle le ressent.) “Sois joyeux ! Quand tu seras grand-père, il faudra être joyeux !” Magnifique message. Personnellement, mon cœur fait un bond !

Puis Alain Joseph Bellet décrit l’esprit d’une femme à côté de mon mari, et comme dans un rêve, nous l’entendons dire : “Adeline est là, partie à l’âge de quarante-deux ans !” Elle est partie rapidement, dit Alain Joseph, à cause d’un caillot de sang. Tout cela est exact, c’est la maman de mon mari. Imaginez le cadeau que d’avoir des nouvelles de sa maman, partie depuis si longtemps ! Elle vient, donne son prénom, et les circonstances de son départ… Puis elle dit à mon mari : “Je t’aime, mon fils. La petite Gaëlle nous a rejoints et pour vous, mes enfants, tant de questions.” C’est vrai, nous nous posons toujours autant de questions sur le départ volontaire de notre fille. Elle continue à parler à mon mari : “Tu as fait un beau mariage, et perdre un enfant vous a soudés encore plus l'un à l'autre !" Ô combien c'est vrai…

"Elle part en ajoutant : 'Une maman cela manque toujours'", dit Alain Joseph. C'est beau.

Gaëlle fait comprendre à Alain Joseph qu'elle aimait les États-Unis, où elle a fait un séjour inoubliable. Bien sûr, nous le confirmons.

Gaëlle va nous faire comprendre qu'elle est de temps en temps présente dans notre quotidien, à travers une anecdote qui nous fera pouffer de rire, mon mari et moi, et qui va nous surprendre ! Alain Joseph dit : "À chacun son tiroir, à chacun son tiroir !" Oui, c'est exact, à la maison, chacun a son tiroir avec son bazar, sorte de petite caverne d'Ali Baba ou de jardin secret ! Personne ne touche au tiroir de l'autre. C'est très fort ! Même si nous sommes habitués, nous sommes "scotchés" ! Gaëlle évoque un déménagement, le changement de maison après son départ. Alain Joseph décrit l'intérieur : les murs sont blancs, une grande baie vitrée… La maison a un jardin, et se situe à l'angle d'une rue. Tout est encore exact ! Gaëlle évoque une scène très importante qui va de plus prouver sa présence à la maison. Je ne trouve pas les mots, c'est plus qu'incroyable. Elle dit : "Maman, je te vois regarder par la fenêtre une ambulance qui passe tous les jours dans la rue." Nous connaissons en effet cet enfant que l'on vient chercher en ambulance, et ses parents. Gaëlle précisera que l'ambulance a du mal à faire demi-tour. C'est juste, parce que c'est une impasse. Que de précisions qui ne peuvent s'inventer !

C'est ainsi que se déroula notre heure de consultation, faite de surprises et d'émotions. Nous sommes repartis remplis de joie, notre fille nous a confirmé qu'elle est près de nous, invisible à nos yeux mais bien présente. Alain Joseph Bellet donne toute son énergie à chaque contact et nous le remercions. Un moment de temps en temps en sa compagnie, mais aussi lors des conférences, remplace toute thérapie et médicaments.

Pendant les conférences, nous avons reçu aussi des messages, pas aussi longs bien sûr, mais criants de vérité ! Un jour, perdu dans la foule au milieu des gens qui assistent à une conférence, Alain Joseph dit, tout haut : “Un de mes guides me dit que Gaëlle ne viendra pas ce soir !” Une autre fois, Gaëlle se présente et dit à travers le médium : “Mon frère a passé un examen, il l’a raté !” Nous confirmons, il a bien passé un examen. Et quelques jours plus tard, nous éclatâmes de rire lorsque notre fils nous annonça qu’il avait échoué. Mon fils n’a bien sûr rien compris ! Voir des parents qui éclatent de rire quand leur enfant annonce un échec, ce n’est pas courant, non ?

Merci du fond du cœur,
Nathalie et Xavier. »

QUAND LA COMMUNICATION N'EST PAS POSSIBLE

L'exemple qui suit, celui d'une consultation, démontre que parfois les esprits partis volontairement ne peuvent pas tous communiquer à travers moi.

L'esprit a souvent du mal à passer au-dessus de la scène qui le hante : celle du moment où il voit son corps physique sur le lieu où il a décidé d'en finir avec la vie terrestre.

Alors que Jacqueline s'installe face à moi, c'est l'esprit de sa grand-mère qui fait son apparition, en me faisant ressentir une odeur très forte d'eau de Cologne. Je la décris physiquement, quand elle dit : « Arrête de culpabiliser, ma petite-fille, tu as fait de ton mieux, aime-toi davantage. » Bien sûr, je ne comprends pas immédiatement ce à quoi elle fait allusion. Je suis soudainement incorporé par une autre énergie qui semble plus forte et qui va jusqu'à me couper la respiration au niveau du cou ; j'entends aussitôt : « Je m'appelle Henri. » Jacqueline, dans l'émotion, me dit : « C'est mon papa. » Il me dit qu'il travaillait les champs et qu'il était agriculteur. Son énergie m'incorpore au niveau du cou et me fait sentir une souffrance à la hauteur du plexus. Je sais alors que cet homme s'est pendu. L'énergie ne persiste pas comme à l'accoutumée et il me montre la poutre d'une grange. « Oui, c'est vrai », confirme Jacqueline : « Il s'est pendu dans la grange. » L'esprit d'Henri poursuit la conversation en disant qu'il aime sa fille. Il lui demandait toujours de bien se tenir à table et lui disait qu'elle était si bavarde ! Un instant de détente, une note d'humour qui ne va durer que peu de temps. Car j'aperçois derrière lui un jeune homme, la tête baissée ; une énergie très forte incorpore mon plexus, et je sais que ce jeune a aussi mis fin à ses jours. Je ressens beaucoup d'émotions. Je n'ai pour le moment aucune possibilité d'entendre quoi que ce soit. Je ne vois pas le regard de cet esprit, qui a la tête baissée.

Henri me fait comprendre qu'il s'agit de son petit-fils, et donc du fils de ma consultante.

Je suis étonné par Henri, qui veut absolument convaincre sa fille de sa présence. Il dit tout à coup : « Mich, Mich » – c'est le surnom que Jacqueline donne à sa sœur. Henri lui demande de ne pas être en colère.

« Je suis désolé de ne pas pouvoir entrer en relation avec votre fils », dis-je à Jacqueline. Quand j'entends : « Mauri, Mauri », je le lui répète. « C'est sans doute le prénom de votre fils, Maurice ? »

« Non, me répond-elle, c'est Amaury ! »

Il est bien là, présent dans la pièce, je le regarde mais je ne capte rien, c'est impossible.

Amaury me montre soudain un escalier où il s'est pendu. Sa maman confirme à nouveau, dans l'émotion.

C'est alors que l'esprit d'Henri va me faire une révélation surprenante, en donnant les motifs qui l'ont poussé à mettre fin à ses jours. Il savait qu'il allait vers des souffrances physiques qu'il n'aurait pu supporter. Il redoutait notamment de perdre la vue. Sa fille confirme qu'elle le savait. Henri semble conscient de la gravité de sa faute. Il vient parler pour lui et son petit-fils, qui ne peut avoir la possibilité de s'exprimer à travers moi. Il remercie pour ses prières.

À TOUS CEUX QUI ONT PARFOIS ENVIE DE QUITTER CE MONDE

Quand les épreuves s'accumulent et que le désespoir et les inquiétudes franchissent le pas de vos maisons, essuyez vos larmes, tournez-vous vers la prière et la réflexion. Acceptez cette période difficile en comprenant que ce sont les retours des actes que vous avez pu poser dans le passé.

Dans l'acceptation de votre karma, les épreuves se dérouleront plus facilement et prendront moins d'ampleur. Soyez dans le détachement vis-à-vis de ce que vous vivez, comprenez que cette expérience qui fait partie de la réalité du moment doit vous permettre de grandir et d'avancer spirituellement. Bien souffrir, c'est être dans l'acceptation ; mal souffrir c'est être dans la rébellion. Apprenez à accepter les épreuves avec patience et résignation, et surtout en ayant confiance en Dieu. Lui seul sait ce dont vous avez besoin pour progresser ! Alors, dans cette attitude, vous verrez une solution apparaître, une opportunité à saisir, qui annoncera un renouveau, un changement apportant une orientation différente à votre vie.

Ne vous laissez pas atteindre par la mélancolie, par la tristesse insidieuse qui peut vous conduire à la dépression.

Regardez autour de vous ceux qui sont atteints de maladies incurables et qui sont dans des afflictions plus importantes que la vôtre.

Vous devez apprendre à chercher la paix intérieure pour attirer à vous la quiétude à l'extérieur. N'oubliez pas que la pensée est créatrice. Le bonheur est un état d'âme. Il est en vous et non en dehors. La quiétude et la sérénité sont indispensables à votre équilibre. Vous les trouverez en dominant votre mental, en le faisant taire par la simple force de votre volonté et avec l'aide de Dieu.

Vous devez prendre conscience que vous n'êtes ni votre mental, ni vos pensées. Vous devez pouvoir les observer ! Évitez que votre mental ne vous entraîne dans un passé que vous ne pouvez changer ou vers un avenir que vous ne pouvez anticiper. Si l'être humain avait davantage confiance en Dieu, il se laisserait porter par sa vie.

Lorsque vous pensez au futur, vous ne vivez qu'à cinquante pour cent le moment présent. Or, pour atteindre cette quiétude, vous devez apprendre à lâcher prise ! Comment lâcher prise ? En concentrant votre attention sur l'instant présent et en arrêtant de vouloir tout contrôler.

Quand votre mental vous ramène inutilement à un passé marqué par des événements douloureux, il prend la mauvaise habitude de se nourrir de vibrations négatives pour entrer dans un schéma négatif sans fin. Il faut lui dire STOP ! « Cela suffit, j'ai assez souffert ! Je vais désormais vivre le moment présent et lâcher prise sur le passé. »

Ne baissez donc pas les bras, donnez un sens à votre vie en vous occupant des autres, de votre famille, de vos amis, ou en vous engageant dans différentes associations caritatives où vous pourriez rencontrer des gens à qui vous pourrez faire du bien.

En vous dévouant aux autres, vous vous oublierez vous-même, vous trouverez ainsi le chemin de la libération de vos inquiétudes et de vos oppressions.

CONCLUSION

J'espère du fond du cœur que ce livre vous rappellera ce que vous avez peut-être oublié : Nous ne sommes pas parfaits ! Nous sommes sur cette terre pour nous améliorer.

Les différents échanges avec le monde spirituel nous prouvent la survivance de l'âme ; ils sont aussi un rappel des multiples imperfections que nous avons tous en nous-mêmes, à différents degrés, et qu'il nous faut apprendre à corriger. De cela dépendront notre sérénité et notre quiétude dans le monde spirituel. Vivons chaque jour comme si c'était le dernier ! En donnant tout l'amour que nous avons en nous aux personnes qui croisent notre chemin, alors nous aurons compris le véritable sens de la vie sur terre.

Je remercie mes guides et les esprits pour l'enseignement qu'ils nous ont délivré, par le biais de toutes ces psychographies, dans lesquelles vous trouverez peut-être des points communs avec votre histoire personnelle. Ne devons-nous pas, nous aussi les esprits incarnés, vivre un jour ou l'autre le même type d'expériences pour grandir ? Mes guides m'ont toujours invité à me rapprocher de la doctrine spirite pour avancer vers la connaissance. Malgré certains petits points de divergence, je reste persuadé qu'elle contient l'essentiel à comprendre dans notre processus d'évolution.

Un médium, malgré ses facultés à recevoir des messages, doit aussi apprendre à étudier, car la connaissance n'est jamais innée !

Au fur et à mesure de mon avancée, les informations reçues dans mes échanges avec les esprits me confortent dans cette voie.

BIBLIOGRAPHIE

LA SAINTE BIBLE, édition de Louis Segond, Société biblique française, 1967.

SAINTE THÉRÈSE DE L'ENFANT JÉSUS ET DE LA SAINTE-FACE, *Histoire d'une âme*, Pocket, 2014.

KARDEC Allan, *Le Livre des esprits,* éditions Vermet, 2009.

KARDEC Allan, *L'Évangile selon le spiritisme,* éditions Philman, 2008.

KARDEC Allan, *Le Ciel et l'Enfer ou la Justice divine selon le spiritisme,* éditions Dervy-Livres, 1990.

KARDEC Allan, *L'Obsession,* éditions Vermet, 1986.

TABLE

III

PSYCHOGRAPHIE

AVEC LE MONDE SPIRITUEL